KÄTE HAMBURGER

# RILKE

## EINE EINFÜHRUNG

ERNST KLETT VERLAG

STUTTGART

CIP-Kurztitelaufnahme der Deutschen Bibliothek

**Hamburger, Käte**
Rilke: e. Einf. — 1. Aufl. — Stuttgart: Klett, 1976.
  ISBN 3-12-903390-4

# INHALT

# VORWORT

Dieses Vorwort zu einem als »Einführung« angekündigten kleinen Rilkebuch bittet um besondere Beachtung. Denn es ist — oder will sein — ein Vorwort der Vorbehalte, das vor falschen Erwartungen warnen möchte, die ein abermals neues Rilkebuch gerade in der gegenwärtigen Situation erneut anschwellender Rilkeforschung erwecken könnte. Dieses Buch stellt keinen Beitrag zur Rilkeforschung dar, sondern ist eine zu einem Buch bearbeitete Vorlesung, die im Winter 1974/75 an der Universität Stuttgart gehalten wurde.

Wenn aber der Versuch gewagt worden ist, eine Vorlesung als Buch zu veröffentlichen, so war dafür deren Ziel und Art bestimmend. Sie sollte in das Werk eines Dichters einführen, von dem die Studenten trotz seiner Bedeutung und Wirkung kaum etwas oder nur Ungefähres, Vereinzeltes wissen und zu dem sie schwer einen Zugang finden. Diese Einführung war — und ist nun im vorliegenden Buch — darauf angelegt, zu dem Verständnis von Rilkes Hauptwerk, den *Duineser Elegien*, hinzuführen, deren genaue Interpretation den Kern des Buches bildet. Da nach meiner Auffassung dieses Spätwerk sich erst erschließt, wenn ein Einblick in die von Anfang an vorhandene Grundhaltung dieses Dichters gewonnen ist, war es Zweck und Methode der Vorlesung, diese Grundhaltung herauszudestillieren. Der bestimmende Gesichtspunkt war der, daß ein Werk wie dasjenige Rilkes um so genauer erfaßt werden kann, je umfassender und fundamentaler der Aspekt ist, der für die Interpretation genutzt wird. Es macht nach meiner Meinung die Besonderheit von Rilkes Dichtung aus, daß ein solcher Aspekt sich anbietet, und zwar einer, der so geartet ist, daß auch gedanklich und dichterisch schwierige Komplexe dadurch erhellt werden können.

Was dem Buch fehlt, eben weil es so wenig wie die Vorlesung ein Forschungsbeitrag sein soll, ist die Bezugnahme auf die Forschungsliteratur. Abweichungen wie Übereinstimmungen im Verhältnis zu Interpretationen anderer Autoren werden daher nicht vermerkt oder diskutiert. Nur in einzelnen Fällen wird zum Zwecke der Information oder Dokumentation auf einschlägige Literatur hingewiesen. Und da das Buch sich an eine Leserschaft wendet, bei der Vorkenntnisse nicht vorauszusetzen sind, werden hier und da Informationen über bekannte Fakten, etwa eine Werkübersicht oder bestimmte Lebensdaten, gegeben. Da die Einführung aber systematisch auf das Werk gerichtet ist, biographische Umstände also nur in einigen notwendigen Zusammenhängen berührt werden, seien Leser, die mit Rilkes Lebensgang nicht vertraut sind, auf Anmerkung 2 verwiesen, wo ein biographischer Abriß geboten wird.

Stuttgart, November 1975 Käte Hamburger

# VORBEMERKUNG

Wenn, wie der Titel ankündigt, dieses Buch eine Einführung in Rilkes Werk bieten soll und damit die Vorstellung einer Gesamtdarstellung hervorruft, so ist dieser Begriff in sehr modifiziertem, nämlich nicht in quantitativem Sinne zu verstehen. Gesamtdarstellung meint im vorliegenden Fall: die Dichtung Rilkes von einem Gesichtspunkt her zu fassen, der es ermöglicht, ihre Entwicklung, oder genauer: eine bestimmte Entwicklung vom Jugend- bis zum Spätwerk, zu erkennen. Möglich ist ein solches Verfahren jedoch nur dank einem Umstand, der durch die Eigentümlichkeit des Rilkeschen Werks gegeben ist, die ihm einen Sonderplatz nicht nur im Bereich der Lyrik seiner Zeit, sondern in der Geschichte der deutschen Lyrik überhaupt, ja über diese hinaus gibt. Dieser Umstand besteht in einer recht genau zu kennzeichnenden Thematik, einer Problematik, die von Anfang an in verschiedenen Formen da ist und das dichterische Schaffen vorantreibt. Robert Musil meinte etwas davon, wenn er in seiner Gedenkrede auf Rilke (1927) sagte, daß die »innere wie die äußere Form ... von allem Anfang an ... wie ein feines Rippenwerk vorgezeichnet erscheint ... wie sich dieses Schema füllt ... wie alles, was von Anfang an da war und sich kaum verändert, von einem immer tieferen Sinn gestaltet wird: Mit einem Wort, man erlebt das ungeheuer seltene Schauspiel der Gestaltung durch innere Vollendung!«[1] Darf man, so ist mit aller Vorsicht zu fragen, in dieser Richtung die jubelnden Worte deuten, die Rilke selbst nach der Vollendung der *Duineser Elegien* im Februar 1922 an Lou Andreas-Salomé[2] schrieb: »... daß es nun da ist, da, das so lang, das seit je Erstandene!« (19. 2. 22) Ähnlich an die Fürstin Thurn und Taxis: »Ich habe also dazu hin überstanden, durch alles hindurch!« (11. 2. 22)

Daß diesem Werk eine Sinn und Form gestaltende Problematik, eine Thematik zugrunde liegt — dieser Umstand erleichtert den Zu-

9

gang zu ihm und ermöglicht eine relativ geschlossene Darstellung, die eine fast systematische Entwicklung sichtbar zu machen vermag. Dies wird durch den weiteren Umstand erleichtert, daß umfangreichere Hauptwerke die Entwicklung markieren. Es sind die beiden großen zyklischen Gedichtwerke der Frühzeit und der Spätzeit: *Das Stundenbuch* (1899—1905) und die *Duineser Elegien* mit den *Sonetten an Orpheus* (1922), dazwischen an bedeutsamen Stellen die *Neuen Gedichte* (1907/08), denen *Das Buch der Bilder* (1902, vermehrt 1906) voranging, und der Roman *Die Aufzeichnungen des Malte Laurids Brigge* (1910). Es gibt, vor allem in der Zeit zwischen dem *Malte* und der Vollendung der *Elegien* wie auch in den Jahren nach den *Elegien* bis zum Todesjahr 1926 eine Fülle einzelner, zum Teil sehr umfangreicher Gedichte und kleinerer Zyklen, denen gleichfalls ein wichtiger Stellenwert in der Gesamtaussage des Werkes zukommt. (Soweit sie unter den Gesichtspunkten unserer Betrachtung von Bedeutung sind, werden sie zur Sprache kommen.) Und es gibt die Jugenddichtungen der neunziger Jahre: ein erstaunlich umfangreiches Werk des zwanzig- bis dreiundzwanzigjährigen René Rilke, aus Lyrik, Erzählungen, Dramenversuchen und Literaturkritik, aber ein Werk, das Rilke aus seinem gültigen Werk ausgeschlossen wissen wollte und nahezu verleugnet hat. Doch hatte er sich dazu verstanden, die frühen Gedichtsammlungen *Larenopfer* (1895), *Traumgekrönt* (1896), *Advent* (1897) unter dem Sammeltitel *Erste Gedichte* und den Gedichtband *Mir zur Feier* (1897/98) stark bearbeitet unter dem Titel *Frühe Gedichte* in die kurz vor seinem Tode vorbereitete, 1927 erschienene erste Gesamtausgabe dennoch aufzunehmen, während ein weiteres riesiges Nachlaßwerk der Jugendjahre erst in den Bänden 3, 4 und 5 der jetzt allein gültigen, von Ernst Zinn mustergültig herausgegebenen *Sämtlichen Werke* erschienen ist.

# AVANT-RILKE

Wenn das Jugendwerk der Jahre 1895/98 zuletzt und nicht gemäß der chronologischen Ordnung genannt wurde, so kommt darin die gewisse Nebensächlichkeit oder Irrelevanz zum Ausdruck, die es im Rahmen des Gesamtwerks hat. Rilke hat seine »juvenilia« (wie er es nannte) aus seinem gültigen Werk ausgeschlossen wissen wollen, und die Forschung hat sich mit ihm nicht oder kaum befaßt. Und gewiß ist diese Jugendlyrik nicht in dem Sinne als »junger Rilke« einzuordnen, wie man etwa von dem »jungen Goethe« spricht. Mit besserem Recht hat man von einem »Avant-Rilke«, einem Rilke vor dem ›eigentlichen‹ Rilke, gesprochen[3]. In der Tat ist diese Bezeichnung insofern zutreffend, als es in dieser Jugendlyrik schon sehr deutliche Keime jener Grundhaltung gibt, aus der die besondere Thematik und innere lyrische Form der Rilkeschen Dichtung sich entwickelt hat. Um diese Keime zu erkennen, bedarf es einer Methode des Vergleichens, die an Hand einiger weniger, doch symptomatischer Beispiele angewendet werden soll.

Der Vergleich muß in dem sozusagen natürlichen literarischen Raum angestellt werden, in dem der »Avant-Rilke« in der Nähe Stefan Georges und des jungen Hofmannsthal angesiedelt ist. Gemeint ist der Raum jener sprachlich erlesenen Lyrik, welche die Literaturgeschichte früher als Neuromantik bezeichnet hat, jetzt aber lieber literarischen Jugendstil nennt. Es seien zunächst zwei Gedichte ohne nähere Angaben vorgeführt.

> *Es lacht in dem steigenden Jahr dir*
> *Der Duft aus dem Garten noch leis.*
> *Flicht in dem flatternden Haar dir*
> *Eppich und Ehrenpreis.*

*Die wehende Saat ist wie Gold noch,*
*Vielleicht nicht so hoch mehr und reich,*
*Rosen begrüßen dich hold noch,*
*Ward auch ihr Glanz etwas bleich.*

*Verschweigen wir was uns verwehrt ist,*
*Geloben wir glücklich zu sein,*
*Wenn auch nicht mehr uns beschert ist*
*Als noch ein Rundgang zu zwein.*

*

*Erste Rosen erwachen,*
*und ihr Duften ist zag*
*wie ein leisleises Lachen;*
*flüchtig mit schwalbenflachen*
*Flügeln streift es den Tag;*
*Und wohin du langst*
*da ist Alles noch Angst.*

*Jeder Schimmer ist scheu,*
*und kein Klang ist noch zahm,*
*und die Nacht ist zu neu,*
*und die Schönheit ist Scham.*

Lesen wir diese beiden Gedichte, von denen das eine von George, das andere von Rilke ist, so werden wir, glaube ich, die Zuordnung keineswegs ohne weiteres vornehmen können. Gartenlandschaft, Rosen, Duft und Wehen, zarte Stimmung — Angst oder vergessene Freude —, Kostbarkeit der Sprache, ähnliche Reimordnungen fügen diese Gedichte des reifen George und des jungen Rilke dem gleichen jugendstilistischen Raum ein, und zwar ohne daß etwa ein besonderer Qualitätsunterschied zu bemerken wäre. Aber worauf es nun ankommt, das ist: die Unterschiede zu sehen und damit jene Keime zu entdecken, die uns bereits die spezifisch Rilkesche dichterische Haltung erkennen lassen.

*Es lacht in dem steigenden Jahr dir* entstammt Georges *Jahr der Seele* (1897)[4]; *Erste Rosen erwachen* Rilkes *Frühen Gedichten* (Mir zur Feier) und ist auf den Mai 1898 datiert. Daß es sich in Georges Gedicht um spätsommerliche, bei Rilke um frühsommerliche Zeit handelt, hier erste Rosen, dort letzte Rosen aufgerufen werden, ist nicht relevant. Aber die jeweils ersten Verse beider Gedichte enthalten die gleiche anthropomorphisierende Metapher vom Duft, der leise lacht. Ob Rilke, der im Herbst 1897 das eben erschienene *Jahr der Seele* kennenlernte und sein Gedicht im Mai 1898 schrieb, eine Reminiszenz an die Wortfügung Georges hatte, ist natürlich nicht auszumachen. Worauf es ankommt, das ist der Unterschied ihrer Anwendung, der höchst aufschlußreich ist. Bei George ist sie allgemeiner, unbestimmter: Wenn der Duft des herbstlichen Gartens noch leis lacht, so ist damit mehr eine allgemeine Empfindung der Freude bezeichnet. Bei Rilke werden die Rosen, bestimmte Dinge also, und ihr bestimmtes Duften durch den Vergleich mit einem ganz leisen Lachen in seiner ihm eigenen Zartheit zu beschreiben versucht. Ein Vergleich wird gesucht, um das besondere Wesen eines Dinges so genau, so nuanciert wie möglich zu fassen und zu sagen. — Sehen wir weiter zu. Bei George ist der Bezug des herbstlichen Gartens auf das ihn jetzt und hier erlebende lyrische Ich die Grundhaltung und Aussage des Gedichts; und Personalpronomen fließen ein: »Es lacht in dem steigenden jahr dir . . .«, »Rosen begrüßen dich hold noch . . .« Und schließlich erscheint der tiefere Bezug: »Verschweigen wir was uns verwehrt ist / Geloben wir glücklich zu sein / Wenn auch nicht mehr uns beschert ist / Als noch ein rundgang zu zwein.« Herbstliche Stimmung ist in Harmonie mit melancholischer Resignation von Liebenden. — In Rilkes Gedicht ist ein solcher Bezug auf Menschlich-Seelisches nicht da. Heißt es »Und wohin du langst / da ist Alles noch Angst . . .«, so ist das gesagt von der eben erwachenden Natur und ihren verschiedenen Erscheinungen wie Duft, Licht und Klang. »Jeder Schimmer ist scheu / und kein Klang ist noch zahm, / und die Nacht ist zu neu, / und die Schönheit ist Scham.« Die gewiß aus menschlichem Bereich hergenommenen Empfindungen Angst, Scheu, Scham werden den Naturdingen zugeschrieben; alles verbleibt im Außen der erwachenden Natur. Ein auf die Sache, das Phänomen gerichteter dichterischer Aussage- oder Beschreibungswille ist erkennbar, der absieht von der Beteiligung des eigenen Ich, seinen Stimmungen und seelischen Zuständen.

Dieses Gedicht stammt aus der Sammlung *Mir zur Feier* von 1897/
99, und sie, die letzte der Jugendgedichtsammlungen, ist es denn auch
vor allem, welche die prägnantesten Ansätze von Rilkes lyrischer Aus-
sagehaltung aufweist, einen Avant-Rilke schon deutlich konturiert[5].
Doch dürfen diesem einen Gedicht noch keine allzu prinzipiellen Er-
kenntnisse entnommen werden. Es gibt, und zwar natürlicherweise,
auch in *Mir zur Feier* Gedichte, in denen das lyrische Ich sehr entschieden hervortritt, von sich selbst aussagt oder auszusagen scheint und
sich in intensiven Bezug zur Landschaft setzt. Ein Beispiel dafür ist
das in Viareggio entstandene Gedicht vom Baden im Meer:

> *Und einmal lös' ich in der Dämmerung*
> *der Pinien von Schulter und vom Schooß*
> *mein dunkles Kleid wie eine Lüge los*
> *und tauche in die Sonne bleich und bloß*
> *und zeige meinem Meere: ich bin jung.*
> *Dann wird die Brandung sein wie ein Empfang,*
> *den mir die Wogen festlich vorbereiten.*
> *Und eine jede zittert nach der zweiten, —*
> *wie soll ich ganz allein entgegenschreiten:*
> *das macht mich bang ..*
> *Ich weiß: die hellgesellten Wellen weben*
> *mir einen Wind;*
> *und wenn der erst beginnt*
> *so wird er wieder meine Arme heben —*

Es sei noch angeführt die erste Strophe des (zweistrophigen) Gedichts, mit dem die Sammlung einsetzt:

> *Ich bin so jung. Ich möchte jedem Klange,*
> *der mir vorüberrauscht, mich schauernd schenken,*
> *und willig in des Windes zartem Zwange,*
> *wie eine Ranke überm Gartengange,*
> *will meine Sehnsucht ihre Schwingen schwenken.*

Zweifellos ausgeprägte Ich-Aussagen, aber Aussagen eines Ich, dem es
um ein Einvernehmen mit den Außendingen der Natur mehr zu tun

14

ist als um sich selbst und seine Zuständlichkeit. Dies aber erscheint sehr deutlich in dem schon berühmt gewordenen Gedicht der Sammlung:

*Vor lauter Lauschen und Staunen sei still,*
*du mein tieftiefes Leben;*
*daß du weißt, was der Wind dir will,*
*eh noch die Birken beben.*

*Und wenn dir einmal das Schweigen sprach,*
*laß deine Sinne besiegen.*
*Jedem Hauche gieb dich, gieb nach,*
*er wird dich lieben und wiegen.*

*Und dann meine Seele sei weit, sei weit,*
*daß dir das Leben gelinge,*
*breite dich wie ein Feierkleid*
*über die sinnenden Dinge.*

Diese Verse sind von der Rilke-Interpretation gern als Zeugnis für die ichbefangene, das eigene Gefühl auskostende Haltung des jungen Rilke, für seine Dichtung der Innerlichkeit angeführt worden. Aber sehen wir gerade hier genauer zu. Es ist richtig: Das Ich, das hier spricht, redet sich als »Du« und »meine Seele« an. Aber spricht es wirklich von sich selbst, seiner ichbefangenen Gestimmtheit? Nein, es nennt sich nur als das, was das Außensein, das schweigende, Birken und Wind staunend belauscht, mit feinsten Organen — »du mein tieftiefes Leben« — erhorcht und spürt, den Wind schon spürt, eh er noch die Birken beben gemacht. Diese »meine Seele« redet nicht von sich als Seele, sondern sie wird aufgerufen, sich den Außendingen zuzuwenden, sich über »die sinnenden Dinge« zu breiten; und das Sinnen ist den Dingen zugeschrieben, nicht der Seele, dem Ich. Die sinnenden Dinge — das sind die in sich selbst ruhenden, in sich gekehrten Dinge, zu denen das Ich den Zugang suchen muß, damit ihm »das Leben gelinge« (was hier ›das Leben begreifen‹ bedeuten mag). Der Zusammenhang mit den vorher angeführten Gedichten ist deutlich.

Diese Verse der Frühzeit, noch im jugendstilistischen, süßmelodischen Sprachkleid, enthalten im Keim die Thematik, in deren Raum, einem gewaltigen Raum, sich Rilkes Dichtung entfalten wird. Die Thematik ist die Aufgabe, die dem Ich — sagen wir gleich: dem Ich des Dichters — gestellt ist: das, was ist, das Seiende zu erkennen und zu benennen. Viele Jahre später, in einem Brief an die Fürstin Thurn und Taxis vom 13. November 1912 aus Toledo, hat Rilke diese Haltung so beschrieben: »Ich . . . wünsche mir so viel Fassung in mein Herz, solchen Gegenständen gegenüber dazusein, still, aufmerksam, als ein Seiendes, Schauendes, Um-sich-nicht-Besorgtes . . .« In diesem Satz ist mit wenigen Begriffen die dem gewaltigen Werk zugrunde liegende, seine Struktur formende Haltung bestimmt. Das Ich ist eliminiert, »um sich nicht besorgt«. Das Ich wird nicht als Erlebnisquell, als Gestimmtheit, Ursprung einer Stimmung gefaßt, welche die geschauten Gegenstände in sich hineinzieht, sie mit sich erfüllt, sondern als ein selbst nur Seiendes, dessen einzige Funktion das Schauen, das Von-sich-wegsehen ist, das zum Korrelat das Gegenüber hat — Schlüsselworte, die immer wieder sich einstellen. Das Verb »schauen« vor allem tritt mit sich aufdrängender Häufigkeit besonders in der frühen und mittleren Periode sowohl in Brief- und Tagebuchäußerungen wie in Gedichten auf, in dem betonten Sinne des aufmerksam Beobachtens, und zwar in Zusammenhang mit dem Machen des Gedichts. ». . . Ja, alles was wirklich geschaut wurde, muß Gedicht werden«, schrieb er im Jahr 1900 auf[6]. Wie prägnant dieses Verb für Rilke war, zeigt sich in der eigenwilligen Art, in der er grammatisch mit ihm verfuhr, zum Beispiel sein Partizip präsens in den Komparativ setzt: »So will ich gehen, schauender und schlichter / einfältig in der Vielfalt dieses Scheins«, heißt es in einem Gedicht von 1906. Und in Versen von 1913, einem der *Gedichte an die Nacht*, stellt sich das lyrische Ich als schauendes »Gesicht«, ja als ein noch nicht einmal der Aufgabe des Schauens völlig gewachsenes, »ungenügendes Gesicht« dar:

> *Nun erst, Nachtstunde, bin ich ohne Angst*
> *und darf in aufgeblühtem Schauen stehen,*
> *da du für dein unendliches Geschehen*
> *mein ungenügendes Gesicht verlangst.*

Von diesen Äußerungen aus der Reifezeit, die zum Beleg des so häufig wiederkehrenden und eben deshalb hochsymptomatischen Schauensbegriffs dienen sollen, wenden wir uns nochmals der Frühzeit um die Jahrhundertwende zu: einem kleinen, aber bedeutsamen, 1900 entstandenen Gedicht, dessen Titel *Fortschritt* und erste Zeile auf das drei Jahre frühere *Vor lauter Lauschen und Staunen sei still* zurückweisen. Denn wenn es beginnt:

> *Und wieder rauscht mein tiefes Leben lauter*
> *als ob es jetzt in breitern Ufern ginge,*

so scheint der Ausdruck »mein tiefes Leben« Bezug zu nehmen auf den gleichgebildeten »mein tieftiefes Leben« des früheren Gedichts — es ist die Metapher für das lauschend wahrnehmende Tun des Ich —, und der Fortschritt, der nun in den neun Verszeilen, aus denen das Gedicht besteht, dargetan wird, bedeutet ganz offenbar Fortschritt eben dieser Aktivität des Ich, das Sein und Sosein der Dinge zu begreifen. Komparative, die keine andere Bedeutung und Beziehung haben, als diesen Fortschritt zu bezeichnen, stellen sich ein:

> *Immer verwandter werden mir die Dinge*
> *und alle Bilder immer angeschauter.*

Wie die Dinge »verwandter« werden können, sagen die weiteren Verse:

> *Dem Namenlosen fühl ich mich vertrauter:*
> *Mit meinen Sinnen, wie mit Vögeln, reiche*
> *ich in die windigen Himmel aus der Eiche,*
> *und in den abgebrochnen Tag der Teiche*
> *sinkt, wie auf Fischen stehend, mein Gefühl.*

Es sind eigentümliche Verse; die poetische Sprache geht hier bereits ungewöhnliche Wege, um eine ungewöhnliche, nicht alltägliche Erfahrung und Bemühung, nämlich sich die Dinge verwandt machen, Ausdruck werden zu lassen. Denn die Dinge, die hier wie in dem früheren Gedicht Naturdinge, und das heißt Außermenschliches, sind, haben von sich aus keine Beziehung, keine Verwandtschaft mit dem sie noch so aufmerksam anschauenden Ich. Ich schalte hier eine Äußerung Rilkes aus der Einleitung zu seiner Monographie über die Worpsweder Maler von 1902 ein, die dies deutlich sagt:

> *Denn gestehen wir es nur: die Landschaft ist ein Fremdes für uns und man ist furchtbar allein unter Bäumen, die blühen, und unter Bächen, die vorübergehen. Allein mit einem toten Menschen, ist man lange nicht so preisgegeben wie allein mit Bäumen. Denn so geheimnisvoll der Tod sein mag, geheimnisvoller noch ist das Leben, das nicht unser Leben ist, das nicht an uns teilnimmt und, gleichsam ohne uns zu sehen, seine Feste feiert, denen wir mit einer gewissen Verlegenheit, wie zufällig kommende Gäste, die eine andere Sprache sprechen, zusehen.*

Auf dem Hintergrund solcher Einsicht und Erfahrung wird die Bemühung, die das Gedicht *Fortschritt* zum Thema hat, deutlich: die Bemühung um Überwindung der Fremdheit, der Getrenntheit des Ich-sagenden Menschen vom außermenschlichen Sein. Und dies, die Überwindung, ist, wie hier vorweisend schon gesagt sei, die Grundproblematik von Rilkes Dichtung. Die letzten vier Verse des Gedichts — »mit meinen Sinnen, wie mit Vögeln, reiche / ich in die windigen Himmel aus der Eiche, / und in den abgebrochnen Tag der Teiche / sinkt, wie auf Fischen stehend, mein Gefühl« — geben gewissermaßen an, wie das anschauende Ich sich die »Dinge«, den Himmel, die Teiche (eigentlich ihr helles Blinken, beschrieben als »abgebrochner Tag«) verwandter machen kann: indem die aufnehmenden Sinne gleichsam das Leben jener Tiere nachvollziehen, deren Element Himmel und Wasser sind: der Vögel, der Fische — ja zu Vögeln, zu Fischen selbst werden.

Dieses kleine Gedicht aus noch früher Zeit ist aufschlußreich noch in weiterer Hinsicht. Es ist als Ganzes fast ein Schlüsselwort für Rilkes Dichten und seine Besonderheit. Was es inhaltlich aussagt, ist letztlich ein philosophisches, ja ein erkenntnistheoretisches Problem: Wesenserkenntnis der gegenständlichen, dinglichen Welt. Aber — dies ist nun zu betonen — Rilke war kein Philosoph, er war kein Ideenlyriker. Ideenlyrik kleidet eine autochthon philosophische Idee, eine ethische oder eine naturphilosophische, in eine dichterische Form. Des Vergleiches halber seien ein paar Verse aus Schillers *Die Worte des Glaubens* zitiert:

> *Der Mensch ist frei geschaffen, ist frei,*
> *Und würd' er in Ketten geboren*
> . . . . . . . .
> *Und die Tugend, sie ist kein leerer Schall,*
> *Der Mensch kann sie üben im Leben,*
> *Und sollt er auch straucheln überall,*
> *Er kann nach dem Göttlichen streben.*

Und aus Goethes »Vermächtnis«:

> *Kein Wesen kann zu nichts zerfallen!*
> *Das Ewge regt sich fort in allen,*
> *Am Sein erhalte dich beglückt!*
> *Das Sein ist ewig: denn Gesetze*
> *Bewahren die lebend'gen Schätze,*
> *Aus welchen sich das All geschmückt.*

Klassische Beispiele der großen Ideenlyrik: das ethische Schillers, das naturphilosophische Goethes. Für sie ist kennzeichnend, daß immer der Gedanke und der Gedankengang begrifflich wiedergegeben werden können, eben weil trotz der lyrischen Form (die sich denn auch dem Lehrgedicht nähern kann wie Goethes Metamorphose-Gedichte) der Gedanke selbst begrifflich konzipiert ist, so daß denn auch der Übergang von theoretischer zu lyrischer Aussageform mehr oder weniger fließend sein kann. — Rilkes Lyrik ist keine Ideenlyrik, und dennoch ruht sie, wie wir an den bisherigen Beispielen erkennen konnten, auf dem Grunde einer letztlich philosophischen Frage, der schon genannten Frage nach der Erkenntnis der gegenständlichen Welt, der seienden Dinge. Erkenntnis nun aber, die nicht in Begriffen, in der Formulierung von Ideen sich vollzieht, sondern in *Bildern*, wie er es selbst schon sehr früh als Ziel und Wesen lyrischen Sagens, seines lyrischen Sagens gewußt hat. »Ich ruhe nicht, bis ich das eine erreiche, Bilder zu finden für meine Verwandlungen«, bekannte er schon in den Tagebuchaufzeichnungen der Frühzeit (1900)[7]. Noch gegen Lebensende, 1921, erklärte er sein Bedürfnis nach Reisen und das Suchen nach »Wahl-heimaten« damit, daß er nur dort sich habe niederlassen können, »wo das Sichtbare in seiner Bildhaftigkeit den Ausdrucksbedürfnissen meines Instinkts irgendwie genauer entgegenkam« (26. 2. 21). Aufs genaueste entspricht diese späte Formulierung der wiederum frühen in einem Briefe von 1899: »Alle Dinge sind ja dazu da, damit sie uns Bilder werden in irgendeinem Sinn« (27. 5. 99), — ein verkürzter Ausdruck des ›Verfahrens‹, welches das Gedicht *Fortschritt* beschreibt. Die Bilder, die der Dichter dem Sichtbaren entnimmt, um die erkennend wahrnehmende Arbeit seiner »Sinne« zu beschreiben, sind Vögel, die aus der Eiche auffliegen, und die Höhe der »windigen Himmel«, Fische, die die Bodenlosigkeit des Wassers erfühlen lassen. Sie sind, mit dem vergleichenden »wie« versehen — »wie mit Vögeln . . . wie auf Fischen stehend« — die Bilder, die »immer angeschauter«, intensiv angeschaut, Himmel und Wasser, »namenlose« Elemente als solche, »verwandter«, »vertrauter« werden lassen.

Die beiden Gedichte der Frühzeit wurden deshalb eingehender interpretiert, weil sie besonders deutlich den Weg zu dem zeigen, was als Rilkes ›Dingdichtung‹ berühmt ist, enthalten in den umfangreichen Gedichtsammlungen aus dem ersten Jahrzehnt dieses Jahrhunderts: *Das Buch der Bilder* und *Neue Gedichte*. Um die Zusammenhänge der Thematik deutlich sichtbar zu machen, verfolgen wir zuerst die Linie der Dingdichtung, obwohl in der Werkgeschichte das *Stundenbuch* (mit dem Erscheinungsjahr 1905) vor dem Hauptwerk der Dingdichtung, den *Neuen Gedichten* (1907/08) liegt. Vom *Stundenbuch* aber geht eine zweite weiterführende Linie über den *Malte* zu den *Duineser Elegien* und den *Sonetten an Orpheus*, die wir dann in ihrem Zusammenhang verfolgen werden, wobei eine weitere Fülle von Motiven zur Sprache kommt.

# DIE DINGDICHTUNG

In den zitierten Gedichten und biographischen Äußerungen erschien das Wort »Ding«. Es erscheint als der andere, der Gegenpol des lyrischen Ich, an den dieses, sich selbst sozusagen auslöschend, hingibt — wie es noch einmal in *Der Dichter*, einem der *Neuen Gedichte* (1905/ 06), mit einem nahezu schmerzlichen Ton der Resignation, als Los des Dichters, gesagt ist:

> *Ich habe keine Geliebte, kein Haus,*
> *keine Stelle, auf der ich lebe.*
> *Alle Dinge, an die ich mich gebe,*
> *werden reich und geben mich aus.*

Es ist diese bewußte Haltung, die der Dingdichtung Rilkes ihren ganz besonderen Akzent, ihr Gewicht und ihren Stellenwert in der Geschichte der Lyrik gibt, wie denn auch der Begriff Dingdichtung als lyrischer Artbegriff recht eigentlich erst durch diejenige Rilkes gängig geworden ist. Denn es ist ein anderes, wenn auch einmal ein Ding — etwa die schöne Lampe, auf die Mörike berühmte Verse dichtete, oder Conrad Ferdinand Meyers römische Fontäne — zum Anlaß eines Gedichts wird, und ein anderes, wenn die Dinge erfaßt werden als eine besondere Seinsform überhaupt, als Seiendes, das an sich selbst verstanden, »eingesehen« — wie Rilke einmal im *Malte* sagt — werden will. Daß dies keine willkürliche Definition der Rilkeschen Dingdichtung ist, geht aus einer Briefäußerung vom Jahre 1915 hervor, aus einer Zeit also, in der die massierte Dingdichtung schon acht Jahre zurücklag: »Die ›Arbeit nach der Natur‹ hat mir das Seiende in so hohem Grade zur *Aufgabe* gemacht, daß mich sehr selten noch, wie aus Versehen, ein Ding gewährend und gebend anspricht, *ohne die Anforderung, in mir gleichwertig und bedeutend hervorgebracht zu sein.*«

(27. 10. 15) Die Dinge sind für den Dichter nicht zur bloßen Augenfreude da, sondern sie sind vor ihm als Aufgabe, sie stellen die Forderung an ihn, noch einmal hervorgebracht, »bedeutend« hervorgebracht, das heißt in ihrem besonderen Sein und Sosein erkannt und mit den Mitteln des Dichters noch einmal geschaffen zu werden — »so, wie selber die Dinge niemals / innig meinten zu sein«. Und dies ist Zitat, aus spätester Zeit, aus der Neunten Duineser Elegie (1922), das, wie wir an seinem Orte sehen werden, im Rückbezug auf die Briefäußerung von 1915 ganz einsichtig wird.

Was Rilke selbst unter Dingdichtung verstand, ist durch diese drei Stellen aus der frühen, mittleren und späten Epoche markiert. Wenden wir uns der Sache selbst zu. Als Einführung sei eine Dingbeschreibung typisch Rilkescher Art, in Prosa und noch aus der Frühzeit, präsentiert: aus dem Florenzer Tagebuch von 1898, in dem er Lou Andreas-Salomé über seine erste italienische Reise berichtet. Daß das Erlebnis und die Beschreibung von Kunstdingen ein italienisches Reisetagebuch füllen, ist nicht verwunderlich. Aber bei Rilke nimmt sich solche Beschreibung schon damals als ein Sehen aus, das die Dinge versteht als die Aufgabe, sie mit anderen Mitteln neu hervorzubringen. Ein Porträt des Lorenzo di Medici auf den Fresken des Benozzo Gozzolo in der Kapelle des Palastes Medici erscheint in seiner Seh- und Sageweise folgendermaßen:

*Wie anders* [Rilke vergleicht das Porträt mit dem des Großvaters, des Cosimo] *sieht schon auf diesem Bilde sein Enkel, der junge, kränkliche Lorenzo aus. Er wird schon auf den Höhen groß. Die Schönheit ist ihm nichts, das man mühsam verdienen muß; denn müßte man also, dürfte man auch nie der Angst vergessen, sie wieder zu verlieren. Und eine Angst — welche auch immer — wäre etwas Demütigendes für ihn. Schönheit erscheint ihm des Fürsten erster Besitz und sein stolzestes Recht. Er trägt sie selbst nicht im Antlitz; denn er müßte sonst vielleicht um sie bangen: ein Haß, eine Krankheit, ein Leid hätte sie zerstören können. Er hat sie tief in sein Wesen versenkt von Kindheit auf, und da hat sie mit ihren Wurzeln sein Edelstes umflochten, und sie trinkt Kraft daraus und blüht in seinen Gesten und Worten und Taten*[8].

Daß dies die Beschreibung eines Bildes, eines Porträts ist, könnte man beim Lesen vergessen. Was hier von dem Porträt des Lorenzo Medici abgelesen, aus ihm herausgesehen ist, scheint freilich auch hineingesehen. Hineingesehen aus der Kenntnis von diesem Renaissancefürsten, der den Beinamen Magnifico hatte, weil er der große Mäzen und Genießer der Kunst und der Schönheit war. Daß er selbst nicht schön von Antlitz war — »er trägt sie selbst nicht im Antlitz« —, das kann man auf dem Porträt sehen. Daß aber die Schönheit ihm nichts war, das man mühsam verdienen muß, daß er sie tief in sein Wesen versenkt hat von Kindheit auf — das, würde man wohl sagen, ist eine subjektive Interpretation, die weit über das Dargestellte und Sichtbare des Porträts hinausgeht, ja sich zu einer psychologischen oder novellistischen Studie erweitert. Lesen wir sie aber als einen Rilkeschen Text, wissen wir dennoch sogleich, daß dies eine Bildbeschreibung ist (die auch grammatisch, durch das präsens tabulare, sich als eine solche verrät). Der Interpret versucht, mit seinen Mitteln, dem beschreibend deutenden Wort, zu tun, was der Künstler mit den seinigen getan. »Es ist etwas Selbstverständliches für den Künstler«, heißt es an anderer Stelle des Florenzer Tagebuchs, »allen Spuren und Ahnungen in einem Gesichte, das ihm als Motiv günstig naht, nachzuforschen, sie geduldig zu untersuchen — oder sie (je nach der Art seines Schaffens) mit einem Schlage wie in der Seele eines einzigen Blitzes zu erkennen und zu besiegen«[9]. Rilke verkennt dabei nicht den subjektiven Anteil des Künstlers, der aber nötig ist, um die Eigenart des abzubildenden Gesichts zu »durchleuchten und zu erhöhen . . .« Rilke spricht hier nicht von seiner eigenen Kunst, sondern von der bildenden, der Porträtmalerei, und dennoch haben wir in diesen Sätzen und in der Beschreibung des Lorenzoporträts Wesen und Eigenart seiner Dingdichtung im Kern. Denn was hier — und in manchen Porträtgedichten der *Neuen Gedichte* — für ein Gesicht, für »Spuren und Ahnungen in einem Gesichte«, gilt, das wird angewandt auch auf die Beschreibung, die wesenserfassende Beschreibung der unzähligen anderen Dinge, die die Thematik der Rilkeschen Dingdichtung ist.

Als Rilke, der auf der italienischen Reise, im Florenzer Tagebuch, sich so intensiv auf das Sehen und Beschreiben von Bildern eingeübt hatte, die Gedichtsammlung, die er aus Gedichten der Jahre 1898 bis

1901 zusammenstellte, *Das Buch der Bilder* nannte, mag dieser Titel aus solcher Erfahrung heraus gewählt worden sein. Es mag auch sein, daß er schon durch diesen Titel sein spezifisches Dichtertum mehr oder weniger bewußt kennzeichnen wollte. Nehmen wir jedoch den Titel gleichsam im ikonischen Sinne prägnant, so würde er weit besser auf die *Neuen Gedichte* gepaßt haben, während er für die so betitelte Gedichtsammlung nicht richtungweisend ist. Sie nimmt in bunter Folge die von dem Dichter damals als gültig erachtete Produktion auf und gehört in ihrer ersten Gestalt von 1902 stilistisch noch der letzten Phase der Jugendlyrik, der Sammlung *Mir zur Feier* an. Es ist bezeichnend, daß das *Buch der Bilder* in der Werkgeschichte Rilkes die letzte Gedichtsammlung traditionellen Stils ist, eine Sammlung thematisch verschiedener, nicht aus einer bestimmten Rahmenkonzeption her entworfener Gedichte. Daß die riesige Fülle der teils umfangreichen Einzelgedichte, die in den dazwischen liegenden Zeiten entstanden und von denen viele einen wichtigen Stellenwert haben, von ihm selbst nicht oder nur gelegentlich publiziert worden sind, kann als Anzeichen dafür aufgefaßt werden, daß den großen zyklischen Werken eine zielgerichtete Intention zugrunde liegt, die der Interpretation die Aufgabe stellt, sie in diesen Werken zu erkennen und diese selbst als Ganzheitsstrukturen zu verstehen.

Das *Buch der Bilder* erschien in zweiter Ausgabe 1906, vermehrt um einige wenige, seit 1901 entstandene Gedichte. Zu ihnen gehört ein Gedichtzyklus, der sowohl thematisch wie sprachstilistisch in die *Neuen Gedichte* gehören würde und auch zeitlich (Juni 1906), in deren Entstehungszeit, überdies in Rilkes zweiten Pariser Aufenthalt fällt. Dieser Zyklus von neun Gedichten, *Die Stimmen* (dessen Aufnahme in das *Buch der Bilder* mehr oder weniger durch äußere Umstände bedingt gewesen sein mag), ist für die neue Erfahrung, die zur Vollendung der Dingthematik und zu ihrer Konzentrierung in den *Neuen Gedichten* geführt oder doch entscheidend beigetragen hat, von besonderer Bedeutung. Die neue Erfahrung war das Werk Auguste Rodins, des großen Impressionisten der Bildhauerkunst. Rilke hatte es schon bei seinem ersten Pariser Aufenthalt kennengelernt, und zwei Jahre später, als er Rodin eine Zeitlang als Sekretär diente (1905/06), hatte er in täglichem Umgang mit dem Werk und dem Meister selbst

Gelegenheit, Zeuge, und ein überwältigter Zeuge, von Rodins Arbeit an seinen Figuren zu sein. Er hat sie in seinem Rodinbuch (1903) beschrieben.

Was hat es im Zusammenhang dieser Erfahrung mit dem Zyklus *Die Stimmen* auf sich? Die neun Gedichte, die unter diesem Titel geordnet sind, heißen: *Das Lied des Bettlers, Das Lied des Blinden, Das Lied des Trinkers, Das Lied des Selbstmörders, Das Lied der Witwe, Das Lied des Idioten, Das Lied der Waise, Das Lied des Zwerges, Das Lied des Aussätzigen.* Was besagen diese Titel und Themen? Liegen sie auf dem Wege der Dingdichtung, da sie ja nicht von Dingen, sondern von Personen handeln und überdies in der Ichform gebaut sind: »Ich gehe immer von Tor zu Tor« (Lied des Bettlers), »Ich bin blind, ihr draußen, das ist ein Fluch« (Lied des Blinden). Es sind Rollengedichte, deren Ichrede die einer Figur ist, und als solche können sie Bildgedichte und damit Dinggedichte sein. In seinem gerade auch in Hinsicht auf Rilke wichtigen Buch *Das deutsche Bildgedicht* (1935) hat Hellmut Rosenfeld gezeigt, daß das Rollengedicht einen seiner Ursprünge eben im Bildgedicht hat, Gedichte, die plastische oder gemalte Figuren zum Gegenstand haben. Nicht zufällig heißt es in dem *Titelblatt* genannten Einleitungsgedicht zu *Die Stimmen*:

> *Und weil alle sonst, wie an Dingen,*
> *an ihnen vorbeigehn, müssen sie singen.*

Die Figuren, die hier ihre Lieder singen, Elendsfiguren, sind offenbar keine Gemälde oder Skulpturen, sondern reale, sei es gesehene oder vorgestellte. Darauf deuten die Verse des *Titelblatts* hin:

> *Die Reichen und Glücklichen haben gut schweigen,*
> *niemand will wissen was sie sind.*
> *Aber die Dürftigen müssen sich zeigen,*
> *müssen sagen: ich bin blind*
> *oder: ich bin im Begriff es zu werden*
> *oder: es geht mir nicht gut auf Erden*
> *oder: ich habe ein krankes Kind*
> . . . . . . . .

Doch es könnten auch Bilder sein (wie denn Hellmut Rosenfeld nachgewiesen hat, daß sogar das geschichtserzählende Gedicht *Der letzte Graf von Brederode entzieht sich türkischer Gefangenschaft* nach einem Gemälde gedichtet worden ist). — Es könnte zu der Reihe dieser Rollengedichte von Elendsfiguren auch ein solches gehören:

> *Was stelltest du so früh dich ein,*
> *du Greisenalter, hart und trübe?*
> *Wer will mein Trost und Retter sein,*
> *daß ich an mir nicht Selbstmord übe?*
> . . . . . . . .
> *Wenn ich dran denke, wie ich war*
> *und was ich ward in all den Jahren*
> *wenn ich mich nackt im Spiegel schau*
> *vertrocknet, mager, dürr und grau —*
> *Und muß mich so verändert sehen,*
> *so will ich fast vor Wut vergehen.*
> . . . . . . . .

Diese Verse stammen aus dem Gedicht des großen französischen Vagabundendichters François Villon *Les regrets de la belle Heaulmière* (Klage der schönen Helmschmiedin) und sind deshalb hier zitiert, weil sie Rodin zu einer seiner expressivsten Skulpturen, *Vieille Heaulmière*, angeregt haben, von der Paul Gsell in seinem Buche *Auguste Rodin. Die Kunst* (1913) sagt, daß sie, Entsetzen einflößend, vielleicht noch ausdrucksvoller sei als die grimmige Ballade Villons[10].

Rilkes Stimmen-Zyklus, von dessen Rollengedichten sich dasjenige Villons zwar im Sprachstil, aber nicht strukturell unterscheidet, ist das sichtbarste Zeugnis für den mächtigen Einfluß, den die expressive Plastik Rodins, Bildwerke wie »Die Bürger von Calais«, »Mensch der ersten Zeiten«, »Das Höllentor«, »Johannes der Täufer«, die Balzac- und Hugo-Statuen (um nur einige von Rilke beschriebene zu nennen), auf ihn ausgeübt hatte. Obwohl er die »Vieille Heaulmière« in seinen Briefen und seinem Rodinbuch nicht erwähnt, bedeutete es für ihn eine entscheidende Rechtfertigung seines eigenen Kunstwillens, als er erfuhr, welchen Einfluß Figuren der Dichtung auf Rodin gehabt hatten, vor allem Gestalten aus Dantes *Divina Commedia*, aber auch Verse Baudelaires, »Worte und Gruppen von Worten ... Zeilen, die sich wie Reliefs anfühlten, und Sonette, die wie Säulen mit verworrenen Kapitälen die Last eines bangen Gedankens trugen«. Rodin, sagt Rilke, »fühlte dunkel, daß diese Kunst, wo sie jäh aufhörte, an den Anfang einer andern stieß, und daß sie sich nach dieser anderen gesehnt hatte ...«

Drei Jahre später, 1905, sann Rilke in einem Vortrag über Rodin dem nach, was es heißt, eine Oberfläche machen:

> ... ist nicht alles *Oberfläche was wir kennen? Können wir Inneres anders wahrnehmen als dadurch daß es Oberfläche wird? Unsere Freude an einer Frucht, an einem Tiere, an einer Landschaft —: ist sie nicht Deutung, Auslegung, Aneignung einer bestimmten Oberfläche? Und was wir Geist und Seele und Liebe nennen —: ist das nicht alles nur eine leise Veränderung auf der kleinen Oberfläche eines nahen Gesichtes? Und muß wer uns das geben will, sich nicht an das Greifbare halten, an das was seinen Mitteln entspricht: an die Form, die er fassen und nachfühlen kann?*

Er sprach von Rodin, mag aber zugleich dies, daß die Dichtkunst an den Anfang einer anderen, der Bildkunst, stößt (wie er es von Rodin glaubte sagen zu dürfen), in seiner Umkehrung, und eben durch Rodins Werke, erfahren haben. Denn zu den *Neuen Gedichten* führt diese Betrachtung über die das Wesen eines Dinges offenbarende und damit auszulegende Oberfläche gleichsam hin. Die genannte Erfahrung schlägt sich in der großen Reihe der Gedichttitel nieder, die sich gleichsam zu einem Bilderkatalog, einem »Musée imaginaire« zusammenstellen ließen. Um eine Vorstellung von diesem Gedichtmuseum zu vermitteln, sei eine Auswahl der Titel aufgezählt: *Früher Apollo, Buddha, L'Ange du Méridien, Das Einhorn, Sankt Sebastian, Der Stifter, Der Engel, Tanagra, Jugendbildnis meines Vaters, Archaischer Torso Apollos, Kretische Artemis, Leda, Eine Sibylle, Damenbildnis aus den achtziger Jahren, Buddha in der Glorie.* Der dingbeschreibende Gestaltungswille greift über die Dinge hinaus, die sich als Figurenskulpturen oder Gemälde darboten und aus den Titeln als solche erkennbar sind. Architektonische Gebilde und Teile von solchen reihen sich hinzu: *Die Kathedrale, Das Portal, Die Fensterrose, Das Kapitäl, Die Treppe der Orangerie (Versailles), Der Pavillon;* Gebilde wie: *Der Marmor-Karren, Römische Fontäne, Römische Sarkophage, Hetären-Gräber, Das Karussell;* sodann Personen: *Die Irren, Die Bettler, Die Gruppe, Der Blinde;* Blumen und Tiere: *Blaue Hortensie, Rosa Hortensie, Die Rosenschale, Das Rosen-Innere, Persisches Heliotrop, Schlaf-Mohn, Der Panther, Die Gazelle, Der Schwan, Der Hund, Die Flamingos.* Von anderen, sozusagen toten Dingen, die zum Gedichtgegenstand wurden, seien genannt: *Der Ball, Die Laute, Die Spitze I u. II, Das Bett.*

Dies ist also eine Auswahl aus den 172 Titeln, und nur hier, nicht in der Gedichtsammlung selbst, nach ungefähren sachlichen Kategorien geordnet. Nun, es bedarf der Erwähnung nicht, daß mit diesen Titeln, die in ihrer Massierung schon die Besonderheit dieser Dichtungsthematik erkennen lassen, diese auch schon gekennzeichnet wäre. Wir werden sehen, daß gewisse Schwierigkeiten für ihre Interpretation und ihre ›Katalogisierung‹ daraus entstehen, daß der Begriff des Dinggedichts selbst keineswegs sehr bestimmt ist oder bleibt und Dinggedichte daher oftmals nicht als solche zu erkennen sind. Ein paar eindeutige Dinggedichte seien zunächst ausgewählt, an denen sich zeigen läßt, was es bei Rilke bedeutet, aus der Oberfläche »Inneres« zu entbinden.

Begonnen sei mit einem der berühmtesten Gedichte, mit dem *Der Neuen Gedichte anderer Teil* einsetzt — *Archaischer Torso Apollos:*

> *Wir kannten nicht sein unerhörtes Haupt,*
> *darin die Augenäpfel reiften. Aber*
> *sein Torso glüht noch wie ein Kandelaber,*
> *in dem sein Schauen, nur zurückgeschraubt,*
>
> *sich hält und glänzt. Sonst könnte nicht der Bug*
> *der Brust dich blenden, und im leisen Drehen*
> *der Lenden könnte nicht ein Lächeln gehen*
> *zu jener Mitte, die die Zeugung trug.*
>
> *Sonst stünde dieser Stein entstellt und kurz*
> *unter der Schultern durchsichtigem Sturz*
> *und flimmerte nicht so wie Raubtierfelle;*

*und bräche nicht aus allen seinen Rändern*
*aus wie ein Stern: denn da ist keine Stelle,*
*die dich nicht sieht. Du mußt dein Leben ändern.*

Wir beginnen mit diesem Gedicht, weil es deutlicher, genauer als irgend
ein anderes demonstriert, was Rilke — im Rodinschen Sinne — als
Behandlung der Oberfläche einer Skulptur verstand. *So* behandelt erscheint der Körper der archaischen Apollostatue, daß der Beschauer
den Torso nur als Ausdruck eines Haupts erlebt, von dem wir nichts
wissen, als daß es »unerhört« gewesen sein muß. Dieses ungegenständ-
liche, nur Enormes evozierende Attribut erhält seine Bedeutungserfül-
lung durch die Attribute des Glanzes, mit denen die Teile des Körpers
beschrieben werden: glüht, glänzt, blenden, flimmerte, Licht aussen-
dend wie ein Stern — dies in der konjunktivischen Form des
irrealen Konditionalis, der weit suggestiver als eine indikative Feststellung die Unwahrscheinlichkeit, das Wunder dieses Torsos und sozusagen die Restaurierung des verlorenen Kopfes »hervorbringt«, der
die Ursache dieses beseelten Leibes gewesen sein muß. Die Attribute
des Glänzens in ihren Zuordnungen — sind sie gesetzt als reale Eigen-
schaften des Marmors, der in Licht und Schatten glänzt und spiegelt?
Nein, sie sind Metaphern der überwältigenden, der aus sich selbst strah-
lenden Expressivität dieses Kunstwerks, die als solche wiederum aus
dem hypothetisch ›restaurierten‹ unerhörten Haupt abgeleitet wird.
Und in der Sprache, durch die Sprache des Gedichts wird das archaische
Kunstwerk, ja der Gott selbst, den es darstellt, hervorgebracht. — Zu
bedenken sind die viel umrätselten und zweifellos vielfach interpre-
tierbaren Schlußworte: »denn da ist keine Stelle, / die dich nicht sieht.
Du mußt dein Leben ändern.« Sie bestätigen, meine ich, die Grundhaltung dieses Dichters dem Seienden gegenüber, bezeichnen eine
äußerste Steigerung des Gedichts *Fortschritt*, des »Immer verwandter
werden mir die Dinge / und alle Bilder immer angeschauter«. Eine
äußerste Steigerung, weil nun vor dem unerhörten Seienden dieser
Statue bloßes Anschauen nicht mehr die genügende, angemessene Haltung wäre. Hier gewachsen zu sein, dem Anspruch zu genügen, den
dieses Kunstwerk an den Beschauer stellt — »denn da ist keine Stelle,
die dich nicht sieht« — erweckt das Streben, selbst ein anderer zu wer-

den — in welcher Weise und wozu hin, bleibt offen, wenn man nicht die immer intensiver auszubildende Fähigkeit des Schauens selbst als Lebensaufgabe annehmen will.

Aber die meisten dieser Gedichte stellen solchen Bezug auf den Beschauer und Beschreiber nicht her. Ich kann nur die prägnantesten Beispiele vorführen und wähle als reinsten Prototyp eines Rilkeschen Dinggedichts das gleichfalls berühmte *Der Ball,* das nun auch ein Beispiel dafür ist, wie kompliziert eine Rilkesche Dingbeschreibung sein kann:

> *Du Runder, der das Warme aus zwei Händen*
> *im Fliegen, oben, fortgiebt, sorglos wie*
> *sein Eigenes; was in den Gegenständen*
> *nicht bleiben kann, zu unbeschwert für sie,*
>
> *zu wenig Ding und doch noch Ding genug,*
> *um nicht aus allem draußen Aufgereihten*
> *unsichtbar plötzlich in uns einzugleiten:*
> *das glitt in dich, du zwischen Fall und Flug*
>
> *noch Unentschlossener: der, wenn er steigt,*
> *als hätte er ihn mit hinaufgehoben,*
> *den Wurf entführt und freiläßt —, und sich neigt*
> *und einhält und den Spielenden von oben*
> *auf einmal eine neue Stelle zeigt,*
> *sie ordnend wie zu einer Tanzfigur,*
>
> *und dann, erwartet und erwünscht von allen,*
> *rasch, einfach, kunstlos, ganz Natur,*
> *dem Becher hoher Hände zuzufallen.*

Dieses Gedicht ist zunächst dadurch bemerkenswert und merkwürdig, daß es ein Ding beschreibt, das toter, gleichgültiger, uninteressanter nicht gedacht werden kann und sich in der Tat von allen anderen Dingen unterscheidet, die sonst die Themen von Rilkes Dingdichtung ausmachen. Gerade dies Gedicht hat Rilke sein bestes genannt. Und über die — unten angeführte — Begründung hinaus, die er dafür gab, kann man sagen, daß an diesem Ding, einem Ball, mit dem gespielt werden kann, das Dingsein, die Problematik der Dinglichkeit des Balls das Thema ist, also ein Thema von besonderer Abstraktheit, in die der gleichgültige konkrete Ball aufgelöst wird, derart daß, würde er nicht als Titel genannt, man ihn aus den zum Teil sehr schwierigen Beschreibungen des Gedichts erst konstruieren müßte. Der Ball ist ein Ding, das sich durch sein Rundsein — als erste Eigenschaft aufgerufen — und sein Geworfenwerdenkönnen von allen anderen Gegenständen unterscheidet. Aus Gründen des Umfangs oder Gewichts kann ja nicht jedes runde Ding auch geworfen, »aus zwei Händen« in die Luft geworfen werden. Diese Überlegung steht nicht im Gedicht. Die Wörter, die das Ballsein angeben, sind anfangs nur »Runder« und »Fliegen«, wobei Geworfenwerden in der Fügung »der das Warme aus zwei Händen / im Fliegen, oben, fortgiebt« enthalten ist. Ich lasse zunächst die folgenden fünf Verse aus, welche die eigentliche Idee der Dinglichkeit enthalten und in ihrer schwierigen Gedankenführung den Fluß des Lesens stocken lassen — wie auch im Gedicht selbst den Flug des in die Luft geworfenen Balls, der danach erst, von dem Vers an »du zwischen Fall und Flug / noch Unentschlossener«, glatt auch für das nachvollziehende Verständnis verläuft: das freie, aus den Händen entlassene Spiel auf der Höhe der Kurve, nun die Ballspieler seinerseits von oben dirigierend und herabfallend in »den Becher hoher Hände«.

Rilke hat dies Gedicht deshalb sein bestes genannt, weil er in ihm »garnichts als das fast Unaussprechbare einer reinen Bewegung ausgesprochen« habe[11]. Damit aber hat er das Gedicht einfacher bestimmt, als es ist, und die fünf Verszeilen außer acht gelassen, in denen die reine Bewegung des Balls erst begründet, fundiert wird, und zwar in einer vielleicht nicht zufällig komplizierten Satzkonstruktion, die einen komplizierten, nahezu manierierten Gedankengang ausdrückt. Sie ist eingeschlossen in den Subjektsatz »was in den Gegenständen / nicht bleiben kann . . . das glitt in dich«. Die zentrale Zeile, die das, was in den *Gegenständen* (wie sinngemäß zu betonen ist) nicht bleiben kann, näher erklärt und die eigentliche Definition des Ballwesens ist, lautet: »zu wenig Ding und doch noch Ding genug.« Zu beachten ist hier, daß »Gegenstände« von »Ding« unterschieden ist, und dies in dem Sinne, daß Gegenstände durch volle Dinglichkeit bestimmt sind, der Ball aber zu wenig Ding ist, um ein solcher Gegenstand zu sein. Zu wenig Ding, möchte man erläutern, weil er geworfen werden kann, die Schwerkraft »im Fliegen« überwindet. Dennoch ist er ein Ding. Wie aber der Dichter dies »und doch noch Ding genug« begründet, ist schwierig nachzuvollziehen, weil hier plötzlich der absolute Gegensatz zum dinglichen Gegenstand eingeführt wird, nämlich: unsichtbar werden zu können, und zwar für uns, was ausgedrückt ist durch die Wendung »in uns einzugleiten«. So viel Ding ist der Ball noch, um eben dies nicht zu können. Man könnte sagen, daß dieser Gedanke mehr oder weniger abwegig sei und die entscheidende Verszeile »zu wenig Ding und doch noch Ding genug« ausreiche, um das besondere, nicht volle Dingsein des Balls zu beschreiben, das die Bedingung für die reine Bewegung ist, welche sich in der Beschreibung der Wurf- und Fallbahn, des unentschlossenen Schwebens zwischen Fall und Flug, schön entfaltet. Wie im Geworfenwerdenkönnen des Balls das Ballspiel impliziert ist, wie das Wesen Ball, das noch nicht allein dadurch bestimmt ist, daß er rund ist, sich erst im Ballspiel offenbart — dies ist das Thema des Gedichts. — Es sei hier erwähnt, daß der Ballwurf ein bis in die letzten Schaffensjahre bedeutsames Motiv für Rilke geblieben ist[12], wobei die ihn faszinierende Idee der durch Wurf und Fall sich ergebende Augenblick des Oben ist — das Oben verstanden etwa als Himmel, Raum der Winde, Ort Gottes, als »der Engel Ordnungen« (wie die Erste Duineser Elegie beginnt). Der Ball, der gewissermaßen in diese Ordnung hinauf geworfen wird, ist für Rilke ein Ding, das mit seiner Raum- und Seinsanschauung verbunden blieb.

Die Rose ist ein anderes zentrales Motiv und Dingproblem, das seine »Lösung« erst im letzten Lebensjahr, im berühmten Grabspruch (eingemeißelt auf dem Grabstein in Raron) gefunden hat. Das berühmte Gedicht in den *Neuen Gedichten* ist *Die Rosenschale,* ein Gedicht, das wiederum einen weit gewöhnlicheren Gegenstand zum Thema hat als die anderen Dinggedichte, und ähnlich wie der Ball wird dieser Gegenstand mit einer Bedeutungsträchtigkeit erfüllt, die die Entwicklung von Rilkes eigentümlicher Raum- und Seinsproblematik schon vorzeichnet. — Das umfangreiche, aus acht Strophen von ungleicher Verszahl bestehende, nicht reimende Gedicht beginnt turbulent, Krasses, Häßliches, Lärmendes evozierend: zwei in Haß verkrampfte, sich auf der Erde wälzende Knaben, rasende, zusammenbrechende

Pferde, »bläkend das Gebiß, / als schälte sich der Schädel aus dem Munde« — äußerster Kontrast zu dem, was für den Dichter wirklich da ist und jenes nichtig und deshalb vergessen macht: »Nun aber weißt du, wie sich das vergißt; / denn vor dir steht die volle Rosenschale, / die unvergeßlich ist ... Lautloses Leben, Aufgehn ohne Ende«. — Ich folge nun nicht dem Aufbau des Gedichts, der die Beschreibung der einzelnen Rosen in der sechsten und siebten Strophe in die Gedanken über das allgemeine Wesen Rose einschließt. Bezaubernde Beschreibungen:

> *Sieh jene weiße, die sich selig aufschlug*
> *und dasteht in den großen offnen Blättern*
> *wie eine Venus aufrecht in der Muschel;*
> *und die errötende, die wie verwirrt*
> *nach einer kühlen sich hinüberwendet*
> . . . . . . . .
> *Und die batistene, ist sie kein Kleid,*
> *in dem noch zart und atemwarm das Hemd steckt*
> . . . . . . . .
> *Und diese hier, opalnes Porzellan,*
> *zerbrechlich, eine flache Chinatasse*
> . . . . . . . .

Aber nicht die pastellnuancierte, die Oberflächenbeschreibung an sich macht *Die Rosenschale* zu einem wahrhaft Rilkeschen Dinggedicht. Es war der Bau der Rose, der ineinandergefügten Rosenblätter — »daß ein Gefühl entsteht, / weil Blütenblätter Blütenblätter rühren« —, der ihm die Rose nach zwei Richtungen hin bedeutungsvoll machte. Ihre Blütenform ist nicht fest konturiert, »fast nicht umrissen«, in einer besonderen Weise aber dennoch in sich geschlossen, »nur sich enthaltend«. Die in- und übereinander liegenden Rosenblätter erwecken dem Dichter den Eindruck, »lauter Inneres« zu sein; und nun ist zu beachten, daß mit dieser Beobachtung sich zuerst der für Rilke zentrale, in den *Elegien* kulminierende Gedanke der Verwandlung einstellt. Ein Innen ist nur in bezug auf ein Außen zu denken. Aber das Innen, das Rilke meint, ist das Bewußtseinsinnere, das nun niemals ein leeres Inneres ist,

33

sondern aus den in sich aufgenommenen und damit verwandelten Elementen des Außen besteht: »die Welt da draußen ... in eine Hand voll Innres zu verwandeln«, lautet die vorletzte Zeile des Rosenschalen-Gedichts. Die Rose, die den Eindruck eines in sich geschlossenen, vom Außen abgewendeten Innenraums hervorruft, ist kein Bewußtsein habendes Ding, aber in der Wortfügung »nur sich enthaltend« wird sie zu einem solchen erhöht, und eben deshalb wird dieser Ausdruck eingehend definiert:

> *Und sind nicht alle so, nur sich enthaltend,*
> *wenn Sich-enthalten heißt: die Welt da draußen*
> *und Wind und Regen und Geduld des Frühlings*
> *und Schuld und Unruh und vermummtes Schicksal*
> *und Dunkelheit der abendlichen Erde*
> *bis auf der Wolken Wandel, Flucht und Anflug,*
> *bis auf den vagen Einfluß ferner Sterne*
> *in eine Hand voll Innres zu verwandeln.*

Dies mußte ganz zitiert werden, als ein Beispiel, wie in lyrischer Sprache und Bildlichkeit ein Erkenntnis- und Seinsproblem bei Rilke gesagt wird. *Die Rosenschale* (1907) weist vor auf das berühmte Gedicht *Es winkt zu Fühlung fast aus allen Dingen* (1914), das den vieldiskutierten, ja für Rilkes Werk nahezu als programmatisch gesehenen Begriff »Weltinnenraum« enthält, und das, wie wir später sehen werden, noch zu tun hat mit dem, was hier von der Rose gesagt ist: die Welt da draußen in eine Hand voll Inneres zu verwandeln.

Dies ist das eine Geheimnis und Problem, welches das Rosenwesen dem Dichter aufgab. Es gab ein anderes, enthalten in der so seltsamen wie genauen Kennzeichnung der Rosenblätter als Augenlider — eine Vorstellung, die sogleich die Assoziation des Schlafens herbeiruft:

> *Und dies: daß eins sich aufschlägt wie ein Lid*
> *und drunter liegen lauter Augenlider,*
> *geschlossene, als ob sie zehnfach schlafend*
> *zu dämpfen hätten eines Innern Sehkraft.*

Diese Vorstellung taucht immer wieder, an verschiedenen Stellen des lyrischen Werkes, auf, bis sie im Grabspruch ihre endgültige Formulierung gefunden hat:

> *Rose, oh reiner Widerspruch, Lust*
> *Niemandes Schlaf zu sein unter soviel*
> *Lidern.*

Der Grabspruch ist die Abstraktion dessen, was in der *Rosenschale* beschrieben wurde: Das Phänomen der Rose, der mit geschlossenen Lidern verglichenen Rosenblätter, ist auf das Phänomen Schlaf reduziert. In der *Rosenschale* wird auf den Schlaf nur angespielt in der Form des als ob — »als ob sie, zehnfach schlafend, zu dämpfen hätten eines Innern Sehkraft« —, und in dieser Form des Vergleichs ist noch kein »Widerspruch« enthalten. Im Grabspruch aber wird das Rosesein, reduziert auf ihr Schlafsein, als Widerspruch, ja als reiner Widerspruch bezeichnet. Der Widerspruch besteht darin, daß sie Niemandes Schlaf ist. Denn die Rosenblätter, diese »Augenlider«, schließen sich ja nicht über Augen eines Schlafenden. Dennoch heißt es, daß die Rose Schlaf ist: das bedeutet Schlaf als Absolutum im Wortsinne von absolut, nämlich losgelöst — losgelöst von jedem Bezug auf einen Schlafenden. Niemandes Schlaf ist ein Widerspruch, aber ein reiner Widerspruch, das heißt: dieser Widerspruch ist das Wesen der Rosenform selbst und kann darum nicht aufgelöst werden. Und — dies Wort ist noch zu bedenken — es ist auch Lust. Schlaf ist Lust, Schlaf als solcher, auch wenn er Niemandes Schlaf ist. Wobei es vielleicht nicht überflüssig ist, zu notieren, daß Schlaf eine betonte Rolle in Rilkes Lebensgefühl hatte[13]. Und bedenkt man, daß dieser Vers sein Grabspruch ist, so darf vielleicht auch die Beziehung auf den ewigen, den absoluten, den Todesschlaf darin mitgedacht werden.

Aus der großen Zahl der eindeutigen Dinggedichte habe ich zunächst drei ausgewählt, die in höherem Grade als die meisten anderen Bezug auf entscheidende Probleme von Rilkes Dichtung und Denkform haben und eindrücklich zeigen, was es hier besagt, aus Dingen ihr Wesen zu entbinden. Es sei ein weiteres hinzugefügt, an dem ein anderes wichtiges Moment nicht nur der Dingdichtung, sondern des dichterischen Verfahrens von Rilke überhaupt, besonders gut zu demonstrieren ist: die

Metapher und worin sie sich vom Symbol unterscheidet. Dazu dient gerade ein Gedicht, bei dem diese beiden poetisch-poetologischen Verfahrensweisen leicht verwechselt werden können: *Die Treppe der Orangerie (Versailles)*.

> *Wie Könige, die schließlich nur noch schreiten*
> *fast ohne Ziel, nur um von Zeit zu Zeit*
> *sich den Verneigenden auf beiden Seiten*
> *zu zeigen in des Mantels Einsamkeit —:*
>
> *so steigt, allein zwischen den Balustraden,*
> *die sich verneigen schon seit Anbeginn,*
> *die Treppe: langsam und von Gottes Gnaden*
> *und auf den Himmel zu und nirgends hin;*
>
> *als ob sie allen Folgenden befahl*
> *zurückzubleiben, — so daß sie nicht wagen*
> *von ferne nachzugehen; nicht einmal*
> *die schwere Schleppe durfte einer tragen.*

Ein Rilke mehrfach frappierendes Treppenphänomen ist der Inhaltskern dieses leichtverständlichen und zugleich kunstvoll gebauten Gedichts: eine Treppe, die zu keinem Gebäude oder Platz mehr führt[14], ein Phänomen, das nun mit Bezeichnungen von Dingen und Bewegungen beschrieben wird, die an sich einer Treppe nicht zugehörig sind, in bezug auf die, erst in der genauen Mitte des Gedichts, die Wörter Treppe und Balustraden genannt werden. Die Bezeichnungen sind alle Personifizierungen: sich verneigen, steigt langsam und von Gottes Gnaden, befahl, die schwere Schleppe tragen — das alles ist von der Treppe und den Balustraden gesagt, und ist dem Vergleich und der zu ihm gehörigen Sphäre entnommen, mit dem das Gedicht einsetzt: »Wie Könige, die schließlich nur noch schreiten«, entlang den beiden Reihen sich verneigender Höflinge, im Königsornat. Der Effekt aber ist dennoch ein sehr genaues, im höchsten Grade anschauliches Bild der Treppe, der Form der Balustraden, flacher, breiter, nach oben sich verjüngender Stufen, erzielt durch die Fügungen »steigt ... langsam« und

»schwere Schleppe«. — Es ist ein relativ einfaches Beispiel, um daran zu überlegen, ob dieser Vergleich der Treppe mit Königen symbolisch gemeint ist. Denn es liegt nahe, die majestätische Treppe, die nirgends hinführt und also in ihrer Treppenfunktion aufgehoben, zwecklos geworden ist, als Symbol für jenes zu Ende gehende Königtum des Rokoko zu verstehen, aus dem die Orangerie zu Versailles stammt, ein Königtum, das nur noch Dekor war: »Könige, die schließlich nur noch schreiten fast ohne Ziel.« Da aber die Königsvergleiche der Beschreibung der Treppe dienen, liegt hier kein Symbolverhältnis vor. Die Treppe sieht aus *wie* so und so schreitende Könige. Sie ist kein Symbol für die Könige, sondern diese sind eine Metapher oder genauer ein Vergleichsobjekt für die Treppe. Daß dieser Vergleich historische Hintergründe andeutet, solche Treppe damit historisch und kunsthistorisch bestimmt ist — das erweitert nur das Bild der Treppe, trägt zur Anschaulichkeit ihrer Besonderheit bei.

Dies Gedicht darf als exemplarisch für Rilkes lyrisches Verfahren betrachtet werden, das nicht symbolistisch, sondern metaphorisch ist, auch wenn vereinzelt Symbole auftreten. Der Begriff metaphorisch faßt hier Vergleich (oder Gleichnis) und eigentliche Metapher zusammen, die ein verkürzter Vergleich ist, das heißt: nicht durch die Form des »wie — so« konstituiert wird. Während es für das Symbol bestimmend ist, ein Gegenstand oder Sachverhalt zu sein, der auf etwas anderes verweist, als er selbst ist, und dieses nicht direkt bezeichnet, sondern unausgesprochen, der Deutung offen läßt, stellen Vergleich und Metapher eine Beziehung zwischen zwei Sachverhalten her, von denen der eine durch ein bestimmtes Merkmal geeignet ist, den anderen, der beschrieben werden soll, anschaulich zu machen.

Rilkes poetologische Grundform ist der Vergleich, in der Wie-Form oder als Metapher. Doch die ausführliche Wie-Form erscheint bis in die späteste Lyrik, was an sich schon ein Indizium dafür ist, daß er kein Symbolist ist — auch dann und dort nicht, wo nicht mehr nur konkrete Dinge (die bis in die Spätzeit thematisch bleiben), sondern metaphysische Seinsstrukturen und Existenzprobleme Thema der dichterischen Aussage und Gestaltung sind. Immer ist diese metaphorisch. Die Metaphorik kann sich im Gange der dichterischen Entwicklung zu ungeheurer Schwierigkeit steigern, so daß die Entschlüsselung der Phänomene, die in ihr verborgen sind, den Interpreten oftmals vor schwierigste Aufgaben stellt. — Was hier vorweisend skizziert und zunächst an der *Treppe* demonstriert ist, wird sich im weiteren Lauf unserer Darstellung mit Inhalt und Belegen füllen.

Mit den eindeutigen Dinggedichten ist es, wie schon erwähnt, in den *Neuen Gedichten* nicht getan, wenn man das, was Rilkes Dingdichtung in dieser Sammlung umfaßt, hinreichend beschreiben will. Es seien noch einige Gedichte vorgeführt, die nicht mehr eindeutig und eben deshalb auf ihre Weise charakteristisch sind.

Betrachten wir ein durch den Titel als solches ausgewiesenes Skulpturengedicht: *Kretische Artemis.*

> *Wind der Vorgebirge: war nicht ihre*
> *Stirne wie ein lichter Gegenstand?*
> *Glatter Gegenwind der leichten Tiere*
> *formtest du sie: ihr Gewand*
>
> *bildend an die unbewußten Brüste*
> *wie ein wechselvolles Vorgefühl?*
> *Während sie, als ob sie alles wüßte,*
> *auf das Fernste zu, geschürzt und kühl,*
>
> *stürmte mit den Nymphen und den Hunden,*
> *ihren Bogen probend, eingebunden*
> *in den harten hohen Gurt;*
>
> *manchmal nur aus fremden Siedelungen*
> *angerufen und erzürnt bezwungen*
> *von dem Schreien um Geburt.*

Zunächst sei das Indizium vermerkt, daß das Präsens — welches das für die Dingdichtung natürliche Tempus, präsens tabulare, ist — in diesem Bildgedicht durch das Imperfekt ersetzt ist. Ein eigentümlicher Effekt kommt dadurch zustande. Die Figur wird aus ihrer statuarischen Präsenz oder Zeitlosigkeit gelöst; sie wird in Bewegung gesetzt, oder besser in Bewegung gesehen: das sich an den Körper anschmie-

gende Gewand als geformt von einem gedachten, angeredeten leich-
ten Wind; die Göttin selbst aber, im Lauf dargestellte Figur, wird in
die einstige Gegenwart ihres Mythos zurückversetzt, in der sie sowohl
Göttin der Jagd wie der Gebärenden war. Eben dies bewirkt das
Imperfekt, das Vergangenheit anzeigt und hinter der zeitlosen Präsenz der Statue Mythos, Geschichte öffnet. Doch wenn auch die Kenntnis des Mythos die Figur aus ihrer statuarischen Existenz zu lösen, sie
zum Leben zu erwecken scheint und in der letzten Strophe über das
bloß Sichtbare hinausführt, so ist dennoch die Grenze des Bild-, des
Dinggedichts nicht überschritten. Eine Statue ist beschrieben, und ihre
»Oberfläche« ist es, die ihr »Innen«, ihr Artemiswesen offenbart und
von dem Dichter ausgelegt wird — ein Verfahren, wie es der junge
Rilke schon am Portrait des Lorenzo Medici geübt hatte.

Es gehört zu der Besonderheit dieser Sammlung und des gegenständ-
lich gerichteten Kunstwillens von Rilke, daß die Grenze zwischen Bild-
gedichten und, wie wir zum Zwecke der Unterscheidung sagen wollen,
Personengedichten nicht ohne externe Nachweise angegeben werden
kann. Das Gedicht *Die Schwestern* zum Beispiel ist als Beschreibung
eines Gemäldes nachgewiesen[15]. Aber die Verse, die zwei weibliche Personen nur durch die Pronomen »jede« und »die andere«, »sie« und
»ihr« als solche erkennen lassen:

> *Jede meint die andere zu stützen,*
> *während sie doch müde an ihr ruht*
> . . . . . . . .

und von ihnen nichts verraten, als daß sie eine Allee entlang gehen:

> *wenn sie sich wie früher sanft berühren*
> *und versuchen, die Allee entlang*
> *sich geführt zu fühlen und zu führen:*
> *Ach, sie haben nicht denselben Gang .*

— diese Verse verschweigen die Herkunft der Gestalten, die auch von
dem Dichter beobachtete, sich durch eine Allee bewegende Frauen sein
könnten. Dieses als solches nachgewiesene Bildgedicht unterscheidet sich

39

im Typus der Beschreibung nicht von dem Gedicht *Der Balkon,* das nicht als Bildgedicht nachgewiesen ist und durch den Untertitelvermerk »Neapel« hinweist auf eine dort gesehene Gruppe alter Menschen, versammelt auf einem Balkon: »... angeordnet wie von einem Maler / und gebunden wie zu einem Strauß / alternder Gesichter und ovaler ...« (um für unsere Zwecke nur diese Verse des fünfstrophigen Gedichts anzuführen).

Diese beiden Gedichte, die nicht wie die zu Beginn interpretierten und viele andere der *Neuen Gedichte* zu besonderer Berühmtheit gelangt sind, haben für den Charakter dieser Sammlung einen nahezu paradigmatischen Stellenwert. Auch wenn Personen Gegenstände der Gedichte sind, bewahren diese den Charakter des Dinggedichts, für das es sozusagen gleichgültig ist, ob der Gegenstand der Beschreibung *ein* Bild ist, das als solches Ding ist, oder ob es lebende Personen sind. Bildgedichte, die immer Bilder menschlicher Figuren zum Gegenstand haben, und Personengedichte sind jeweils Figurengedichte. So ist es nicht nur symptomatisch, daß im Balkongedicht die Gruppe der Personen »angeordnet« ist »wie von einem Maler« (wobei gerade auch das vergleichende »wie« die Personen als reale und nicht als gemalte ausweist); es gibt auch das berühmte Duse-Gedicht, *Bildnis* betitelt, das die große Tragödin ganz offenbar in der Besonderheit ihres Spiels, oder genauer, in dem innersten Wesen und der Wirkung ihrer auf der Bühne agierenden Gestalt zu fassen sucht:

> *Daß von dem verzichtenden Gesichte*
> *keiner ihrer großen Schmerzen fiele,*
> *trägt sie langsam durch die Trauerspiele*
> *ihrer Züge schönen welken Strauß,*
> *· · · · · · · ·*
>
> *und sie sagt Erdichtetes, darin*
> *Schicksal schwankt, gewolltes, irgendeines,*
> *und sie giebt ihm ihrer Seele Sinn,*
> *· · · · · · · ·*
>
> *und sie läßt, mit hochgehobnem Kinn,*
> *alle diese Worte wieder fallen,*
> *o h n e bleibend ...*

Aber nicht nur über dieser Wesensbeschreibung einer menschlichen Gestalt könnte der Titel »Bildnis« stehen. Bildnis in dem Sinne von Rilkes damals an den Bildnissen Rodins gewonnenen Erfahrung der Ausdrucksbehandlung einer Oberfläche sind alle die Figurengedichte.

Figurengedichte können zu Rollengedichten werden, und der Typus der *Stimmen*-Rollengedichte tritt denn auch wieder mehrmals auf: *Mädchen-Klage, Der Gefangene, Die Liebende, Der Einsame* zum Beispiel. Gerade weil auch die dinghaften Figurengedichte aus dem Sichtbaren das Nichtsichtbare seelischer Befindlichkeit oder geschichtlicher Horizonte erschließen, unterscheiden sich die Rollen-Ichgedichte, wo das Ich von sich selbst aussagt, nicht sehr wesentlich von jenen und könnten ohne einschneidende Strukturveränderung in eine Er-Form, also in eine Dingbeschreibung, umgesetzt werden.

Kurz zu bedenken ist jedoch noch ein Typus von Gedichten, die sich in den Rahmen der Dingdichtung nicht unmittelbar fügen. Es sind erzählende, sich in einzelnen Fällen der Ballade nähernde Gedichte, deren Motive teils aus literarischen (zum Beispiel biblischen), teils aus bildlichen Quellen stammen, was manchmal erst durch externe Nachweise festgestellt werden kann. Erzählende Gedichte sind traditionell in der Geschichte der Lyrik, und wenn diejenigen Rilkes sich dennoch mehr dem Gesamtstil und der Gesamthaltung der *Neuen Gedichte* einfügen als einer traditionellen Form, so beruht das in erster Linie auf der hochentwickelten »Methode« der Beschreibung, an der sich die lyrische Sprache Rilkes in und zu ihrer Eigenart gebildet hatte. Es bedürfte, dies zu zeigen, der Analyse jedes einzelnen dieser Gedichte, weil ein jeder der in ihnen gestalteten Stoffe — Figuren, Situationen, Begebnisse — den Stil der Darstellung sozusagen diktiert. Was für diesen Stil charakteristisch ist, zeigt sich gerade an den erzählenden Gedichten, weil es sich hier, anders als in reinen Dinggedichten, um Zusammenhänge dieser oder jener Art handelt, die teils dem gebildeten Leser bekannt sind, teils aber auch aus abgelegenen Quellen stammen. Charakteristisch für Rilkes hier erzählende Methode ist die verkürzte Aussage wie auch der Einsatz in medias res einer Situation:

> *Da schrie die Frau zu Endor auf: Ich sehe —*
> *Der König packte sie am Arme: Wen?*

*Und da die Starrende beschrieb, noch ehe,*
*da war ihm schon, er hätte selbst gesehn . . .*

So beginnt *Samuels Erscheinung vor Saul,* und wenn hier durch Nennung der Frau zu Endor, sozusagen zusätzlich zur Titelangabe, der Bibelkundige einen Hinweis auf die Stelle I. Samuel 28 erhält, so ist das Gedicht selbst doch gerade durch die radikale Verkürzung der Szene, durch die völlige Isolierung aus dem Zusammenhang der Geschichte Samuels und Sauls konstituiert; die Begebenheit wäre ohne Kenntnis des Bibeltextes nicht unmittelbar verständlich. Das gilt in ähnlicher Weise für die meisten der literarisch inspirierten Erzählgedichte, so für *Tröstung des Elia,* aber auch für das umfangreiche *Alkestis*-Gedicht, das beginnt:

> *Da plötzlich war der Bote unter ihnen,*
> *hineingeworfen in das Überkochen*
> *des Hochzeitsmahles wie ein neuer Zusatz.*
> *Sie fühlten nicht, die Trinkenden, des Gottes*
> *heimlichen Eintritt . . .*

Denn dies, daß der »Bote« erscheint, dann als Gott erkannt wird und man den »jungen Hausherrn oben an dem Tische / wie in die Höh gerissen . . .« sah und »beinah« wußte: »Admet muß sterben« — das läßt den mit der Sage oder dem Stück des Euripides nicht vertrauten Leser unorientiert.[16] — Aber wenn dies sozusagen in Kauf genommen werden muß, so beruht der dichterische Reiz dieser Gedichte doch gerade auf dem Fehlen der genauen Zusammenhänge und Fakten des jeweiligen Geschehens, auf der Verkürzung, Konzentrierung und der eigentümlichen Diskrepanz, die zwischen dem der Historie, dem Mythos oder der Legende angehörigen Stoff und der modernen Diktion, besser: der spezifischen Modernität von Rilkes poetischer Sprache besteht. Als Beispiel dafür seien nur die Anfangsverse von *Tröstung des Elia* angeführt:

> *Er hatte das getan und dies, den Bund*
> *wie jenen Altar wieder aufzubauen,*

*zu dem sein weitgeschleudertes Vertrauen*
*zurück als Feuer fiel von ferne, und*
*hatte er dann nicht Hunderte zerhauen,*
*weil sie ihm stanken mit dem Baal im Mund,*
*am Bache schlachtend bis ans Abendgrauen,*
. . . . . . . .

Die Linie, die zur Ausbildung der Dingdichtung in der Sammlung der *Neuen Gedichte* führt, ist verfolgt worden. Es wird deutlich geworden sein, in welcher Weise diese Dichtung aus der schauenden, die Dinge einsehenwollenden Haltung dieses Dichters erwachsen war — einer Haltung, wie sie so bewußt und bemüht kaum je ein lyrisches Schaffen gelenkt hat. Diese Linie endet nicht bei den *Neuen Gedichten;* Dinggedichte finden sich noch in der Spätlyrik, wie wir sehen werden, und wenn diese von weit schwierigerer, manchmal kaum zu enträtselnder Sinnhaltigkeit und Sageweise sind, so ist das bedingt durch die immer differenzierter, motivisch umfassender und auch esoterischer werdende Anschauungsweise Rilkes, die dennoch aus einer Grundhaltung von eigentümlicher Konstanz hervorwuchs. In der Frühzeit läßt dies schon das *Stundenbuch* und seine — vielleicht nicht zufällig — mehr oder weniger chaotische Struktur erkennen.

# DAS STUNDENBUCH

Wenn wir das *Stundenbuch,* das 1899 bis 1903 entstand und Ende 1905 erschien, erst nach den zwei Jahre später publizierten *Neuen Gedichten* betrachten, verstoßen wir gegen die Chronologie aus einem sozusagen systematischen Grunde, der — was zu betonen ist — nicht den Schaffensprozeß des Dichters betrifft, sondern sich erst aus der Distanz des Interpreten zu dem vollendeten Werk ergibt. Denn erst aus der Überschau über das Gesamtwerk wird erkennbar, daß das *Stundenbuch* in der Produktion Rilkes einen Ansatz markiert, von dem die Linie über die Dingdichtung hinaus und hinüber zu den *Duineser Elegien* führt und dabei auch noch den *Malte* berührt. Erst vom *Stundenbuch* dringen wir vor in die Tiefe und Breite der sich entfaltenden Anschauungsform Rilkes — und dies ist kein Widerspruch zu der Feststellung, daß es eine chaotische, ja in vieler Hinsicht sogar manierierte Dichtung ist und dennoch eine Konzeption, die schon als solche einzigartig in der Geschichte der deutschen, und nicht nur der deutschen, Lyrik steht. Versuchen wir, uns zu diesem, durch die genannten Momente problematischen Werk einen Weg zu bahnen.

Mit der Feststellung sei begonnen, daß das *Stundenbuch* die bis heute anhaltende Diskussion über Rilke als religiösen Dichter entfacht hat. In einem Umfang, wie es selten einem Dichter widerfuhr, hat sich die Theologie mit ihm befaßt und ihn geradezu für ihre Wissenschaft in Anspruch genommen[17]. Dies theologische Interesse sei hervorgehoben, weil es das Thema Gott als das des Dichters Rilke sozusagen plakatiert. Nun, es ist richtig: Gott ist das Thema des *Stundenbuchs,* angesagt in dem berühmten Vers gleich zu Beginn: »Ich kreise um Gott, um den uralten Turm...« Sehen wir zu, wie es sich damit verhält.

Der eigentümliche Fall liegt hier vor und ist zu beachten, daß es das Erlebnis eines Landes und eines Volkes war, das für Rilke ein Gotteserlebnis wurde und im *Stundenbuch* wie auch in den *Geschichten vom lieben Gott* (1900) seine dichterische Form erhielt: Rußland, das er auf seinen beiden Reisen 1899 und 1900 mit Lou Andreas-Salomé intensiv kennenlernte. Das ungeheure, weite, unendlich sich dehnende Land, die Ebene, die in den unendlichen Himmel, den Weltraum selbst überzugehen schien — »mir ist, als hätte ich der Schöpfung selbst zugesehen ... die Dinge in den Maßen Gottvaters«, schrieb er in sein Reisetagebuch[18]. Dieses russische Land war ihm ein Sichtbares, für das der Name Gott sich ihm einstellte: »So *nannte* ich ihn damals auch, den über mich hereingebrochenen Gott, und lebte lange im Vorraum seines Namens«, beschrieb er noch gegen Ende seines Lebens, im Jahre 1923, diesen ihm durch Rußland sichtbar gewordenen, diesen »russischen« Gott in einem Briefe an eine junge Leserin des *Stundenbuchs* (22. 2. 23). Diese Äußerungen, die zur Entstehungsgeschichte des *Stundenbuchs* gehören, sind zu beachten. Der Name Gott, so verraten sie, wird einem Sichtbaren, einem vorhandenen Irdisch-Konkreten, einem Land gegeben, das Gott ebensowenig »ist« wie in den *Geschichten vom lieben Gott* der Fingerhut, mit dem die Kinder spielen. Der Name Gott — wir werden sehen, daß dies ein Leitbegriff für die Beurteilung des *Stundenbuchs* ist, für die Frage, ob es sich um eine religiöse Dichtung handelt.

Ein Stundenbuch (Horarium) ist ein mittelalterliches Gebetbuch, das Gebete für alle Tageszeiten enthält. Diese genaue Bedeutung hat der Titel der Dichtung nicht. Er gibt nur an, daß Gebete konzipiert sind (wie auch der ursprüngliche Titel des ersten Buches hieß). Sie sind konzipiert als Gebete eines russischen Mönchs. In der endgültigen Fassung, wie sie nun in den Werkausgaben vorliegt, stellt sich der Beter, das Beter-Ich nirgends als ein solcher Mönch vor, so daß höchstens durch den Titel des ersten Buches *vom mönchischen Leben* diese Rolle noch durchscheint. Doch in der ersten Fassung ist der Mönch in berichtenden Zwischentexten in Prosa eingeführt, und er stellt sich selbst vor in einem Brief an seinen Metropoliten (der in der endgültigen Fassung nicht mehr enthalten ist): »Ich bin im Kloster, das den Anargyren / geweiht ist, Mönch ... Ich schau ins Land, ich lausche, bete, lese / und male manchmal einen Nikolaus / oder die Heiligste im Stoglaf-Stile —«. In der Tat hatte Rilke von einem Mönch erfahren, der in einem Kloster, wahrscheinlich in Jaroslaw an der Wolga, den Heiligen Nikolaus und die Jungfrau gemalt haben soll. Alle diese Momente der Konzeption sind zu beachten. Das in drei »Büchern« komponierte Werk — *Das Buch vom mönchischen Leben; Das Buch von der Pilgerschaft; Das Buch von der Armut und vom Tode* — ist durch eine Beterfigur strukturiert, ein Rollen-Ich also, das das *Stundenbuch* zu einem großen Rollengedicht macht.

Wie aber verhält es sich mit dieser Beterfigur? Diese Frage stellen heißt bereits, sich in die Struktur, in das Gewebe der umfangreichen Dichtung einen Weg zu bahnen, und heißt weiter, auf die Frage eine Antwort zu finden, ob wir es mit einer im eigentlichen Sinne religiösen Dichtung zu tun haben, deren Thema immerhin Gott und nur Gott ist. Nicht ganz einfach ist es zunächst, sich diesen Weg zu bahnen. Jedes der drei Bücher besteht aus einer unterschiedlichen Anzahl von Gedichten, die wiederum völlig unterschiedlich nach Strophenbau und -zahl, Vers, Metrum und Reimordnung sind und deren Gesamtbild als das einer hervorbrausenden, chaotisch anmutenden Fülle erscheint, dahinflutend in sich reihenden, überstürzenden Bildern und Assoziationen, in einer zweifellos noch jugendstilistisch sich gebärdenden, den Sinn durch Klang und Reim oftmals übertönenden Sprache, einer Sprache jedoch, wie sie bis dahin in der deutschen Lyrik noch nicht vernommen worden war. Wenn aber in diesem dahinflutenden Strom der Gedichte keine Ordnung erkennbar ist, so ist es, wenn auch wohl vom Dichter nicht intendiert, dieses Fluten und Wogen selbst, das eine Ordnung, eine Struktur ergibt, erkennbar als ein Hin- und Herwogen zwischen zwei Polen, das der Analyse Stand- und Anhaltsorte bietet. Wenn wir diese jetzt zu unternehmen versuchen, so geht es um die beiden ersten Bücher. Denn sie sind als Einheit zu betrachten, wie denn auch die Angaben ihrer Titel — »vom mönchischen Leben«, »von der Pilgerschaft« — unbestimmt sind und nicht den geringsten Hinweis auf die in ihnen enthaltenen, auf sie verteilten Gedichte (67 im ersten, 34 im zweiten Buch) geben. Das vier Jahre später, 1903 entstandene dritte Buch »von der Armut und vom Tode« ist aus einem anderen, ja zu den ersten beiden Büchern geradezu gegensätzlichen Erlebnis erwachsen, aus dem des ersten Parisaufenthaltes von Rilke, und nimmt andere Probleme und Motive auf, die bereits die Welt des *Malte*-Romans vorzeichnen.

Wenn ich sagte, daß der Strom der Gedichte die Struktur eines Hin- und Herwogens erkennbar werden läßt, so ist dies nun genauer zu fixieren. Es zeigt sich, daß die Masse der Gedichte sich zur Hauptsache in solche von der Form »Du bist« und von der Form »Ich bin« ordnen läßt; und die Pole, zwischen denen sie hin- und herwogen, sind Gott (oder das Gott Benannte), das Du, und das Ich, das sich Ich Benennende des Beters. Die Struktur eines Gegenüber ist damit konstituiert, gebildet durch die Gruppen der Du-bist-Gedichte und der Ich-bin-Gedichte, auch wenn eine Anzahl anderer, thematisch nicht zu diesen gehöriger Gedichte dazwischen verstreut ist.

Sehen wir die beiden Gruppen näher an. Da ist die berühmte Strophe, mit der das Werk recht eigentlich einsetzt, die zweite des zweiten Gedichts im ersten Buch:

> *Ich kreise um Gott, um den uralten Turm,*
> *und ich kreise jahrtausendelang;*
> *und ich weiß noch nicht: bin ich ein Falke, ein Sturm*
> *oder ein großer Gesang.*

Hier haben wir gleichsam die Zelle, in der dies »Du bist« (Gott, der uralte Turm) und das »Ich bin« noch zusammen da, noch nicht auseinander entwickelt sind; das Ich ist sich seines eigenen Wesens und Standorts noch nicht klar bewußt: Ich weiß noch nicht: bin ich ein Falke, ein Sturm (Metaphern, die zu der noch vagen Gottmetapher »uralter Turm« gehören) oder etwas ganz anderes, nämlich ein großer Gesang. Das Umkreisen ist Bild für Erkennenwollen — was dadurch deutlich ist, daß die erste Strophe des Gedichts diesen Zweck und Sinn des Lebens direkter angibt:

> *Ich lebe mein Leben in wachsenden Ringen,*
> *die sich über die Dinge ziehn.*
> *Ich werde den letzten vielleicht nicht vollbringen,*
> *aber versuchen will ich ihn.*

Zu beachten ist, daß wieder die Dinge aufgerufen werden, und wenn an anderer Stelle des ersten Buches Gott »du Ding der Dinge« genannt wird, so darf man in diesem Anfangsgedicht den deutlichen Ausdruck der Erkenntnisbemühung feststellen, der es nicht nur um die vielen Dinge, das verschiedene Seiende, sondern um das Sein dieses Seienden, das Ding der Dinge selbst zu tun ist — eine Bemühung, die, wie das Beter-Ich sagt, vielleicht nicht gelingt, aber versucht werden soll. Ein Erkenntnissubjekt und ein Erkenntnisobjekt, das dann sogleich Gott genannt wird, sind sozusagen aufgestellt in diesem Initialgedicht, aus dem sich nun die Setzungen des »Du bist« und die Bewußtwerdungen des »Ich bin« je für sich entfalten.

Sehen wir zuerst die Gruppe der Du-bist-Gebete an. Aus ihnen, die den unmittelbaren religiösen Charakter zu haben scheinen, muß auch hervorgehen, wie es sich damit verhält. Es seien hintereinander einige prägnante Du-bist-Anrufungen aus den ersten beiden Büchern zitiert:

> Du bist der raunende Verrußte,
> auf allen Öfen schläfst du breit.
> . . . . . . . .
> Du bist der Schlichte, welcher sparte.
> Du bist der Bauer mit dem Barte
> von Ewigkeit zu Ewigkeit.

*

> Du kommst und gehst. Die Türen fallen
> viel sanfter zu, fast ohne Wehn.
> Du bist der Leiseste von Allen,
> die durch die leisen Häuser gehn.

*

> Du bist ein Rad, an dem ich stehe:
> von deinen vielen dunklen Achsen
> wird immer wieder eine schwer
> und dreht sich näher zu mir her.

*

*Du bist der Alte, dem die Haare*
*von Ruß versengt sind und verbrannt,*
*du bist der große Unscheinbare,*
*mit deinem Hammer in der Hand.*
*Du bist der Schmied, das Lied der Jahre,*
*der immer an dem Amboß stand.*

*

*Du bist die Zukunft, großes Morgenrot*
*über den Ebenen der Ewigkeit.*
*Du bist der Hahnschrei nach der Nacht der Zeit,*
*der Tau, die Morgenmette und die Maid,*
*der fremde Mann, die Mutter und der Tod.*

*

*Du bist das Kloster zu den Wundenmalen.*
*Mit zweiunddreißig alten Kathedralen*
*und fünfzig Kirchen, welche aus Opalen*
*und Stücken Bernstein aufgemauert sind.*

Zahllose Bilder, Verkleidungen, und zwar bizarrster Art, keine direkten, durch biblische Vorstellungen eingegebenen Darstellungen Gottes wie zum Beispiel Michelangelos Gemälde in der Sixtinischen Kapelle, sondern Metaphern, von denen an sich keine auf Gott paßt. Sie passen nicht auf Gott, weil sie alle gegenständlich-dinglicher Art sind, sinnlich Wahrnehmbares bezeichnen. Ja, gerade weil diese aus allen denkbaren Dingbereichen gewählten Metaphern sich unaufhörlich ablösen, entschwindet die Vorstellung Gott, und es bleiben die aufgerufenen und beschriebenen Dinge selbst, in ihrer eigenen Anschaulichkeit, ihrer sinnlichen Wahrnehmbarkeit zurück. Die sinnliche Wahrnehmung als Organ der Gotteserkenntnis wird auch ausgesprochen: »Ich *fühle* dich. An meiner Sinne Saum / beginnst du zögernd, wie mit vielen Inseln«. Darin liegt, daß der Name Gott, dies: Du bist das und das, ein Außensein bezeichnet, das Gegenstand sinnlicher Wahrnehmung ist, angeschaut, gehört wird, so nahe wie der Nachbar im Zimmer nebenan, so daß die seltsame Vorstellung vom »Nachbar Gott« entstehen kann:

> *Du, Nachbar Gott, wenn ich dich manchesmal*
> *in langer Nacht mit hartem Klopfen störe, —*
> *so ist's, weil ich dich selten atmen höre*
> *und weiß: Du bist allein im Saal.*

Zur Konzeption von Rilkes Gottesvorstellung gehört zwar das Erlebnis Rußlands als das der Unermeßlichkeit des Raums; aber wenn eine autochthone Gotteslehre seine Konzeption mitbestimmt hat, so ist es die alttestamentliche. Es gibt im *Stundenbuch* Stellen, die den Schöpfergott der Genesis meinen[19]:

> *Ich lese es heraus aus deinem Wort,*
> *aus der Geschichte der Gebärden,*
> *mit welchen deine Hände um das Werden*
> *sich ründeten, begrenzend, warm und weise.*
> *Du sagtest l e b e n laut und s t e r b e n leise*
> *und wiederholtest immer wieder: S e i n.*

Sein und Werden: Inbegriff des kosmischen Geschehens, das der Gott der Genesis schuf. Und wenn es heißt »und sagtest *leben* laut und *sterben* leise«, so mag das bedeuten, daß im Begriff oder der Vorstellung des Seins der Vorgang des Sterbens, Vergehens, wenn er auch vorhanden ist, nicht dominiert. An dieser Stelle ist Gott nicht durch dingliche Metaphorik benannt, sondern direkt als Inbegriff, als Name für das Sein.

Aber damit ist die Problematik des *Stundenbuch*-Gottes, des Seinsgottes, und das heißt nichts anderes als die des Seinserlebnisses, noch nicht erschöpft. Die Gruppe der Ich-bin-Gebete ist von hier aus zu interpretieren. In ständigem Hin und Her wechseln sie mit den Du-bist-Gebeten ab, und eben dieser Wechsel ist als das Gefüge des Werkes zu verstehen, durch welches das Verhältnis von Ich und Sein sich ausdrückt. Einige der prägnantesten Beispiele seien zitiert:

*Ich bin, du Ängstlicher. Hörst du mich nicht*
*mit allen meinen Sinnen an dir branden?*
*Meine Gefühle, welche Flügel fanden,*
*umkreisen weiß dein Angesicht.*

Verse, in denen das »Ich bin« sich so behaupten zu wollen scheint
vor dem Übermächtigen, dem Außen-Sein, daß es den Seinsgott »Du
Ängstlicher« zu nennen wagt. Umgekehrt aber kann es dann heißen:

*Du bist so groß, daß ich schon nicht mehr bin,*
*wenn ich mich nur in deine Nähe stelle.*
*Du bist so dunkel; meine kleine Helle*
*an deinem Saum hat keinen Sinn.*

Hier scheint zwar das Ich sich auszulöschen vor der Größe des Seinsgottes, ist aber als »kleine Helle« dennoch da, als der Ort im Sein, von
dem aus das Sein überhaupt erst erkannt und benannt werden kann.
Dies wird deutlich an einer anderen Stelle:

*Ich bin auf der Welt zu gering und doch nicht klein genug,*
*um vor dir zu sein wie ein Ding,*
*dunkel und klug.*
. . . . . . . .
*Ich will dich immer spiegeln in ganzer Gestalt,*
*und will niemals blind sein oder zu alt*
*um dein schweres schwankendes Bild zu halten.*
*Ich will mich entfalten.*
. . . . . . . .

Bilder für das erkennende, erkennenwollende Verhalten des Ich, ja für
die elementare Polarität von Ich und Sein, logisch gesprochen von Subjekt und Objekt. Die Gebete wogen vom Seinspol zum Ichpol hin und
her, verlagern sich bald auf den ersteren, für den Gott als Name eingesetzt ist und vor dem das Ich sich auszulöschen scheint, bald auf den
letzteren, auf das sich behauptende Ich, das sich als notwendige Bedingung des Seinsgottes weiß, nämlich als ihn Nennender und damit sogar

51

ihn erst Erschaffender, bis zu der äußersten, extremen Position, wo der Seinsgott nur noch als Denk- oder Sinnerzeugnis des Ich Existenz zu haben scheint. Im religiösen Sinne nahezu blasphemisch lautet das:

> Was wirst du tun, Gott, wenn ich sterbe?
> Ich bin dein Krug (wenn ich zerscherbe?)
> Ich bin dein Trank (wenn ich verderbe?)
> Bin dein Gewand und dein Gewerbe,
> mit mir verlierst du deinen Sinn.
> . . . . . . . .
> Was wirst du tun, Gott? Ich bin bange.

Dies ist freilich die polar entgegengesetzte Position zu dem oben zitierten Vers: »meine kleine Helle / an deinem Saum hat keinen Sinn«. Aber das sind solche Stellen, aus denen sich das Ganze heben läßt. In ihnen ist besonders deutlich die Problematik markiert, daß der Mensch sich sowohl im Sein wie auch gegenüber dem Sein erfährt, als ein Anderes, als dasjenige einzige Wesen unter den seienden Dingen, das das Sein weiß, es erkennen und benennen kann. »Ich will dich immer spiegeln in ganzer Gestalt ... Und ich will meinen Sinn / wahr vor dir«, so ist dies auch ausgesagt in einem der schon angeführten Gedichte, und nicht zufällig setzt das darauf folgende ein: »Du siehst, ich will viel. / Vielleicht will ich Alles ...«

Wenn wir zunächst das Augenmerk auf die freilich zentrale Haltung des Beter-Ichs als eines Erkennen- und Benennenwollenden richteten, so ist doch diese damit nicht erschöpft. Der Beter kleidet sich auch in die Rolle eines Künstlers, stellt sich im Bilde des Malers, Bildhauers, Baumeisters, Dichters dar. Mit dem Wesen und Rätsel des Seins ist in Rilkescher Sicht vor allem der Künstler befaßt, der sich selbst als Schaffender, Bildender weiß. Er, immer bildend, kann es nicht sehen als etwas von ihm ganz Unabhängiges, an dem er keinen Anteil hätte. Er hat daran teil schon indem er es in Bildern darstellt und benennt:

> Die, welche bilden, sind wie du.
> Sie wollen Ewigkeit. Sie sagen: Stein,
> sei ewig. Und das heißt: sei dein!

Oder:

> *Ich weiß: Du bist der Rätselhafte,*
> *um den die Zeit in Zögern stand.*
> *O wie so schön ich dich erschaffte*
> *in einer Stunde, die mich straffte,*
> *in einer Hoffahrt meiner Hand.*
>
> . . . . . . . .
>
> *Ich kann mein Werk nicht überschaun*
> *und fühle doch: es steht vollendet.*
> *Aber, die Augen abgewendet,*
> *will ich es immer wieder baun.*

Nicht zufällig stellt sich besonders deutlich das Bild des Baumeisters im Zusammenhang einer nahezu räumlichen Seinsvorstellung ein:

> *Wir bauen an dir mit zitternden Händen*
> *und wir türmen Atom auf Atom.*
> *Aber wer kann dich vollenden,*
> *du Dom.*
>
> . . . . . . . .

Und in berühmten Versen verdrängt die Schilderung der Domerbauer die Vorstellung Gott nahezu:

> *Werkleute sind wir: Knappen, Jünger, Meister*
> *und bauen dich, du hohes Mittelschiff.*
>
> . . . . . . . .
>
> *Wir steigen in die wiegenden Gerüste,*
> *in unsern Händen hängt der Hammer schwer,*
> *bis eine Stunde uns die Stirnen küßte,*
> *die strahlend und als ob sie Alles wüßte*
> *von dir kommt, wie der Wind vom Meer.*
>
> *Dann ist ein Hallen von dem vielen Hämmern*
>
> . . . . . . . .

Als entstehendes Werk der Erbauer — »Und deine kommenden Konturen dämmern« — wird er dann aufgerufen: »Gott, du bist groß«.

Das Bild des Domerbauers ist stärker, charakteristischer als das des Dichters, dessen Kunst eben die des Sagens, Benennens und Bilderfindens ist und sich mit der Haltung, der Aufgabe, die sich der Stundenbuch-Beter stellt, deckt:

> *Für dich nur schließen sich die Dichter ein*
> *und sammeln Bilder, rauschende und reiche,*
> *und gehn hinaus und reifen durch Vergleiche*
> *. . . . . . . .*

So sagt denn der Mönch von sich selber: »Ich war Gesang, und Gott, der Reim, rauscht noch in meinem Ohr.«

In diesen Zusammenhang gehören noch weitere Vorstellungen, in die sich das Beter-Ich, man darf sagen, versteigt. Schon aus der notwendig geringen Zahl der Zitate, die aus der strömenden Fülle der Gedichte ausgewählt werden konnten, ist die Tendenz zum Bizarren, Übersteigerten, manchmal kaum mehr Nachvollziehbaren der hier entfalteten Metaphorik und der ihr zugrundeliegenden Vorstellungen zu erkennen. Eine weitere, besonders extreme sei noch angeführt, auch um auf die in jedem Fall ungewöhnliche, durchaus einzigartige Vorstellungswelt Rilkes aufmerksam zu machen, die nicht immer der Gefahr des Manierierten entgeht. Eine solche Vorstellung ist die folgende, die mit dem Problem der Teilhabe des selbst schöpferischen Ich am Sein zusammenhängt und zu der sich die weitere Idee assoziiert, daß das Geschaffene den Schöpfer überwächst. Dieser Ideenzusammenhang ist in das sonderbare Bild des Vater-Sohn-Verhältnisses gekleidet, in zweifellos gewollter Umkehrung des traditionellen Gottvater-Bildes. Hier wird Gott zum Sohn, das Beter-Ich zum Vater:

> *Du Ewiger, du hast dich mir gezeigt.*
> *Ich liebe dich wie einen lieben Sohn,*
> *der mich einmal verlassen hat als Kind,*
> *weil ihn das Schicksal rief auf einen Thron,*
> *vor dem die Länder alle Täler sind.*
> *Ich bin zurückgeblieben wie ein Greis,*
> *der seinen großen Sohn nicht mehr versteht*

> *und wenig von den neuen Dingen weiß,*
> *zu welchen seines Samens Wille geht.*

Und daß der Sohn, Gott der Sohn, der von dem Ich Gezeugte ist, wird gesagt in den Worten:

> *ich wünsche manchmal dich in mich zurück,*
> *in dieses Dunkel, das dich großgenährt.*

Die Vater-Sohn-Metapher wird ausgemalt nach dem Muster des natürlichen, familiären Lebens: daß ein Sohn mehr im Leben werden kann als sein Vater:

> *Ich bin der Vater; doch der Sohn ist mehr,*
> *ist alles, was der Vater war, und der,*
> *der er nicht wurde, wird in jenem groß;*
> *er ist die Zukunft und die Wiederkehr,*
> *er ist der Schooß, er ist das Meer . . .*

Noch bizarrere Assoziationen schließen sich an die Vorstellung vom Vater, der das Alte, Vergangene ist:

> *Ist uns der Vater denn nicht das, was w a r ;*
> *vergangne Jahre, welche fremd gedacht,*
> *veraltete Gebärde, tote Tracht,*
> *verblühte Hände und verblichnes Haar?*

Darum kann Gott, der Sein und Werden ist, nicht Vater genannt werden:

> *Das ist der Vater uns. Und ich — ich soll*
> *dich Vater nennen?*
> *Das hieße tausendmal mich von dir trennen.*
> *Du bist mein Sohn. Ich werde dich erkennen,*
> *. . . . . . . .*

Das Bild des Sohnes aber verknüpft sich, wiederum nach dem Muster der Familie, mit der Vorstellung des Erben:

*Söhne sind die Erben,*
*denn Väter sterben.*
*Söhne stehn und blühn.*
*Du bist der Erbe.*

Man kann deuten: Derjenige, der das Vergangene in neues Leben über-
führt, aus der drohenden Erstarrung des Gewesenen, des Toten in den
Kreislauf des Werdens bringt, ist der Erbe. Gott der Sohn stellt sich also wiederum dar als der Inbegriff all dessen, was ist:

*Und du erbst das Grün*
*vergangner Gärten und das stille Blau*
*zerfallner Himmel.*
*Tau aus tausend Tagen,*
*die vielen Sommer, die die Sonnen sagen,*
*und lauter Frühlinge mit Glanz und Klagen*

Doch er erbt auch, bezeichnenderweise, einmal geschaffenes Menschenwerk:

*Du erbst Venedig und Kasan und Rom,*
*Florenz wird dein sein, der Pisaner Dom,*
*die Troitzka Lawra und das Monastir*
*. . . . . . . .*
*Moskau mit Glocken wie Erinnerungen*
*. . . . . . . .*

Ich führe diese weit ausgemalte Sohn-Vater-Metapher als ein Beispiel für eine übersteigerte, manierierte Metapher vor, die denn auch zu
der Sache selbst, zu Gott, nicht mehr paßt. Es ist noch der junge Rilke,
der sich durch seine virtuose Kunst des Bilder- und Vergleiche-Suchens
fortreißen läßt, noch selbst in dem Reifeprozeß stehend, den er an
der schon zitierten Stelle des *Stundenbuchs* dem Dichter abverlangt:
daß er durch Vergleiche reife. Dennoch zeigen gerade auch solche manieriert überzogenen Metaphern die poetische Substanz und Grund-
struktur von Rilkes Sprach- und Denkform, die Eigentümlichkeit seiner Vorstellungsweise, seiner Konzeptionen.

Was bisher, wenigstens in Grundlinien, betrachtet wurde, die Gottes- oder Seinsthematik, betrifft also die ersten beiden Bücher, *vom mönchischen Leben* und *von der Pilgerfahrt*. Die Frage, mit der wir an sie herantraten, ob hier eine religiöse Dichtung vorliege, mag aus der Analyse ihrer Struktur und Metaphorik sich schon beantwortet haben: dahin, daß es eine Dichtung erkennender, nicht gläubiger und damit nicht im echten Sinne religiöser Haltung ist. Eine Ich-Figur ist geschaffen, gedacht als ein Mönch, der die Haltung eines Malers, Baumeisters und Dichters einnimmt und in diesen wechselnden Einkleidungen Gott oder das mit diesem Namen Benannte anruft, erkennen, benennen, darstellen, ja erschaffen will. Und dies sind Funktionen, welche die des Betens als solche auflösen oder ersetzen. So ist es denn auch bezeichnend, daß Rilke den ursprünglichen Titel *Gebete* nicht beibehalten hat und daß nur ganz vereinzelt die Vokabeln Gebet und beten in der Dichtung erscheinen.

Der dritte und letzte Teil des *Stundenbuchs, Das Buch von der Armut und vom Tode*, unterscheidet sich, trotz Beibehaltung der Beterfigur, wesentlich von den beiden anderen Büchern. Zwischen diesen und dem dritten lag der erste Parisaufenthalt Rilkes (August 1902 bis März 1903): wiederum ein biographisches Datum, das zu einem Ferment der Dichtung geworden ist. Das Erlebnis von Paris wurde das Erlebnis der Großstadt; und wie Rilke die Großstadt erfuhr (abgesehen jetzt von der Kunsterfahrung durch Rodin und später durch Cézanne), das bewirkte, als Motiv der Dichtung, den Rückfall aus der Seinsthematik der ersten Bücher des *Stundenbuchs* in die Realität menschlicher Existenz und Existenznot (wovon vor allem die Briefe an Lou Zeugnis geben). Die Großstadt als solche wurde ihm von da an zur Metapher für die armseligste, häßlichste Form menschlichen Lebens: der Ort der Verlassenheit, der Bodenlosigkeit, des Entsetzens und der Angst. Der Versuch, das Ich unmittelbar mit dem außermenschlichen Sein, mit dem Seinsgott zu konfrontieren, kann nicht länger durchgeführt werden. Symptomatisch dafür ist, daß im dritten Buch des *Stundenbuchs* die Gebete von der Form »Ich bin« nicht mehr vorkommen, auch die Form des »Du bist« allmählich verschwindet und Gott in der Anrufung nur noch als die Instanz beibehalten ist, der das

Beter-Ich das Elend, das es sieht und mitfühlt, vor Augen führt: »Und sieh«, heißt es wieder und wieder; oder: »Mach, daß die Armen nicht mehr fortgeschmissen / und eingetreten werden in Verdruß«. Aber im Grunde verschwindet Gott aus der Dichtung, wird verdrängt durch die andrängende Realität und die Bedeutung, die ihr der Dichter abgewinnt.

Wenn in den Anfangsgebeten dieses Buches die Seinsmetapher »schwerer Berg« für den angerufenen Gott gewählt wird (»Vielleicht, daß ich durch schwere Berge gehe / in harten Adern, wie ein Erz allein...«, und »Du Berg, der blieb da die Gebirge kamen, — / Hang ohne Hütten, Gipfel ohne Namen...«), so deutet diese Metapher kunstvoll vor und hin auf die Bedrängung, die Beklemmung, welche die Wirklichkeitserfahrung, die konkrete Existenz des »Weh« (»Ich bin ja noch kein Wissender im Wehe«) erzeugt. Und es wird zweifelnd gefragt:

*Geh ich in dir jetzt? Bin ich im Basalte*
*wie ein noch ungefundenes Metall?*
*Ehrfürchtig füll ich deine Felsenfalte*
*und deine Härte fühl ich überall.*

*Oder ist das die Angst, in der ich bin?*
*die tiefe Angst der übergroßen Städte,*
*in die du mich gestellt hast bis ans Kinn?*

Hier ist das Wort Angst bildhaft auf seinen Wortsinn und -ursprung ›eng‹ zurückgelenkt, und aus der Metapher eines Naturdings für Gott (wie Berg, Stein, Basalt), dessen Druck und Härte gefühlt werden kann, ist jene Lebensangst hergeleitet, die den Menschen der Großstadt in Besitz nehmen kann — so daß man nicht weiß, ob man in Gott, dem Berg, geht oder aus seinem Bezug in die gottverlassene Angst entlassen ist. Denn zunächst bedeutet Großstadt Absperrung des Menschen von jener irdischen Erscheinung, die, obwohl irdisch, dennoch am unmittelbarsten das Sein des Seins fühlbar werden läßt: die Natur.

*Mach mich zum Wächter deiner Weiten,*
*mach mich zum Horchenden am Stein,*

> *gieb mir die Augen auszubreiten*
> *auf deiner Meere Einsamsein;*
> . . . . . . . .
> *Schick mich in deine leeren Länder,*
> *durch die die weiten Winde gehn . . .*
> . . . . . . . .

Dagegen die Unnatur, die Unwahrheit der großen Städte, beklagt in berühmten Versen:

> *Denn, Herr, die großen Städte sind*
> *verlorene und aufgelöste;*
> . . . . . . . .
> *Da leben Menschen, leben schlecht und schwer,*
> *in tiefen Zimmern, bange von Gebärde,*
> *geängsteter denn eine Erstlingsherde;*
> *und draußen wacht und atmet deine Erde,*
> *sie aber sind und wissen es nicht mehr.*
> . . . . . . . .

Und an späterer Stelle:

> *Die großen Städte sind nicht wahr; sie täuschen*
> *den Tag, die Nacht, die Tiere und das Kind;*

Die Tiere und das Kind werden als noch mit der Natur verbundene Wesen den Naturerscheinungen Tag und Nacht zugeordnet. Die Städte aber kennen sie nicht mehr:

> *ihr Schweigen lügt, sie lügen mit Geräuschen*
> *und mit den Dingen, welche willig sind.*

> *Nichts von dem weiten wirklichen Geschehen,*
> *das sich um dich, du Werdender, bewegt,*
> *geschieht in ihnen. Deiner Winde Wehen*
> *fällt in die Gassen, die es anders drehen,*

*ihr Rauschen wird im Hin- und Wiedergehen*
*verwirrt, gereizt und aufgeregt.*

— dies wiederum eine von den genauen, spürenden Beobachtungen, die
für diesen lyrischen Phänomenologen typisch sind: wie anders, nämlich
verkleinert, vermenschlicht, »verwirrt, gereizt«, das Windeswehen, als
solches ein häufig und herrlich geschildertes Geschehen in Rilkes Dichtung, in der Stadt sich ausnimmt.

Die Menschen, die hier leben, haben die natürlichen Grundfesten des
Lebens verloren; Geburt und Tod kommen nicht mehr zu ihrem Recht,
werden entstellt, verzerrt, verkrüppelt: Mädchen werden nicht Mütter,
die Sterbenden aber sterben nicht mehr ihren »eigenen Tod«, sondern
den Massentod in den Hospitälern:

> *Dort ist der Tod. Nicht jener, dessen Grüße*
> *sie in der Kindheit wundersam gestreift, —*
> *der kleine Tod, wie man ihn dort begreift;*
> *ihr eigener hängt grün und ohne Süße*
> *wie eine Frucht in ihnen, die nicht reift.*

Hier ist ein Zentrum des vom All abgesperrten Lebens, und, wie aus
den Briefen an Lou hervorgeht, wohl überhaupt das Grunderlebnis
von Rilkes Großstadterfahrung, dasjenige, aus dem das *Buch von der
Armut und vom Tode* als Kontrast gegen die ersten Bücher gesetzt ist.

Die Todesauffassung Rilkes, die im *Stundenbuch* ihre erste und blei-
bende Prägung erhielt, ist eine organische, das heißt: eine Auffassung,
die den Tod nicht als Gegensatz, als Aufhebung und Vernichtung des
Lebens begreift, aber auch nicht religiös-christlich als Erlösung des irdischen Lebens zu einem höheren, unsterblichen der Seele, sondern ihn begreift als dem Leben immanent: denn nur das Lebendige stirbt. Der
besondere Gedanke Rilkes aber ist der jedem organischen Wesen einge-
borene, ihm gemäße, »eigene« Tod, den er deshalb mit dem organischen Bilde der Frucht bezeichnet, zu der ein jedes Wesen heranreift,
wenn ihm die Zeit des Reifens gegönnt wird:

*Denn wir sind nur die Schale und das Blatt.*
*Der große Tod, den jeder in sich hat,*
*das ist die Frucht, um die sich alles dreht.*

Im *Malte* setzt sich diese Vorstellung vor allem um in den schweren, brüllenden Tod, den der alte, mächtige Kammerherr Brigge auf Ulsgaard als seinen eigenen Tod stirbt. Aber unterschwellig kommt in dieser Idee des wesenseigenen Todes eines jeden lebendigen Individuums wiederum der Phänomenologe Rilke zum Ausdruck, der die Dinge und Erscheinungen auf das in ihnen lebendige, wirkende, sie formende Wesen und Prinzip hin ansieht und auch den Tod, den alles Lebendige stirbt, in die Anschauung des Eigenseins des lebenden Wesens einbezieht.

Dieser Gedanke aber, der noch aus der Anschauung des Seienden hervorgeht, wird zu einer jener übersteigerten, bizarren, nahezu abstrusen Vorstellungen weiterentwickelt, wie sie im *Stundenbuch* mehrfach vorkommen, nämlich zu der kaum nachvollziehbaren Vorstellung des »Tod-Gebärers« als einer visionären männlichen Figur, um die der Beter seinen Gott bittet:

> *Mach Einen herrlich, Herr, mach Einen groß,*
> *bau seinem Leben einen schönen Schooß,*
> *und seine Scham errichte wie ein Tor*
> . . . . . . . .

Eine Figur, die, wie Rilke sie hier beschreibt, möglicherweise als Phallisches, als das zeugende Geschlecht zu denken ist, wobei Zeugen und Gebären in dieser Vision in eins zusammenfallen:

> *Und also heiß ihn seiner Stunde warten,*
> *da er den Tod gebären wird, den Herrn:*
> . . . . . . . .

In fast peinlicher Analogie zur christlichen Idee der Gottgebärerin, und um sie zu ersetzen, kulminiert diese Vorstellung:

*Erfülle, du gewaltiger Gewährer,*
*nicht jenen Traum der Gottgebärerin, —*
*richt auf den Wichtigen: den Tod-Gebärer,*
*und führ uns mitten durch die Hände derer,*
*die ihn verfolgen werden, zu ihm hin.*
. . . . . . . .

Diese abstruse Vorstellung kann überhaupt nur verstanden werden, wenn man sie auf ihren Keim, das Bild der Frucht für den Tod, den jedes lebende Wesen in sich trägt, zurückverfolgt. Das Leben als der Mutterleib, der seine Frucht gebären muß, das Leben selbst also kontrahiert zur Gestalt des Todgebärers, der nun aber eben deshalb nicht selbst der Tod, der Vernichter des Lebens, sondern das Leben selbst ist, insofern kein Leben ohne Tod ist. — Hier steckt ein bedeutsamer Keim von Rilkes ›Religion‹ des Lebens, ja der Erde, des Hiesigen, und zugleich der Kern seiner sehr dezidierten Ablehnung des Christentums als Christologie, als Christusmysterium — wobei zu erwähnen ist, daß im geistesgeschichtlichen Horizont der Jahrhundertwende Nietzsche steht. Aus solchen Zusammenhängen heraus ist die Idee des Todgebärers in Gegensatz gesetzt zur christlichen Gottgebärerin, zu dem Gott, den diese, die Heilige Jungfrau, geboren hat, Christus[20]. Christus wird, als der Unwichtige, abgelehnt. Hier ist hinzuweisen auf ein zwanzig Jahre späteres Prosastück Rilkes, aus der Vollendungszeit der *Duineser Elegien* (Februar 1922), betitelt *Der Brief des jungen Arbeiters*, in dem diese Ablehnung thematisch ist. Das Kreuz, wird hier gesagt, ist »der Wegweiser, hoch aufgerichtet ... in die Nacht der Opferung hinein«. Die es anbeten, »lassen sich nicht vor Eifer, das Hiesige, zu dem wir doch Lust und Vertrauen haben sollten, schlecht und wertlos zu machen ... Welcher Betrug, Bilder hiesigen Entzückens zu entwenden, um sie hinter unserm Rücken an den Himmel zu verkaufen ... Wird der Tod wirklich durchsichtiger durch diese hinter ihn verschleppten Lichtquellen?« — das heißt: durch die Hoffnung auf eine Erlösung im Jenseits. In der Nüchternheit der Prosasprache ist dies keine neue Idee. Noch 1922 steht sie im Nietzsche-Horizont und reicht zurück bis in die Mitte des neunzehnten Jahrhunderts. Die abstruse Vorstellung des Todgebärers aber erhellt sich aus diesem Horizont, und wir mußten bei

ihrer Interpretation etwas verweilen, nicht nur um sie selbst zu erklären, sondern auch weil sie eine bedeutsame Keimzelle für Rilkes Le-
bensanschauung ist, aus der noch die Lösungen der Seinsproblematik in
den *Duineser Elegien* und in den *Sonetten an Orpheus* hervorgehen.
Ja, auf Orpheus kann schon im Zusammenhang dieser Stelle vorausge-
schaut werden: Orpheus, der durch Eurydike, die tot ist, den Tod in
das Leben aufgenommen hat und von dem es in den *Sonetten* heißt:
aus beiden Reichen erwuchs seine weite Natur.

Zu Orpheus führt noch eine andere Linie, jene, die von der »Armut«, dem zweiten Hauptmotiv des *Buches von der Armut und vom
Tode*, ausgeht. Wie der Massentod in den Hospitälern, so ist auch die
Armut das konkrete und noch sozusagen soziale Ausgangserlebnis, der
konkrete Keim der aus ihm sich entwickelnden Vorstellung, die nun in
einer — vom sozialen Gesichtspunkt aus freilich höchst unrealistisch
anmutenden Weise — den Begriff oder das Faktum Armut als sozial-
ökonomisches Phänomen umfunktioniert zu einer menschlich-existen-
tiellen Erscheinung von höchster Werthaftigkeit. Die wahren Armen
sind mehr, sind etwas anderes als nur »die Nicht-Reichen«. Diesem
Negativum gehen viele Verse voraus, in denen die echten Reichen
nahezu hymnisch geschildert sind, nämlich als positive, gesellschaftlich
notwendige Mächte vergangener Zeiten, mit denen verglichen die Reichen der Gegenwart »nicht reich« sind:

> *Nicht wie die Herren deiner Hirtenvölker,*
> *der klaren, grünen Ebenen Bewölker*
> *wenn sie mit schummerigem Schafgewimmel*
> *darüber zogen wie ein Morgenhimmel.*
> . . . . . . . .
> *Und nicht wie jene Scheichs der Wüstenstämme,*
> *die nächtens auf verwelktem Teppich ruhten*
> . . . . . . . .
> *Nicht wie des Ostens weißer Gossudar,*
> *dem Reiche eines Gottes Recht erweisen*
> . . . . . . . .
> *Nicht wie die Ersten alter Handelshäfen,*

*die sorgten, wie sie ihre Wirklichkeit*
*mit Bildern ohnegleichen überträfen*
. . . . . . . .
*Das waren Reiche, die das Leben zwangen*
*unendlich weit zu sein und schwer und warm.*
. . . . . . . .

Damit scheint gesagt zu sein, daß dem allem Natürlichen (auch ge-
schichtlich Natürlichen) feindlichen Prinzip der modernen Großstadt,
ja der modernen Gesellschaft, selbst das, was in ihr noch Reichtum genannt wird, unterliegt:

> *Aber der Reichen Tage sind vergangen,*
> *und keiner wird sie dir zurückverlangen . . .*

Wenn darauf folgt: »nur mach die Armen wieder arm«, so wird dem
nicht mehr naturgegebenen Reichtum der Neuzeit die Armut als ein
neues natürliches Prinzip des Lebens entgegengestellt, das mit der sozialen ökonomischen Armut, deren Existenz nicht geleugnet wird,
nichts mehr zu tun hat:

> *Zu ihnen drängt sich aller Staub der Städte,*
> *und aller Unrat hängt sich an sie an.*
> *Sie sind verrufen wie ein Blatternbette,*
> *wie Scherben fortgeworfen, wie Skelette . . .*
> . . . . . . . .

— Armut, der aber der positive Sinn abgewonnen wird, »rein« und
»voller Einfalt« zu sein, gipfelnd in dem berühmten (von realistisch
Denkenden wohl auch ein wenig bespotteten) Satz:

> *Denn Armut ist ein großer Glanz von innen.*

Und die letzte Erscheinungsform oder Metapher, mit der im *Stundenbuch* Gott benannt und angerufen wird, ist, weit ausgemalt, dieser
Arme:

> Du bist der Arme, du der Mittellose,
> du bist der Stein, der keine Stätte hat,
> du bist der fortgeworfene Leprose,
> der mit der Klapper umgeht, vor der Stadt ...

Der Gedanke wird dahin weiter entwickelt, daß der vom Besitz nicht Gebundene, der »tiefste Mittellose« der Natur, dem Sein noch oder wieder nahe ist:

> Betrachte sie und sieh, was ihnen gliche:
> sie rühren sich wie in den Wind gestellt
> und ruhen aus wie etwas, was man hält.
> In ihren Augen ist das feierliche
> Verdunkeltwerden lichter Wiesenstriche,
> auf die ein rascher Sommerregen fällt.

Mit dem Buch von der Armut schließt sich sinnvoll der Zyklus der Gebete, die als Gebete eines Mönchs konzipiert sind. Armut, Freiheit von irdischem Besitz, gehört zum mönchischen Leben, vor allem zu jenem Orden, der sie überhaupt als Grundlage mönchischen Lebens begriffen hat, dem Franziskanerorden. Und so steht Franz von Assisi als letzte Figur am Schluß des Stundenbuchs, »der Armut großer Abendstern«, die letzte, herrliche Metapher, die das *Stundenbuch* beschließt.

> O wo ist der, der aus Besitz und Zeit
> zu seiner großen Armut so erstarkte,
> daß er die Kleider abtat auf dem Markte
> und bar einherging vor des Bischofs Kleid.

Der Heilige Franz, Bruder der Vögel und der Blumen:

> Der Innigste und Liebendste von allen,
> der kam und lebte wie ein junges Jahr,
> der braune Bruder deiner Nachtigallen,
> in dem ein Wundern und ein Wohlgefallen
> und ein Entzücken an der Erde war.

Er weist in Rilkes Werk- und Motivzusammenhang vor auf Orpheus, den Sänger. War ja der Heilige Franz der Dichter des Sonnenhymnus, und dies ist der Keim des letzten schönen Motivs im *Buch von der Armut und vom Tode:* er wird, als er stirbt, Gesang, und geht auf ins Leben der Natur:

> *Und als er starb, so leicht wie ohne Namen,*
> *da war er ausgeteilt: sein Samen rann*
> *in Bächen, in den Bäumen sang sein Samen*
> *und sah ihn ruhig aus den Blumen an.*

Der Sänger, der Dichter — in Franz von Assisi erscheint er bereits als derjenige, der berufen ist, das Seiende darzustellen. Wie im Gleichnis vom Sterben des Heiligen Franz sein Gesang und sein Leib in die Dinge der Erde eingehen, so erstehen diese im Gesang des mythischen Dichters. »Gesang ist Dasein«, heißt es im dritten Orpheus-Sonett des Ersten Teils. Das Motiv der Armut erfährt seine eigentliche Verwirklichung in dem Dichter. Des Dichters Armut ist der Reichtum seiner Freiheit für diese Aufgabe. Auch Malte Laurids Brigge ist ein Dichter, der aus einer Welt des Reichtums in jene äußere Armut gestoßen worden ist, die auch für ihn mehr ist also bloß nicht-reich zu sein.

# DER MALTE-ROMAN

*Die Aufzeichnungen des Malte Laurids Brigge* wurden 1904, ein Jahr nach der Niederschrift des *Buches von der Armut und vom Tode* (April 1903), begonnen und 1910 vollendet; der Hauptteil ist in den Jahren 1908/09 entstanden. In enger zeitlicher Nähe zur Entstehung des großen Prosawerks liegt die Dingdichtung. Diese Daten, die als solche und vor allem angesichts der enormen Produktivität Rilkes im ersten Jahrzehnt des Jahrhunderts neutral sind, erhalten einen gewissen Aussagewert, wenn man beachtet, daß diese nach Gattung, Stil und Inhalt so grundverschiedenen Dichtungen dennoch auf eine eigentümliche Weise zusammenhängen. Sie hängen zusammen unter dem Gesichtspunkt der Grundhaltung von Rilkes Dichten, wobei betont sei, daß dies natürlich andere Gesichtspunkte der Interpretation, zumal was den *Malte* betrifft, nicht ausschließt.

Wir haben schon darauf hingewiesen — und es ist auch immer gesehen worden —, daß das zentrale Motiv des *Buches von der Armut und vom Tode*, das der Großstadt, im *Malte* weitergebildet ist. War schon in diesem letzten Teil des *Stundenbuchs* die Seins- oder Gottesthematik von derjenigen der menschlichen Realität und Existenznot verdrängt, so bleibt im *Malte* in eigentümlichster Verteilung, Differenzierung und Nuancierung diese allein zurück, gewissermaßen als eine Phänomenologie leidvoller Existenz und Existenzen. Doch nicht dies motivische Moment allein stellt hier eine Verbindung her. Beachtet muß auch werden, daß beide nach Gattung und Stil so grundverschiedenen Dichtungen durch Ichfiguren strukturiert sind, so ihrerseits unvergleichbar der Betermönch des *Stundenbuchs* und der verarmte junge dänische Adlige, der als Dichter in Paris lebt, auch sind. Aber auf dem Grunde dieser Verschiedenheit besteht ein beiden gemeinsames Strukturprinzip. Es besteht nicht nur in der Ichstruktur als solcher, sondern auch in einer Situation des Gegenüber, und es wird sich zeigen, daß auch im *Malte* dies eine Haltung des Erkennen-, des Sehen- oder Einsehenwollens ist. »Ich habe gesehen«, so setzen, mehrfach wiederholt, die Aufzeichnungen ein, und ein paar Abschnitte weiter heißt es mit besonderer Betonung: »Habe ich es schon gesagt? Ich lerne sehen. Ja, ich fange an. Es geht noch schlecht. Aber ich will meine Zeit ausnützen.« Was und wie der junge Malte Laurids Brigge sehen lernt, macht den Inhalt der Aufzeichnungen aus. Es sollte zunächst nur die Haltung dieses, seine Erfahrungen, Erlebnisse, Erinnerungen niederschreibenden Ich markiert werden, in der wir die Haltung wiedererkennen, die für das lyrische Ich Rilkes, für den Dichter der Dinggedichte grundlegend ist. Wobei vorwegnehmend bemerkt sei, daß Dingdichtung nun in einem weiten, in einem noch weiteren Sinne als in den Neuen Gedichten verstanden werden muß.

Fassen wir zunächst die formale Struktur ins Auge, die bereits als solche für diesen Sinn fundierend ist. Nicht zufällig mag Rilke die ersten Fassungen des *Malte* von 1904, die in der Form eines Er-Romans angelegt waren, in die Ichform der »Aufzeichnungen« gebracht haben. Aufzeichnungen: das bezeichnet hier die Form eines Tagebuchs, das in der fortschreitenden Gegenwart des jeweils täglichen Erlebens niedergeschrieben ist und primär eben dieses notiert und, unter Umständen, in dieser oder jener Weise reflektiert. Obwohl nur zu Beginn der Aufzeichnungen eine, überdies unvollständige Zeit- und Ortsangabe steht (»11. September, rue Toullier«), bleibt im ganzen Werk die Struktur und damit der Eindruck eines Tagebuchs erhalten. Denn worauf es ankommt, das ist die offene, lose Form, die jedes Tagebuch — nicht nur das als Roman komponierte, sondern auch das echte, autobiographische — immer haben kann. Diese Form erlaubt ein Fortschreiten in der Zeit, sei es in kleineren oder größeren Zeiteinheiten, aber auch den Rückblick in Vergangenes; sie erlaubt reflektorische Einlagen wie auch ein Komponieren in assoziativer Technik, bei der ein jetzt und hier, ein heute oder gestern Gesehenes, Erlebtes, ein Vorgang, ein Ort, ein Ding, die Gedanken weiter, hierhin und dorthin, leitet, durch motivische Ähnlichkeiten oder Kontraste.

Der Eindruck des Tagebuchs ist vermittelt, wenn Maltes Aufzeichnungen einsetzen: »So, also hierher kommen die Leute, um zu leben, ich würde eher meinen, es stürbe sich hier.« Oder wenn es an anderer Stelle heißt: »Heute war ein schöner, herbstlicher Morgen. Ich ging durch die Tuilerien ...« Es widersetzt sich der Form des Tagebuchs nicht, wenn auf den Abschnitt: »Unten ist folgende Zusammenstellung: ein kleiner Handwagen, von einer Frau geschoben; vorn darauf ein Leierkasten, der Länge nach. Dahinter quer ein Kinderkorb, in dem ein ganz Kleines auf festen Beinen steht ...« die Überlegung folgt: »Ich glaube, ich müßte anfangen, etwas zu arbeiten, jetzt, da ich sehen lerne. Ich bin achtundzwanzig, und es ist so gut wie nichts geschehen« — worauf Malte sein bisheriges schriftstellerisches Tun (»eine Studie über Carpaccio«, »ein Drama, das ›Ehe‹ heißt«) bedenkt und verwirft. Auch wenn die Aufeinanderfolge dieser Abschnitte durch die Erfahrung des Sehenlernens als Vorbedingung der zu beginnenden schriftstellerischen Arbeit begründet scheint, so erfordert die Form der Aufzeichnungen eine solche Begründung nicht. Aber diese Form gestattet es dem Schreibenden auch, assoziativ und zugleich kontrastiv, ausgehend von dem Sinnen über den nicht mehr »eigenen« Tod, den die Menschen heutzutage sterben (den »fabrikmäßigen« im Hôtel Dieu, den »höflichen« erster Klasse in den guten Kreisen, oder bloß eben »den Tod, der zu der Krankheit gehört, die man gerade hat«) ,»nach Hause«, an früher zu denken (wo man »wußte, daß man den Tod in sich hatte, wie die Frucht den Kern«), an den Großvater, den alten Kammerherrn Brigge, dem man es ansah, »daß er einen Tod in sich trug«. Worauf der brüllende, herrscherliche Tod des mächtigen Großvaters geschildert wird und zugleich ein erstes Zurück der Erinnerung in die dänische Heimat geschieht. Und selbst noch die aus dem Tages- und dem Erinnerungsleben weit wegführenden späteren Abschnitte, welche Geschichten des Mittelalters erzählen, das Ende des falschen Zaren Grischa Otrepjow, den furchtbaren Tod Karls des Kühnen im Eise nach der Schlacht von Nancy, — auch sie sind geknüpft an einen Gegenwartsmoment, ja an einen bestimmten Gegenstand, »das kleine grüne Buch«, das Malte, wie er sich in »dieser«, also in der dem Schreiben voraufgehenden Nacht erinnert, einmal besessen und in dem er die Geschichten gelesen hatte.[21] Auch diese Aufzeichnungen fallen also nicht aus der Tagebuchstruktur heraus, so seltsam sie auch in dem inneren, dem Motiv- und Sinnzusammenhang des Werkes stehen. Wenn die für diesen Zusammenhang bedeutsamste Geschichte, die Karls VI. von

Frankreich, nicht durch eine solche konkret vermittelte Anknüpfung in Maltes Erzählraum eintritt, sondern abrupter und aus einem inneren Bewußtseinsvorgang heraus, so ist eben die äußere Struktur der Aufzeichnungen weiträumig genug, auch diese Erzählung in sich zu integrieren.

Dieser durch wenige Zitate kurz markierende Hinweis auf die äußere, an sich traditionelle Struktur der *Aufzeichnungen* mag gewiß überflüssig erscheinen, weil die Schwierigkeit des Erzählproblems, das sie dennoch enthalten und um das die *Malte*-Interpretation in steigendem Maße bemüht ist, damit nicht berührt, ja umgangen wurde. Der Hinweis wurde aber gegeben, weil eben diese freie, für alle erzählerischen Aktionen und Reaktionen des schreibenden Ich offene Form diese einerseits auch wieder in einen sozusagen natürlichen Rahmen einschließt, andererseits aber gerade die Problematik, die das Malte-Ich enthält (und die die Interpretation auf die verschiedensten Wege lenkte), zur Erscheinung kommen läßt.

Die beiden Hauptaspekte der Interpretation sind, kurz gesagt, zum einen Maltes existentielle Situation, seine Erlebniswelt und damit auch sein Schicksal (sein »Untergang«), zum andern (was im Zuge der modernen Erzählforschung mehr und mehr an Bedeutung gewinnt) die Problematik seines Erzählens, seiner Selbstdarstellung und seiner Entwicklung als Dichter. Von dem Gesichtspunkt, unter dem wir Rilkes Werk betrachten, zeigt sich hier nicht nur keine Diskrepanz, sondern eine notwendige, nämlich intentionale Zusammengehörigkeit beider Aspekte. Wie sich diese in dem inhaltlichen Bau des Romans realisiert — das erst macht die Eigentümlichkeit dieser Prosadichtung aus und vielleicht den Grund, aus dem man sie als eine schon der Moderne zugehörige versteht.

Fassen wir den erstgenannten Aspekt, die Erlebniswelt Maltes, ins Auge. Er ist notwendigerweise der weit umfassendere, denn er macht die erzählerische Substanz als solche aus. Es ergeben sich aus der Situation Maltes zwei Räume oder Schauplätze: derjenige der Gegenwart, Paris, und der der Erinnerung, der Kindheit auf den Adelsgütern der Brigge und Brahe (die Letztgenannten gehören zur Familie der Mutter). Zunächst scheint es, als stünden diese beiden Schauplätze des noch jungen Lebens von Malte gegeneinander wie Nacht und Tag: der Schauplatz der Armut und der Großstadt gegen den einstigen des Reichtums, der Vornehmheit, des bequemen Landlebens, mit Schlössern und Parken, Ahnengalerie und Dienerschaft. Die hier nur flüchtig aufgerufenen Bilder der Vergangenheit wechseln mit den Bildern der Großstadt ab, den Hospitälern, dumpfen Treppenhäusern, armselig möblierten Dachstuben, armen, elenden Existenzen. Aber dieser Gegensatz scheint gleichsam zu verfließen, Maltes Vergangenheit und Gegenwart in einem einzigen Raum zu stehen, in dem Raum eines Lebensgefühls, für das schon im Stundenbuch der Begriff der Angst aufgetreten war. So steht hinter der vornehmen, geborgenen Kindheit schon ein dunkler Horizont der Ungeborgenheit, der Angst. Sie ist nicht nur in typischen Angstsituationen da — wie in der Geschichte von der Hand, die unter dem Tisch aus der Wand kommt und nach dem kleinen Knaben greift, der dort nach einem heruntergefallenen Zeichenstift sucht, —: es ist das alte, aussterbende Geschlecht selbst, das gleichsam schon aus dem sicheren, umgrenzten hellen Raum des Lebens heraustritt, in einen Bezirk des Unheimlich-Gespenstischen. Daß das Fräulein Christine Brahe, die vor langer Zeit gestorben ist, durch den Speisesaal geht, während man bei Tische sitzt, ist ein natürlicher zugehöriger Vorgang für sie, fremd und entsetzensvoll nur für diejenigen, die nicht dazugehören wie Maltes Vater, der stattliche Jägermeister Brigge. Denn es scheint nicht von ungefähr, daß es Maltes mütterliche Familie der Grafen Brahe, ein historisches dänisch-schwedisches Geschlecht (das Rilke mit dem nichthistorischen, erfundenen der Brigge verbunden hat), daß es also das mit dem echten historischen Namen bezeichnete, mit dem Dunkel geschichtlichen Alters umwitterte Geschlecht ist, das sozusagen verantwortlich für das gespenstische Fluidum ist, welches Maltes Kindheitswelt umgibt. Ihm gehört die zarte Mutter, Maman, an, deren Lebenskraft früh verlöscht und für die es immer selbstverständlich ist, daß das nicht mehr der sichtbaren Welt und Wirklichkeit Zugehörige noch mitten in der gegenwärtigen Wirklichkeit da ist. Berühmte Erzählstücke handeln davon: von Ingeborg, die »am Donnerstag nach ihrer Beisetzung« zum Teetisch auf der Terrasse »kam« und der ihr Hund entgegenlief: »Ich hab es gesehen, Malte, ich hab es gesehen. Er lief ihr entgegen, obwohl sie nicht kam.«

71

So erzählt, in Maltes Erinnerung, Maman, die dennoch sagen kann: »Aber an diesem Nachmittag, Malte, da sie wirklich nicht mehr kommen konnte: da kam sie.« Und dann die Geschichte vom Besuch der Familie bei den Schulins, die »eingeschränkt« in einem kleineren Gebäude neben ihrem kürzlich abgebrannten Schloß wohnen, das Maman und Malte dennoch »sehen«. Nichts versetzt ihn in eine größere Erregung, in heftigere Angst als das Gehaben der Schulins, die überall Brandgeruch wittern, während ihm klar wird, daß diese Menschen »sich mit etwas Unsichtbarem beschäftigen; daß sie zugaben, daß da etwas war, was sie nicht sahen.« Und in seiner Angst fühlt er sich eins mit Maman.

Die Kindheit: ein Lebensraum der Ungeborgenheit, der Angst. Da sind die Ängste, die Malte in Paris noch als nie verlorene erlebt: »auf meiner Bettdecke Verlorenes aus der Kindheit . . . Alle verlorenen Ängste sind wieder da. — Die Angst, daß ein kleiner Wollfaden, der aus dem Saum der Decke heraussteht, hart sei, hart und scharf wie eine stählerne Nadel; die Angst, daß dieser kleine Knopf meines Nachthemdes größer sei als mein Kopf, groß und schwer; die Angst, daß dieses Krümchen Brot, das jetzt von meinem Bett fällt, gläsern und zerschlagen unten ankommen würde, und die drückende Sorge, daß damit eigentlich alles zerbrochen sei, alles, für immer . . .« So setzt sich ein ganzer Abschnitt von Angstphänomenen fort, die, nüchtern gesehen, psychopathischer Art sind, aber in der Dichtung den Lebenshorizont der Ungeborgenheit, der »Bodenlosigkeit« — ein Begriff, den Rilke auf den *Malte* einmal anwandte — im geringfügig Dinglichen konkretisieren, das vordergründig Harmlose als das hintergründig Entsetzensvolle gleichsam bloßlegen, entlarven: »Nur eine geringste Wendung, und schon wieder steht der Blick über Bekanntes und Freundliches hinaus, und der eben noch so tröstliche Kontur wird deutlicher als ein Rand von Grauen.« Diese Stelle, im ersten Viertel des Romans, ist auch deshalb bedeutungsvoll, weil sie den Kindheitsraum direkt in den Raum der Pariser Gegenwart hinüberleitet — womit der Lebensaspekt der Angst total wird. Der zitierte Satz steht in dem berühmten Abschnitt, der beginnt mit den Worten: »Die Existenz des Entsetzlichen in jedem Bestandteil der Luft. Du atmest es ein mit Durchsichtigem; in dir aber schlägt es sich nieder . . . denn alles, was sich an Qual und Grauen begeben hat auf den Richtplätzen, in den Folterstuben, den Tollhäusern, den Operationssälen, unter den Brükkenbogen im Herbst: alles das ist von einer zähen Unvergänglichkeit...«

Wenn Malte unmittelbar nach der eindringlichen Schilderung des »eigenen« schweren Todes seines Großvaters Brigge notiert: »Was für ein Leben ist das eigentlich: ohne Haus, ohne ererbte Dinge, ohne Hunde. Hätte man doch wenigstens seine Erinnerungen. Aber wer hat die? Wäre die Kindheit da, sie ist wie vergraben...«, so kann das nur eine Stimmungsanwandlung des einsam in seiner Pariser Mansarde Schreibenden bedeuten; denn es steht zu dem, was er als solcher gerade vollbringt, in Widerspruch. Die Schilderung des Kindheits-, des Erinnerungsraums unterscheidet sich von der Schreibweise, die Malte anwendet, wenn er sich den Erfahrungen und Phänomenen der Pariser Gegenwart zukehrt. Dort, wo er nicht unmittelbar »sieht«, sondern erinnernd vergegenwärtigt, wird sozusagen der erzählerische Impuls geweckt, der das Beschreiben verdrängt. Es entstehen Szenerien, Personen treten auf, mit denen das sich in seine Kindheitsperson verwandelnde, also sich selbst objektivierende Malte-Ich Gespräche führt.[22]

Diese Anmerkung zur Schreibart ist hier eingefügt, weil zwar ein Zusammenhang von Maltes Kindheitsvergangenheit und seiner Pariser Gegenwart im Lebensgefühl der Ungeborgenheit und Angst besteht (und zur inneren Thematik des Romans gehört), zugleich aber auch der Vergangenheitsraum sich von dem der Gegenwart unterscheidet. Dieser Unterschied ist nicht nur durch die Veränderung von Maltes sozialer Situation bedingt, sondern auch durch das Bewußtwerden der Haltung, die ihm aufgegeben ist, wenn er zum Dichter »reifen« will. Das »Ich lerne sehen« ist die Voraussetzung für sein Schreiben. Dies manifestiert sich nun nicht in den jeweiligen Bemerkungen Maltes über sein präsumptives, erstrebtes Dichtertum, sondern in dem Schreiben der Aufzeichnungen selbst. Nicht wenn er in der Bibliothèque Nationale, einen Dichter lesend — einen »glücklichen« Dichter, »der von seinem Fenster erzählt und von den Glastüren seines Bücherschranks... von Mädchen weiß, die vor hundert Jahren gelebt haben« — es sich erträumt, ein solcher Dichter geworden zu sein; nicht wenn er tiefer meditiert über die Schwierigkeit des »Aufschreibens und Sagens«

angesichts der Bedeutungsveränderung, der alles und er selbst unterworfen ist (und vor der er sich »namenlos fürchtet«), und von der »Zeit der anderen Auslegung« spricht, die »anbrechen« und in der »kein Wort auf dem anderen bleiben« wird — nicht solche Reflexionen lassen die Bewußtseinshaltung und Art seines Dichterwesens erkennen, sondern der Inhalt, die Substanz der Aufzeichnungen selbst. Nicht was Malte über sich selbst reflektiert, tritt als diese Substanz hervor, sondern die Phänomene, die er sieht, erfährt, erlebt und beschreibt. Das Malte-Ich, so kann man sagen, ist ein wesentlich intentionales, das heißt: auf die Objekte seines Erfahrens und Erlebens ausgerichtetes Ich.

Daß der so oder so geartete Anteil, den Malte an den eindringlich beobachteten Dingen und Menschen nimmt, in seine Beschreibung eingeht, steht dazu nicht in Widerspruch, auch wenn es sich um noch so weitgehende, ja bizarre Deutungen, Auslegungen handelt. *Die Aufzeichnungen des Malte Laurids Brigge* zeugen gerade durch die extreme Subjektivität der Beschreibung von der Subjektbedingtheit aller objektiven Erkenntnis und Darstellung. Aber eben die extreme Subjektivität der Beobachtung und Einfühlung, die Malte seiner Phantasie, der Sensivität seiner Einbildungskraft verdankt, macht die Besonderheit seines Dichtertums aus.

Die Existenz des Entsetzlichen — die Dinge, die Malte aufzählt: die Richtplätze, die Tollhäuser, die Operationssäle, das Hôtel Dieu und die Salpêtrière, sie sind vorhanden und zu sehen. Zu sehen ist auch, daß hier und da Häuser abgebrochen worden sind: Schuttplätze und die bloßgelegten Brandmauern der Häuser, die »daneben gestanden hatten«. Aber wenn Malte diesen Abschnitt mit der Frage einleitet: »Wird man es glauben, daß es solche Häuser giebt?«, so meint er die Häuser, »die nicht mehr da waren« und die er trotzdem beschreibt — zunächst, was noch zu sehen ist: die Spuren, die noch an der Innenseite der letzten Mauer, an den einstigen Zimmerwänden der Stockwerke vorhanden sind: Tapetenreste und die Flecken hinter den abgerissenen Streifen: »Das zähe Leben dieser Zimmer hatte sich nicht zertreten lassen. Es war noch da, es hielt sich an den Nägeln, die geblieben waren ... Man konnte sehen, daß es in der Farbe war, die es langsam, Jahr um Jahr verwandelt hatte: Blau in schimmliches Grün ...« Aber

Malte sieht auch, was nicht mehr zu sehen ist, sondern von seiner sensiblen Vorstellungskraft hineingesehen wird: »Da standen die Mittage und die Krankheiten und das Ausgeatmete und der jahrealte Rauch und der Schweiß, der unter den Schultern ausbricht... und der Angstgeruch der Kinder, die in die Schule gehen, und das Schwüle aus den Betten mannbarer Knaben...«

Was will die Frau mit dem langen Bleistift, »der unendlich langsam aus ihren schlechten, geschlossenen Händen sich herausschob« und den sie, wie es Malte vorkommt, ihm »zeigte«? Sie zeigt ihn, wie er es weiter »begriff«, als ein »Zeichen für Eingeweihte«, für die »Fortgeworfenen«, als Zeichen dafür, daß sie in ihm einen Dazugehörigen erkennt. Wir dürfen annehmen, daß diese Bedeutung nur für Malte existiert, nicht für die Frau. Ein gesteigertes, ein extremes Beispiel für die das Sichtbare verwandelnde Einbildungskraft Maltes aber ist der Student, sein Zimmernachbar, mit dem nervösen Augenlid. Das beginnt mit der Beschreibung des Geräuschs, das der aus der Hand geglittene Deckel einer Blechbüchse erzeugt, wenn er ein Stück auf dem Boden rollt und, zur Ruhe kommend, aufschlägt. Als Faktum wird festgestellt: »So ein blecherner Gegenstand fiel nebenan, rollte, blieb liegen...« Ein regelmäßig wiederkehrendes Geräusch, das Malte angespannt erwartet, für das er nun aber auch die Erklärung nennt, »Tatsachen, die er sich hatte sagen lassen:... daß das, was diesen Lärm auslöste, jene kleine langsame, lautlose Bewegung war, mit der sein Augenlid sich eigenmächtig über sein rechtes Auge senkte und schloß, während er las.« — Wie kaum ein anderer der beschriebenen Phänomene weist dieses Beispiel Malte als einen Dichter Rilkescher Vergleichstechnik aus, und zwar gerade dadurch, daß Vergleich und Phänomen in umgekehrter und damit gewissermaßen schockierender Ordnung vorgeführt sind: zuerst das Vergleichsobjekt (was den Anschein erweckt, daß wirklich ein Blechdeckel im Zimmer des Nachbarn rollt), erst dann das zu beschreibende Phänomen selbst, von dem Malte weiß; und wenn dieses noch im Raum des Vergleichs als »Ursache« des Geräuschs erklärt wird, so ist dies, als literarische Technik betrachtet, die Struktur eines nahezu bis zur Unkenntlichkeit verkürzten Vergleichs, der nicht nur durch das Fehlen des vergleichenden »wie«, sondern vor allem durch die Umkehrung hergestellt ist.

Malte läßt es mit diesem Vergleich nicht bewenden. Er möchte dem Studenten Hilfe anbieten, aber bezeichnenderweise imaginäre Hilfe: indem er, wenn er »begriff«, daß der Wille des Studenten, gegen seine Schwäche anzukämpfen, zu Ende war, »an seiner Seite der Wand stand« und ihn bat, sich seines Willens »zu bedienen«. So möchte er auch dem Veitstänzer auf dem Boulevard St. Michel mit seinem eigenen »bißchen Kraft« helfen, wiederum nicht konkret, sondern imaginär: »Und ich, der ich hinter ihm herging mit stark schlagendem Herzen, ich legte mein bißchen Kraft zusammen wie Geld, und indem ich auf seine Hände sah, bat ich ihn, er möchte nehmen, wenn er es brauchte.« Der Wille, den armen Menschen Hilfe zu leisten, bleibt imaginär; und eben dazu steht nicht in Widerspruch, wenn Malte in bezug auf den Studenten sagt: »Ich sehe wohl, daß es keine richtige Teilnahme war, was ich für ihn hatte.« Diese Äußerung ist aufschlußreich. Sie erhellt sich weiter durch die spätere Begegnung mit dem unsäglich elenden Zeitungsverkäufer am Gitter des Jardin du Luxembourg. Hier heißt es: »Ich war beschäftigt, ihn mir vorzustellen, ich unternahm die Arbeit, ihn einzubilden, und der Schweiß trat mir aus vor Anstrengung. Denn ich mußte ihn machen, wie man einen Toten macht, für den keine Beweise mehr da sind, keine Bestandteile; der ganz und gar innen zu leisten ist.« Der Zeitungsverkäufer ist für Malte eine Figur, die er deshalb so dringend einsehen muß, um ihn als Figur in sich wieder zu erschaffen, »hervorzubringen« (und Figuren, Leidensfiguren sind es, an die Malte zur Unterstützung seines Tuns denkt: »Christusse aus streifigem Elfenbein ... irgendeine Pietà ...«). »Denn dies begriff ich schon damals«, heißt es dann weiter, »daß nichts an ihm nebensächlich sei: nicht die Art, wie der Rock oder der Mantel, hinten abstehend, überall den Kragen sehen ließ ..., der in einem großen Bogen um den gestreckten, nischigen Hals stand, ohne ihn zu berühren ...« Nebensächlich — das ist nicht auf den armen Mann selbst bezogen, sondern auf die Arbeit an dem Bild, das der Künstler von ihm erschaffen will. — Aber diese Stelle, die Beschreibung dieses elenden Menschen, ist auch aufschlußreich für die Erkenntnis der feinen Grenze, die zwischen einer bloß phänomenologischen oder künstlerischen und einer existentiell teilnehmenden Haltung besteht, wenn nicht ein Ding, sondern das Phänomen menschlichen Leids der Gegenstand ist. »In meiner Feigheit, nicht hinzusehen«, schreibt Malte, »brachte ich es so weit, daß das Bild dieses Mannes sich schließlich oft auch ohne Anlaß stark und schmerzhaft in mir zusammenzog...« Und als er ihn später wieder sieht, weiß er, daß dieses Elend seine »Mittel übertraf«; wobei Malte — so darf man die immer verkürzende, der Deutung offene Aussage (die Rilkes Sprache mehr und mehr prägt) wohl verstehen — nicht genau unterscheiden kann, ob dies die Mittel seines Mitleidens oder seines Dichtertums sind. Es ist also möglich, daß die unerwartete Wendung an Gott, mit der dieser Abschnitt schließt, die plötzliche Erkenntnis, daß die Existenz Gottes durch dieses Elend bewiesen sei — »so *bist* du also. Es giebt Beweise für deine Existenz... Dies ist dein Geschmack« — nicht, wie es scheint, blasphemisch ist, sondern der Name Gottes als Ausdruck der Existenzerkenntnis, der Wahrheit irdischer Existenz, die Leid und Elend ist, eingesetzt wird.

Dennoch ist es für den Charakter der *Aufzeichnungen* entscheidend, daß Malte trotzdem bemüht ist, sich diesseits der Grenze der Identifizierung mit den »Fortgeworfenen« zu halten, gerade weil er als selbst in Armut Lebender sie vollziehen könnte. Es hat natürlich seine Bedeutung, daß — abgesehen von Rilkes aristokratischen Neigungen — Malte von vornehmer Herkunft ist. Doch handelt es sich nicht um eine soziale Grenze und Abgrenzung, sondern nur um eine die Haltung des Malte-Ich leicht betonende Färbung (wie ja umgekehrt die vornehme Kindheit schon die Voraussetzung für die Pariser Existenz enthält). Malte hält sich, wie gesagt, diesseits der Grenze der Identifizierung mit den Elenden, so nahe sie ihm sind. »Es ist nicht, daß ich mich von ihnen unterscheiden will, wenn ich in besseren, von Anfang an meinigen Kleidern herumgehe und darauf halte, irgendwo zu wohnen. Ich bin nicht so weit. Ich habe nicht das Herz zu ihrem Leben.« Er bewahrt, wenn auch mit äußerster Anstrengung, die Haltung eines erkennen- und einsehenwollenden Phänomenologen des Leids, dringt in die Mitte der Leiderfahrung der anderen ein um der Einsicht, des Sagens willen.

Von hierher erhellt sich auch eine zweite Kategorie der Leidphänomene, und damit auch immer mehr die komplizierte Baustruktur dieses Werkes. Es fügen sich zu den gegenwärtigen, von Malte gesehenen Vorgängen und Gestalten solche der Geschichte, alter Chroniken. Wenn

Malte zwei von ihnen, »Das Ende des Grischa Otrepjow und Karls des Kühnen Untergang« in dem grünen Buch gelesen haben will, das er von Mathilde Brahe bekommen hatte, so ist mit dieser äußeren Einfügung in die Aufzeichnungen nichts über ihre Bedeutung und Wirkung im Gefüge des Romans gesagt[21]. Gleichgültig woher sie kommen: sie stehen dennoch wie von ungefähr und ohne Begründung da, diese ungeheuer suggestiven Beschreibungen furchtbarer Tode: das Ende des falschen Demetrius, Grischa Otrepjow, »dessen Leichnam unter die Menge geworfen und dalag drei Tage, zerfetzt und zerstochen und eine Maske vor dem Gesicht«, sowie der grauenhafte Tod Karls des Kühnen im Eise (nach der Schlacht von Nancy 1476). Die Geschichten sind um dieser Tode willen erzählt (wie es Malte auch ankündigt), sie sind erzählt in der eigentümlich aussparenden, verkürzenden Erzählweise, die sozusagen keine Rücksicht auf den Leser nimmt, weil sie nur bei den Dingen selbst ist, im Falle dieser historischen Erzählungen (ähnlich wie bei den erzählenden Gedichten der *Neuen Gedichte*) gleichsam die Kenntnis der Umstände voraussetzt oder sich nicht darum kümmert, ob diese vorhanden ist[22]. Etwa so: ». . . damals machte es mir vor allem Eindruck, von dem Dreikönigstag zu lesen, da man ihn suchte. Der junge lothringische Fürst, der tags vorher, gleich nach der merkwürdig hastigen Schlacht in seiner elenden Stadt Nancy eingeritten war, hatte ganz früh seine Umgebung geweckt und nach dem Herzog gefragt.«

Ein weiteres, noch seltsameres Beispiel dieses aussparenden, nur bei sich selbst verweilenden, sich zum Teil in abrupten, nicht gleich verständlichen Übergängen vollziehenden Erzählens (legitim für die Tagebuchform) ist die Geschichte des aussätzigen Königs Karl VI., die anscheinend nicht im grünen Buch gestanden hat[23]. Sie, nur wenige Abschnitte nach den beiden anderen, steht plötzlich da, in einem ganz anderen Zusammenhang, der in den letzten Partien der Aufzeichnungen hervortritt und ein zentrales, bis in die *Duineser Elegien* fortwirkendes Problem eröffnet. Die Geschichte Karls VI. schließt, kurz nach der Beschreibung des Zeitungsverkäufers, an eine der intensivsten Schilderungen armen Bettlertums an, demgegenüber Malte bekennt, es ihm nicht gleichtun zu können im Aushalten und Überstehen. »Ich weiß, wenn ich zum Äußersten bestimmt bin, so wird es mir nichts helfen, daß ich mich verstelle in meinen besseren Kleidern. Glitt er nicht mitten im Königtum unter die Letzten? Er, der statt aufzusteigen hinabsank bis auf den Grund?« Und einige Sätze weiter (in denen nicht der Name genannt wird, der erst am Schluß erscheint): »Ist nicht dieser der Einzige, der sich erhielt unter seinem Wahnsinn wie Wachsblumen unter einem Glassturz? Für die anderen beteten sie in den Kirchen um langes Leben, von ihm aber verlangte der Kanzler Jean Charlier Gerson, daß er ewig sei, und das war damals, als er schon der Dürftigste war, schlecht und von schierer Armut trotz seiner Krone.« So, gänzlich unvermittelt im Sinne der äußeren Ordnung des Erzählens, geht dies über in die Darstellung dieses Königs (zur Zeit der Päpste in Avignon), der, wahnsinnig und vom Aussatz befallen, sein Elend eines Tages dem ganzen Volke preisgab. Und damit enthüllt sich der Zusammenhang der Geschichte mit den übrigen Sinnverhalten. Bei diesem König geschieht das, was Malte nicht leisten konnte: die Liebe. Die Frage, die Malte gestellt hat: »Vielleicht meinst du, mein Gott, daß ich alles lassen soll und sie lieben« — sie wird ihm durch diesen König beantwortet: »... dieses, daß er hier stand auf seinen schwachen Knien, aufrecht in allen diesen Augen: das war das Mysterium der Liebe ... So hielt er sich hin ... Die Menge ertrug es kaum. Gestärkt, von unerschöpflich vermehrter Tröstung gespeist, durchbrach sie die Stille mit dem Aufschrei der Freude.«

Diese legendäre Geschichte von dem Mysterium der Liebe ist von besonderer Bedeutung für Rilkes Werk. Das bei ihm sehr eigentümliche Motiv der Liebe erscheint in der Periode des Malte-Romans und steht in einem gewissen Zusammenhang mit dem des Leids. An sie, die Liebe, wird gleichsam die Frage gestellt, ob sie das Leiden, das, was er später die Bodenlosigkeit des Lebens im *Malte* nannte, zu überwinden vermöge; ja noch mehr, ob durch sie der Standort des Menschen im Sein befestigt werde — die Frage, die dringlich in den *Duineser Elegien* wird. Rilkes Werk würde sich anders entfaltet haben, wenn diese Frage positiv beantwortet worden wäre. Gerade an seiner besonderen Auffassung der Liebe wird sichtbar, daß sein Erkenntnis- und Aussagewille es nicht auf die menschlich-soziale Situation absah. Liebe wird sozusagen zu einem Gefühl reduziert, das sich selbst genügt und nicht nur keiner Erfüllung durch Gegenliebe bedarf, sondern durch diese vielmehr in ihrem eigentlichen Wesen gebrochen, gerade nicht erfüllt wird. Das Mysterium der Liebe, das durch den aussätzigen König geschah, bestand darin, daß er sich preisgab.

Es ist in dem Aufbau des *Malte* kein Zufall, daß die Geschichte von Karl VI. zwischen Passagen eingeschaltet ist, die — ihrerseits wiederum in einem untergründigen Zusammenhang mit einer bisher noch nicht erwähnten Gestalt, Abelone, der jüngsten Schwester von Maltes Mutter und Gegenstand einer angedeuteten Sehnsuchtsliebe Maltes — den berühmten Preis jener mehr oder weniger berühmten Frauen singen, deren Liebe unerwidert oder unerfüllt geblieben war: Heloise und Sappho, die portugiesische Nonne Marianna Alcoforado, die französische Dichterin Louise Labé, die die junge Clémence de Bourges geliebt hat, Gaspara Stampa, eine italienische Dichterin — Frauen des sechzehnten und siebzehnten Jahrhunderts und eine Reihe anderer, deren Geschichten Rilke in französischen Chroniken aufgestöbert und deren klangvolle Namen er in einer schönen Passage aufgereiht hat: »Was ist anderes der Portugiesin geschehen: als daß sie innen zur Quelle ward? Was dir, Heloise, was euch Liebenden, deren Klagen auf uns gekommen sind: Gaspara Stampa, Gräfin von Die und Clara d'Anduze, Louise Labbé, Marceline Desbordes, Elisa Mercoeur?... Müde Julie Lespinasse. Trostlose Sage des glücklichen Parks: Marie-Anne de Clermont.« Was das für Liebesgeschichten waren, wird nicht mitgeteilt[24]. Die schönen Frauennamen stehen als Zeichen für ein Phänomen, das sich Rilke besonders bewegend in der von ihm idealisierten Goetheliebe Bettina Brentanos darstellte; und Bettinas Buch *Goethes Briefwechsel mit einem Kinde,* das Malte aus Abelones Händen erhält, läßt in ihm die Idee dieser Liebe entstehen, die ihn zu nichts Geringerem als zur Anklage Goethes führt: »Aber vielleicht wird es sich einmal zeigen, daß hier die Grenze seiner Größe war. Diese Liebende ward ihm auferlegt, und er hat sie nicht bestanden.« Da aber darf bei allem Respekt vor dem Kontext der Dichtung und der Idee selbst doch kritisch gesagt werden, daß gerade die Zeichenfunktion für die Idee, die die anderen Namen schön, eben weil ohne Bezug auf Realität erfüllen, hier aufgegeben ist, und daß die schlechthin unzulässige, ja sich lächerlich machende Kritik an Goethes Verhalten gerade in einem fiktiven und rein ideellen Zusammenhang fehl am Platze ist[25].

80

Denn diese Idee der Liebe selbst ist von aller Realität gelöst, indem sie, die als solche der reinste Erfüllungsort menschlicher Beziehungen ist, diesen enthoben wird, Lieben und Geliebtwerden nicht nur als zwei verschiedene Existenzsituationen, sondern als positiv und negativ bewertet werden. »Immer übertrifft die Liebende den Geliebten. Ihre Hingabe will unermeßlich sein: das ist ihr Glück.« Liebe bedeutet, über sich selbst hinaus zu kommen, sich selber zu transzendieren, das Unendliche (des Gefühls) erreichen zu können; Geliebtwerden aber Beschränkung, Angewiesensein, Passivität und Unsicherheit, die aus der Abhängigkeit von eines andern Gefühl kommt. »Schlecht leben die Geliebten und in Gefahr. Ach, daß sie sich überstünden und Liebende würden. Um die Liebenden ist lauter Sicherheit. Niemand verdächtigt sie mehr, und sie selbst sind nicht imstande, sich zu verraten.«

Es erscheint als eine in gewisser Weise gewaltsame Behandlung oder Weiterführung dieser Idee einer Liebe, die sich ohne Gegenliebe erfüllt, wenn der Roman mit zwei Abschnitten schließt, die diese Liebe in das Gebiet des Religiösen, auf Gott transponieren. Der vorletzte Abschnitt bleibt in Maltes Lebenskreis und hat nicht zufällig Abelone zum Inhalt, die im Gefüge des Romans in Zusammenhang mit der Liebesidee erscheint; der letzte Abschnitt, obgleich noch von Malte aufgezeichnet, verläßt wie die historischen Erzählungen und als deren letzte seine Gegenwart und handelt vom Gleichnis des verlorenen Sohnes.

Wenn dieser letzte Abschnitt einsetzt: »Man wird mich schwer davon überzeugen können, daß die Geschichte des verlorenen Sohnes nicht die Legende dessen ist, der nicht geliebt sein wollte«, so ist unmittelbar deutlich, daß die Parabel aus dem Lukasevangelium, die Geschichte vom Sohn, der aus dem Vaterhaus fortgeht, in der Fremde sein Gut verpraßt, reuig zurückkehrt und vom Vater freudig aufgenommen wird (Gleichnis für die verzeihende Liebe Gottes, dem der reuige Sünder lieber ist als neunundneunzig Gerechte) — »anders ausgelegt« ist: im Sinne der Gegenliebe, die keine Erfüllung, sondern Beschränkung ist. Auch für den von Malte ersonnenen Sohn bedeutet Geliebtwerden Gehindertwerden. Die Liebe der Seinen hindert das Werden dessen, der zu sich selbst kommen will. Sie macht, wie es heißt, »ein gemeinsames Wesen« aus ihm, so daß »man schon der war, für den sie einen hielten«. Es werden nur kurz die überlieferten Stationen des

Elends, der Verkommenheit, auch der Rückkehr gestreift, um ihn dann — in pointierter Gegensetzung zum Schweinehüter — zu einer Gestalt zu erhöhen, die für Rilke immer Symbol einsam kontemplativen Daseins war: zu einem Hirten. Der verlorene Sohn wird eine große, nahezu mythische Hirtengestalt, eine überzeitliche Gestalt, mit der sich die Vorstellung des langsamen Dahinziehens in der Landschaft unter dem weiten Himmel verbindet:

*Abwechselnd weilt er und zieht, wie selber der Tag,*
*und Schatten der Wolken*
*durchgehn ihn, als dächte der Raum*
*langsam Gedanken für ihn . . .*

Das sind Verse über den Hirten aus der *Spanischen Trilogie* (1913), die wie ein Nachklang zur Hirtengestalt des verlorenen Sohnes sind, von dem es heißt, daß er »schweigend über die Weiden der Welt schritt«. — »Welche Kunst ist groß genug, zugleich seine schmale, vermantelte Gestalt hervorzurufen und den ganzen Überraum seiner riesigen Nächte.«

Das Dahinziehn des Sohnes im unendlichen Raum aber ist das Bild für sein Suchen nach Gott — Gott als *dem* Gegenstand der Liebe, von dem geliebt zu werden nicht mehr Behinderung und Beschränkung wäre. Denn Gottes »strahlende und durchdringende Liebe« ist eine Instanz außerhalb jeder menschlichen Gemeinschaft. Und es heißt sogleich: »Aber während er sich sehnte endlich so meisterhaft geliebt zu sein, begriff sein an Fernen gewohntes Gefühl Gottes äußersten Abstand.« — Der Zusammenhang der Geschichte des verlorenen Sohnes mit dem vorhergehenden Abschnitt über Abelone zeichnet sich ab, und zwar im Sinne des Bildes für das, was Malte an Abelone erkannt haben wollte: daß ihr »großartiges Gefühl« sich deshalb nicht »an Gott wandte«, weil auch sie ein Ziel und einen Gegenstand der Liebe nicht wollte. Die Auslegung der Sohneslegende enthält die Antwort, die Malte Abelone gegeben hätte: daß »Gott nur eine Richtung der Liebe ist« und »keine Gegenliebe von ihm zu fürchten«.

Es ist zu beachten, daß die Geschichte des verlorenen Sohnes den Abschluß von Maltes Aufzeichnungen und damit des Romans bildet.

Malte selbst erscheint nicht mehr, er wird gleichsam durch die Gestalt des verlorenen Sohnes abgelöst oder ersetzt. Das ist für die Struktur und den Aussagegehalt des *Malte-Romans* in zweierlei Hinsicht bedeutsam und aufschlußreich. Die Erfahrung menschlicher Existenznot, die Phänomenologie des Leids, die diejenige Maltes war, ist abgelöst durch die Bemühung um Gott, die die des Sohnes ist. Mit diesem Gott aber ist es, wie sich bei genauerer Betrachtung des Wortlauts zeigt, ähnlich bestellt wie mit dem Gott des *Stundenbuchs,* der Name für das Sein und Gegenstand der Erkenntnis ist. Nicht zufällig heißt es vom Sohn, daß die lange Liebe zu Gott eine »ziellose Arbeit« war. »Er vergaß Gott beinah über der harten Arbeit, sich ihm zu nähern.« Man kann sagen, daß eine solche Bezeichnung weniger für das Phänomen der Liebe als für den Vorgang der Erkenntnis zutreffend ist. Die Gottesliebe des Sohnes ist in ihrem Grunde ein Amor Dei intellectualis. Nicht zufällig nenne ich hier den Begriff Spinozas. Von Spinoza hatte Rilke Kenntnis durch Lou Andreas-Salomé, die eine große Spinozaverehrerin war[26]. Und ein Aufsatz *Über die Gegenliebe Gottes,* mit dem er im Anschluß an den *Malte* beschäftigt war, bezeugt seine Beschäftigung mit Spinoza. Der Amor Dei intellectualis, die geistige Liebe zu Gott, ist keine persönliche Liebe zu einem Du, wie auch der Gott Spinozas, der deus sive natura, kein persönlicher Gott, sondern Name für das Sein ist, »das absolut unendliche Seiende«, wie es in der *Ethik* ausdrücklich heißt. Der Gott, dem der Sohn sich in harter Arbeit, in erkennendem Bemühen nähern will, ohne ihn erreichen zu können, ist der Seinsgott, und des Sohnes »lange Liebe zu Gott« ist die religiöse Metapher für die unendliche Aufgabe der Seinserkenntnis, vor der der Gedanke, von Gott selbst geliebt zu werden, zunichte wird. Denn wenn auch der Sohn noch am Begriff der Liebe festhält, so wird sie in dem letzten Satz der Legende negiert und damit aufgehoben: »Er [der Sohn] war jetzt furchtbar schwer zu lieben, und er fühlte, daß nur Einer dazu imstande war. Der aber wollte noch nicht.« Mit dieser Negation endet der Roman und weist damit hinaus auf ein Ziel, das im Unendlichen liegt. Der Name Gott kommt in der auf den *Malte* folgenden Dichtung Rilkes nicht mehr vor. Andere Gestalten, andere Bilder treten an seine Stelle.

Doch ist noch ein Wort über Malte selbst zu sagen. Auch was ihn und sein Schicksal betrifft, ist seine Ablösung durch den verlorenen Sohn von aufschließender Bedeutung. Manche der *Malte*-Interpreten sind der Auffassung, daß er »untergeht«; jedenfalls besteht, und mit Recht, Unsicherheit über sein Ende, etwa seinen Tod. Die Rede von einem Untergang Maltes aber stützt sich allein auf einige Äußerungen Rilkes, die ihrerseits schwierig zu interpretieren sind und das Wort Untergang in einem keineswegs eindeutigen Sinn aussprechen. In einem Brief an Lou (28. 12. 1911) spricht er von dem Anteil, den die Malte-Figur an ihm, Rilke, selbst hat: »... aber der Andere, der Untergegangene, hat mich irgendwie abgenutzt, hat mit den Kräften und Gegenständen meines Lebens den immensen Aufwand seines Untergangs betrieben, da ist nichts, was nicht in seinen Händen, in seinem Herzen war, er hat sich mit der Inständigkeit seiner Verzweiflung alles angeeignet, kaum scheint mir ein Ding neu, so entdeck ich auch schon den Bruch daran, die brüske Stelle, wo er sich abgerissen hat.« Man wird solche Aussagen, die auch Malte machen könnte, nicht im Sinne eines konkreten Untergangs, eines Todes oder Vorkommens, verstehen können. In der Fortsetzung dieser Briefpassage scheint der »Untergang« Maltes mit jenem Sinn von Armut zusammenzuhängen, der im *Stundenbuch* ins Positive gewendet war. Er selbst, meint Rilke von sich, hänge »wohl noch zu sehr am Eigenthum und kann das maßlose Armsein nicht leisten, so sehr es auch wahrscheinlich meine entscheidende Aufgabe ist«. Darum, heißt es weiter, »erschien mir die längste Zeit der *Malte Laurids* nicht sosehr als ein Untergang, vielmehr als eine eigenthümlich dunkle Himmelfahrt in eine vernachlässigte abgelegene Stelle des Himmels«. Deutlich erscheint in der Undeutlichkeit dieser Äußerung, daß es sich mit Maltes Untergang in Rilkes Intention nicht im Sinne eines äußeren Untergangs verhält. In der Tat gibt es im Roman keine Stelle, aus der dies hervorginge. Und es ist allein das Werk selbst, das Aufschluß geben könnte. In ihm aber erfahren wir von Maltes Schicksal nichts. Nicht nur verbietet die streng durchgeführte Ich-Form (in die kein Erzähler, kein Berichterstatter einbricht), daß Untergang oder Tod noch thematisch wird oder werden könnte. Auch der Abschluß des Romans, die Geschichte des verlorenen Sohnes, durch den Malte gewissermaßen verdrängt wird, so daß er nicht mehr im Blickfeld erscheint, darf als ein Zeichen dafür verstanden werden, daß es in den *Aufzeich-*

*nungen des Malte Laurids Brigge* auf Malte selber nicht hinaus will, sondern — sollte der Titel das nicht schon indizieren? — auf die Aufzeichnungen. Das Malte-Ich ist das Ich seiner Aufzeichnungen, und als solches, wie wir zu zeigen versuchten, ein intentionales Ich, gerichtet auf die Phänomene, die Gegenstände seines Erlebens: Gegenstände, getaucht in die Farbe des Leids.

Der Schaffensprozeß, der um 1912, nach dem *Malte,* einsetzt, geht auf die *Duineser Elegien,* oder genauer: auf deren Vollendung, zu. Denn die ersten beiden Elegien und ein Teil der dritten entstanden bereits 1912 (an der dalmatinischen Küste, auf dem Schlosse Duino der Fürstin Marie von Thurn und Taxis, wonach der Zyklus bekanntlich benannt wurde). Über die Schwere dieses Prozesses hat Rilke geklagt, und das Jahrzehnt bis zur Vollendung 1922 hat er als unfruchtbar empfunden, obwohl eine große Reihe seiner bedeutendsten und am meisten diskutierten Gedichte in dieser Zeit entstanden. Aber die innere Zielgerichtetheit seines Dichtens ließ nur die großen Inspirationen und Vollendungen lange gesuchter Lösungen Gültigkeit für ihn haben. Die Dichtungen jedoch, die den Weg markieren, den dieser Prozeß nahm, sind von nicht geringerer Bedeutung. Im Rahmen unserer Darstellung und ihres Zweckes, den Weg zur Problematik der *Elegien* zu verfolgen, sollen zunächst zwei berühmte Gedichte betrachtet werden, weil sie besonders deutlich diese Problematik vorzeichnen. Es sind die Gedichte *Ausgesetzt auf den Bergen des Herzens* und *Es winkt zu Fühlung fast aus allen Dingen,* beide aus den Monaten August/September 1914.

> *Ausgesetzt auf den Bergen des Herzens. Siehe, wie klein dort,*
> *siehe: die letzte Ortschaft der Worte, und höher,*
> *aber wie klein auch, noch ein letztes*
> *Gehöft von Gefühl. Erkennst du's?*
> *Ausgesetzt auf den Bergen des Herzens. Steingrund*
> *unter den Händen. Hier blüht wohl*
> *einiges auf; aus stummem Absturz*
> *blüht ein unwissendes Kraut singend hervor.*
> *Aber der Wissende? Ach, der zu wissen begann*
> *und schweigt nun, ausgesetzt auf den Bergen des Herzens.*

*Da geht wohl, heilen Bewußtseins,*
*manches umher, manches gesicherte Bergtier,*
*wechselt und weilt. Und der große geborgene Vogel*
*kreist um der Gipfel reine Verweigerung. — Aber*
*ungeborgen, hier auf den Bergen des Herzens . . .*

Dies Gedicht ist ein besonders prägnantes Beispiel für eine so weit
ausgestaltete Metaphorik, daß der sich in den Vordergrund drängende
Eindruck die Metapher, das Bild der Berglandschaft an sich, ist, ja sogar das eines Bergsteigers, der auf dem höchsten Punkt des Gebirges
angekommen ist und die letzte Ortschaft und das letzte Gehöft hinter
sich gelassen hat, die nun klein dort unten noch zu sehen sind. Stein-
grund, hier und da ein blühendes Kraut, ein großer Vogel kreist um die
Gipfel. Die Gebirgslandschaft ist oder scheint konkret, real. Wenn die
Attribute nicht wären. Das lyrische Ich, das mit »siehe, erkennst du's«
zu sich spricht, befindet sich offenbar nicht in einer konkreten Berglandschaft, sondern »auf den Bergen des Herzens«, und was es unter
oder hinter sich gelassen hat, ist nicht die letzte von Menschen be-
wohnte Ortschaft und nicht das letzte Bauerngehöft, sondern die Ortschaft der Worte, das Gehöft des Gefühls. Man könnte sagen, daß
Worte und Gefühl hier als Zeichen menschlicher Gemeinschaft gesetzt
und deshalb genitivisch mit Bezeichnungen menschlicher Behausungen
verbunden sind. Aber der Bezug ist ein anderer. Umgekehrt bezeichnen
die menschlichen Wohnungen, verbunden mit Wort und Gefühl, daß
bei diesen dem Menschen gegebenen Fähigkeiten der Mensch bei sich
selbst, zu Hause ist, wenn er sozusagen unreflektiert darin lebt. Aber
der sprechende, ja auch der fühlende Mensch ist eben dies, weil er ein
Wissender, ein Bewußtseinhabender ist.

Zum ersten Mal in Rilkes Dichtung erscheint hier der Begriff Bewußtsein, und er wird, in dieser oder jener Erscheinungsform, bestimmend eingehen in die Frage nach dem Standort des Menschen im und
vor dem außermenschlichen Sein, für das in diesem metaphorisch kon-
zentrierten Gedicht die Gebirgslandschaft bildhaft steht. Bewußtsein
haben, ein Wissender sein — das wird in diesem Gedicht, das mit dem
Worte »ausgesetzt« beginnt und es zum Thema hat, nicht als Auszeich-
nung, nicht als Glück empfunden, sondern als Eigenschaft, die zwar

dem Menschen seine besondere Stellung gibt, ihn unterscheidet von allem anderen organischen und nichtorganischen Seienden, aber ihn zugleich unsicher, ungeborgen macht. Es ist — wie in allem bisher Betrachteten erkennbar wurde — kennzeichnend für Rilkes Haltung, daß nicht die mitmenschliche Beziehungswelt für ihn primär ist, daß vielmehr das Problem des Menschen sich ihm erst in bezug auf das Außermenschliche stellt. Die Problematik des Bewußtseins, die nun in nahezu begrifflicher Schärfe im Themenkreis der Dichtung erscheint, vertieft und verschärft die Frage nach dem Standort des Menschen und drängt nach Beantwortung und Lösung. In diesem Gedicht erfährt sich das wissende Ich ungesichert im Vergleich mit der nichtbewußten Natur, den Blumen und Tieren. Ihnen wird »heiles Bewußtsein« zugeschrieben, was jedoch den Begriff des Bewußtseins wieder aufhebt. Denn heiles Bewußtsein ist oder meint hier gerade Unbewußtsein, es heißt: die Kluft zwischen Bewußtsein und bloßem Dasein nicht wissen. Hier ist auf die *Achte Elegie* vorzuweisen, die das Problem des Gedichts *Ausgesetzt* ... wieder aufnimmt, auf es zurückweist, wenn es dort heißt: »Wäre Bewußtheit unsrer Art in dem / sicheren Tier ... Doch sein Sein ist ihm / unendlich, ungefaßt und ohne Blick / auf seinen Zustand, rein, so wie sein Ausblick.« Und auch hier erscheint das Wort »geheilt« für das Sein des Tiers: »... dort sieht es Alles / und sich in Allem und geheilt für immer.« Im Gedicht *Ausgesetzt* wird dies heile Unbewußtsein des Tiers in dem schönen Bild des großen, um die Gipfel kreisenden Vogels gesagt, des geborgenen Vogels, weil er das stumme Anderssein der Natur nicht spürt und nicht weiß, weil für das Tier die Diskrepanz zwischen Ich (für das im Gedicht »Herz« steht) und Sein nicht existiert, die Diskrepanz, die als »reine Verweigerung«, als dem wissenden Ich sich verweigerndes Sein veranschaulicht ist. Die Situation des Ich ist in diesem Gedicht die wiederum in der *Achten Elegie* bezeichnete: »Dieses heißt Schicksal: gegenüber sein / und nichts als das und immer gegenüber.«

Das Jahr 1914 ist als ein Krisenjahr in Rilkes Schaffen vermerkt worden. Dies ist richtig, wenn man die Krise als das erkennenwollende Bemühen um das uralte philosophische, erkenntnistheoretische Problem des Verhältnisses von Bewußtsein und Sein versteht. Ich will hier nur darauf hinweisen, daß um dieselbe Zeit, als Rilke dieses Problem mit den Mitteln seiner Kunst zu bewältigen suchte (und statt einer Philosophie eine Lyrik schuf), Edmund Husserl dies in seiner »Phänomenologie« genannten Philosophie tat, die eine Phänomenologie des Bewußtseins ist. Rilke war kein Philosoph, und das wirkliche Wunder ist, daß eine philosophische Problematik die dichterisch großartigsten Schöpfungen hervorbrachte, daß dieses Suchen nach einer Problemlösung sich die Wege einer ungewöhnlichen Bild- und Vorstellungsweise bahnte — und sich zuweilen sehr tief in ihr verbirgt. Man könnte sagen, daß die besondere Art von Modernität, die Rilkes lyrische Sprache von der Sprache Hofmannsthals und Georges unterscheidet, eben darauf, oder doch mit darauf, beruht.

Das zweite Gedicht, das wir im Raume dieser Problematik, im Vorraum der Elegien, betrachten, scheint mit dem Gedicht *Ausgesetzt . . .* nichts zu tun haben. Obgleich es uns nicht erlaubt ist, den Dichter und die Dichtung irgendwie systematisch festzulegen, läßt eine eindringliche Analyse doch erkennen, daß in ihm eine gegensätzliche Position, eine dem *Ausgesetzt* entgegengesetzte Möglichkeit des Verhältnisses von Ich und Sein, entworfen wurde und in gedanklich wie bildlich sehr viel schwierigerer Sageweise, gipfelnd im berühmten Begriff »Weltinnenraum«, dichterisch gestaltet ist.

> *Es winkt zu Fühlung fast aus allen Dingen,*
> *aus jeder Wendung weht es her: Gedenk!*
> *Ein Tag, an dem wir fremd vorübergingen,*
> *entschließt im künftigen sich zum Geschenk.*
>
> *Wer rechnet unseren Ertrag? Wer trennt*
> *uns von den alten, den vergangnen Jahren?*
> *Was haben wir seit Anbeginn erfahren,*
> *als daß sich eins im anderen erkennt?*
>
> *Als daß an uns Gleichgültiges erwarmt?*
> *O Haus, o Wiesenhang, o Abendlicht,*
> *auf einmal bringst du's beinah zum Gesicht*
> *und stehst an uns, umarmend und umarmt.*

*Durch alle Wesen reicht der e i n e Raum:*
*Weltinnenraum. Die Vögel fliegen still*
*durch uns hindurch. O, der ich wachsen will,*
*ich seh hinaus, und i n mir wächst der Baum.*

*Ich sorge mich, und in mir steht das Haus.*
*Ich hüte mich, und in mir ist die Hut.*
*Geliebter, der ich wurde: an mir ruht*
*der schönen Schöpfung Bild und weint sich aus.*

Wir bemerken sofort: Der Beginn des Gedichts drückt das genaue Gegenteil des »Ausgesetzt-seins« aus. Die Dinge verweigern sich nicht, sondern rufen nahezu zu Fühlung auf; alles, selbst ein Tag, der uns nichts zu bedeuten schien, »an dem wir fremd vorübergingen«, kann an einem anderen, künftigen sich noch als bedeutungsvoll für uns, als ein »Geschenk« erweisen. Die Fragen der zweiten Strophe (»Wer rechnet unseren Ertrag? . . .«) sollen positiv beantwortet werden. Der Ertrag des Lebens, unserer Lebenserfahrung ist nicht berechenbar. Die Begründung dafür, dem »Ausgesetzt« genau entgegengesetzt, ist die eines auf gegenseitigem Verstehen beruhenden Zusammenhangs: »daß sich eins im anderen erkennt«. Es ist nicht ausgesprochen, was »eins im anderen« meint, das heißt: es ist nicht ausdrücklich auf den menschlichen Bereich bezogen, wie man nach dieser Ausdrucksform zunächst annehmen könnte. Aber schon der gleich anfangs aufgerufene Begriff der Dinge, die zu Fühlung winken, und die Wendung »alle Wesen« der vierten Strophe deuten an, daß der Zusammenhang des Sichverstehens, Sicherkennens ein weiterer, allgemeinerer, ein Menschliches und Außermenschliches umfassender ist: er umschließt uns und das Andere, das nicht wir sind. Das Pronomen »wir« wird in der vierten Strophe (dritter Vers) durch »ich« ersetzt, auf das Ich zusammengezogen. Daraus ist zu erschließen, daß es sich auch hier um nichts anderes als das Verhältnis von Ich und Welt, Bewußtsein und Sein handelt, nun aber so, daß nicht, wie im Gedicht *Ausgesetzt*, »reine Verweigerung« stattfindet, sondern diese überwunden wird, daß »Gleichgültiges an uns erwarmt«, Dinge wie Haus, Wiesenhang, Abendlicht. Das sind die Außendinge, die als Beispiele aufgerufen sind, und es sind Dinge, die so beschaffen sind, daß sie leicht »zu Fühlung winken« können, das heißt: unser Gemüt ansprechen, von uns geliebt werden, so daß die Empfindung entstehen kann, daß auch sie uns lieben: »umarmend und umarmt«. — Aber der Gedanke erweitert sich zu einem Äußersten solcher Verschmelzung von Innen und Außen, zum Begriff »Weltinnenraum«, der die Grenze aufhebt zwischen Bewußtseinsinnen und Weltaußen, erinnernd an die Verse Goethes aus dem Zyklus *Gott und Welt:* »Nichts ist drinnen, nichts ist draußen: / denn was innen, das ist außen.« Und das bedeutet, daß alles Außen, von uns erlebt, Innen, Bewußtseinsinnen ist, dieses aber wiederum als Außen erlebt wird.

Was in einem reinen Ideengedicht wie demjenigen Goethes begrifflich gesagt ist, konkretisiert sich bei einem Bilddichter wie Rilke zu eigentümlich bildhaften Figuren, die aber gerade deshalb geheimer, esoterischer, schwerer nachvollziehbar sind als das begrifflich Gesagte. Der eine, durch alle Wesen reichende, der Weltinnenraum, das Einssein von Innen und Außen, Bewußtseinswelt und Außenwelt, wird in dieser Strophe durch zwei in gegensätzlicher Richtung verlaufende Vorgänge gleichsam in stellvertretenden Chiffren konkretisiert. »Die Vögel fliegen still durch uns hindurch« — von außen ins Innen: der Vogelflug wird verinnert. — Angesichts dieser eigentümlichen Vorstellung, die danach immer wieder in Rilkes Dichtung auftaucht, sei erwähnt, daß Keime dazu schon früh zu finden sind. In einem Brief vom 12. 7. 1904 an Clara Rilke aus Borgeby gård in Schweden beschreibt Rilke einen schwedischen Studenten, den er kennengelernt hatte und von dem er vor allem hervorhebt, »was für entzückte, in sich bewegte Erinnerungen er hatte: an den Flug eines wilden Schwans, eines Raubvogels, der über herbstlichen Bäumen daher kam, einer Entenreihe, die durch dichten Oktoberhimmel zog. Wie er das noch immer anschaute, all die Zeit nicht aufgehört hatte, es anzuschauen.« Höchst bezeichnend: alles Erinnerte ist bereits Verinnertes, existiert nicht mehr außen, sondern ist Bewußtseinsbestandteil. Durch ihn, Torsten Holmström, — so hätte Rilke schon damals sagen können — fliegen noch die Vögel still hindurch. Doch damals waren das noch einfache Vorstellungen, noch nicht die Verschränkung von Bewußtsein und Sein, Innen und Außen, die das Weltinnenraum-Gedicht gleichsam erprobt.

Der gegenläufige Vorgang zum Vogelflug erscheint in den folgenden

Versen: Der subjektive Vorgang des Wachsenwollens konkretisiert sich am Anblick des Baumes draußen — »ich seh hinaus« —, und der zweifellos geistig zu verstehende Vorgang des Wachsens wird zum inneren Baum: »und in mir wächst der Baum«. — Noch mehr verkürzt ist die folgende Aussage: »Ich sorge mich, und in mir steht das Haus.« Hier fehlt die Angabe des Außen, eines möglichen gesehenen Hauses. Der seelische Vorgang des Sichsorgens ist direkt in Beziehung zu dem Haus »in mir« gesetzt, und Zwischenglieder, die die Vorstellung Haus etwa als Schutz vor dem Sichsorgen (im Sinne von Ungeborgensein) ergänzen können, stellen sich dem Interpreten ein. — Noch schwieriger, gedrängter der nächste Vers: »Ich hüte mich, und in mir ist die Hut« (möglicherweise assoziativ mit dem inneren Haus). Da das Substantiv »die Hut« (das so verabsolutiert im Neuhochdeutschen nicht mehr gebraucht wird) keinen dinglichen Gegenstand bezeichnet, handelt es sich nur noch um eine innere Gegebenheit. Ebenso macht die letzte Versaussage, die nun auf die Schöpfung selbst ausgreift, diese zu einem Innen, nämlich zu einem *Bild* der Schöpfung, wobei man freilich die diesem inneren Bild zugeschriebene Aktivität, daß es an mir sich ausweint, auch als eine poetische Entgleisung ins Sentimentale beurteilen könnte.

Davon abgesehen ist das berühmte Gedicht der stärkste, deutlichste Ausdruck für die Bemühung um Überwindung des bloßen Gegenüberseins, das dieser Dichter als unzulänglich, als dem wahren Erlebnis des Ich-und-Welt-Verhältnisses nicht adäquat empfand. An den Gedichten des Jahres 1914 kann abgelesen werden, daß der Dichter in immer neuen Vorstellungen, Konstellationen, Metaphern die Kategorie des Ich und die Kategorie des Seins miteinander konfrontiert, die eine gegen die andere sich behaupten läßt (vorgegeben schon in der Beter-Gott-Konfrontation des Stundenbuchs) und gewissermaßen die geistigen und seelischen Kräfte des Ich prüft, die vermögend wären, diese Konfrontation zu leisten. Damit tritt in diese Problematik ein neues Motiv ein, das in der Sinnstruktur der *Elegien* mit wirksam wird. Erst jetzt sei darauf aufmerksam gemacht, daß im Weltinnenraum-Gedicht anstelle des Wissens, des Bewußtseins, das in *Ausgesetzt auf den Bergen des Herzens* bestimmend ist, die Wörter Fühlung, erwarmen, umarmen, Geliebter auftreten. Und so wird denn in zwei großen, am gleichen

Tage des Sommers 1914 (20. Juni) entstandenen Gedichten, *Waldteich,
weicher, in sich gekehrter* und *Wendung,* eben dies, die Liebe, geprüft.
Sie wird geprüft — oder besser: aufgerufen — mit der Frage, ob sie
imstande sei, das bisher vor allem erprobte Vermögen des Schauens, des
Anschauns zu ersetzen, das schon in der Jugenddichtung die Haltung
dieses phänomenologisch gerichteten Dichters, die Haltung des Gegenüberseins ausgedrückt hatte. Das Anschaun wird befragt und in Frage
gestellt. In *Wendung,* einem Gedicht mit fast programmatischem Titel,
wird direkt gesagt, daß die schauende Haltung des Gegenüberseins die
hochausgebildete Kraft und das Instrument der Seinsergreifung gewesen sei:

> Lange errang ers im Anschaun.
> Sterne brachen ins Knie
> unter dem ringenden Aufblick.
>
> . . . . . . . .
>
> Türme schaute er so,
> daß sie erschraken
>
> . . . . . . .
>
> Tiere traten getrost
> in den offenen Blick, weidende,
> und die gefangenen Löwen
> starrten hinein wie in unbegreifliche Freiheit.
>
> . . . . . . . .
>
> Schauend wie lang?

Aber der Schauende — wir dürfen sagen: der Schauende der *Neuen
Gedichte,* der nicht nur Dinge, sondern auch lebendige Wesen, den Panther in seinem Käfig, Bettler, Irre, Blinde, zum Objekt seines Schauens
und Wieder-Hervorbringens im Gedicht gemacht hatte — er wird gerichtet:

> da beriets in der Luft,
> unfaßbar beriet es
> über sein fühlbares Herz,
>
> . . . . . . . .
>
> beriet es und richtete:
> daß es der Liebe nicht habe.

*(Und verwehrte ihm weitere Weihen.)*

*Denn des Anschauns, siehe, ist eine Grenze.*
*Und die geschautere Welt*
*will in der Liebe gedeihn.*

Die Liebe, die hier aufgerufen und als eine andere, tiefere Möglichkeit der Seinsdurchdringung geprüft wird, ist »Herz-Werk«, nicht nur »Werk des Gesichts«:

> *Werk des Gesichts ist getan,*
> *tue nun Herz-Werk*
> *an den Bildern in dir, jenen gefangenen ...*

Und das meint eine andere Liebe, nicht die Liebe, die im *Malte* erscheint, deren Sinn es war, unerwidert zu bleiben, und die in der Gottesliebe gipfelte. Hier ist menschliche, verstehende Liebe gemeint, die in der Liebe von Mann und Frau am innigsten ist. Das ist nun freilich von Rilke so einfach nicht gesagt. Die letzten Verse der *Wendung* lauten:

> *Siehe, innerer Mann, dein inneres Mädchen,*
> *dieses errungene aus*
> *tausend Naturen, dieses*
> *erst nur errungene, nie*
> *noch geliebte Geschöpf.*

Die vorhergehenden Verse von den »Bildern in dir, jenen gefangenen« lassen verstehen, daß gerade von den durch Anschaun errungenen inneren Bildern der ans Schauen und nichts sonst Gewöhnte sich nicht sogleich freimachen kann, daß das, was dadurch eben zum inneren Bild geworden, nicht so leicht zum Gegenstand der Liebe werden kann — nicht einmal ein Mädchen, das, ebenso in der Gefangenschaft des inneren Bildes, nur ein »inneres Mädchen« bleibt. Die »Wendung«, die gefordert wird, ist nicht so leicht zu vollziehen. Wäre sie vollzogen worden, wäre die Krise des Anschauns zugunsten des Gefühls, der Liebe entschieden worden, so hätte Rilkes Dichtung vermutlich eine andere Gestalt angenommen.

Daß am selben Tage wie *Wendung* das andere umfangreiche Gedicht, *Waldteich, weicher, in sich eingekehrter,* entstehen konnte, ist ein Indizium für ihren inneren, obwohl fast verborgenen Zusammenhang. Denn es ist zunächst nicht erkennbar, daß in diesem eigentümlich — und vielleicht nicht unbedingt überzeugend — aufgebauten Gedicht eine analoge, ja noch entschiedenere Antwort auf die Frage nach der Liebe gegeben wird. — Der stille, »in sich eingekehrte« Waldteich, sogleich in Kontrast gesetzt zu einer lauten, rauhen Außenwelt:

> *draußen ringt das ganze Meer und braust,*
> *aufgeregte Fernen drücken Schwerter*
> *jedem Sturmstoß in die Faust —*

der Waldteich ist ein Symbol für die Innenwelt. Seine Eigenschaft, die Dinge an seinem Ufer spiegeln zu können:

> *Was dort jenseits eingebeugter Bäume*
> *Überstürzung ist und Drang und Schwung,*
> *spiegelt sich in deine Innenräume*
> *als verhaltene Verdüsterung . . .*

ist ein Gleichnis für das die äußere Welt »innen verwandelnde« Ich. Und das Ich des Gedichts bedenkt im »teilnahmslosen Zimmer« dies Symbol:

> *Dann: im teilnahmslosen Zimmer sein,*
> *einer sein, der beides weiß.*
> *. . . . . . . .*
> *Soll ich mich des Sturmmeers jetzt entsinnen*
> *oder Bild des Teichs in mir behüten*
> *. . . . . . . .*

Als Lösung angesichts dieser Alternative, aber auch anderer Möglichkeiten seines Innen (»Ach wer kennt, was in ihm überwiegt. / Mildheit? Schrecken? Blicke, Stimmen, Bücher?«), wird die Liebe erwogen:

*Daß mich Eines ganz ergreifen möge.*
*Schauernd berg ich meine Stirn,*
*denn ich weiß: die Liebe überwöge.*

Doch sie wird sogleich als nicht vermögend zurückgewiesen: »Wo ist einer, der sie kann?« Sie vermag nicht, an Stelle des Anschauns zu treten:

*weiter kam ich nicht: ich schaute an;*
*blieb das Angeschaute sich entziehend,*
*schaut ich unbedingter, schaute knieend,*
*bis ich es in mich gewann.*

Für das Verständnis des Gedichts muß beachtet werden, daß Anschaun immer nur die Voraussetzung für die Verinnerung des Angeschauten ist, auf die es ankommt: »bis ich es in mich gewann«. Und wieder zeigt sich die zutiefst erkennend-phänomenologisch gerichtete Haltung Rilkes, wenn ausschließlich die verinnernde Verarbeitung der äußeren Erscheinungswelt, die Verwandlung des »Weltraums« in den »Weltinnenraum«, als Sinn des Lebens anerkannt wird:

*Bilder, Zeichen, dringend aufgelesen,*
*hat es euch, in mir zu sein, gereut?*
. . . . . . . .
*Oh, ich habe zu der Welt kein Wesen,*
*wenn sich nicht da draußen die Erscheinung,*
*wie in leichter vorgefaßter Meinung,*
*weither heiter in mich freut.*

So schließt dies Gedicht.

In beiden Fällen wird gegen die Liebe entschieden. Das »Herz-Werk« wird als nicht vermögend erachtet, »Werk des Gesichts« zu ersetzen. Einige Verse, die zwei Monate später (August 1914) entstanden, geben eine schlichtere, direktere Antwort:

*Und wenn wir uns einander zuempfanden,*
*war das ein Fortschritt in die Welt?*

*Hat uns die Lust, mit der wir uns verstanden,*
*höher ins Unverstehliche gestellt?*
*Da bin ich nun. Wo bin ich? Bin ich weiter*
*nach viel vorläufigem Gefühl . . .*

Das will sagen: liebendes Verstehen zwischen Menschen kann möglich sein. Aber es reicht als Mittel der Welt-, der Seinsbewältigung nicht aus, macht das Nicht-Menschliche, als solches Unverstehliche, nicht verstehbarer.

Die Aussagen dieser Gedichte aus dem Sommer 1914 erscheinen wie Entwürfe, hin und her gewendete Fragestellungen, die auf eine Lösung zustreben. Die *Elegien* zeigen, daß die Lösung der Seinsthematik nicht durch die Liebe gefunden worden ist.

# DIE DUINESER ELEGIEN

Wir haben aus der Fülle der Gedichte und Entwürfe, die in der Entstehungszeit der *Elegien* geschaffen wurden, diejenigen zu genauerer Analyse ausgewählt, die in einem engeren Sinne auf die Problematik des Duineser Hauptwerks vorbereiten. Vor dem Jahr 1913/14, dem wichtigsten innerhalb dieser Phase, waren, wie bereits erwähnt, Anfang des Jahres 1912 die ersten beiden Elegien begonnen und vollendet worden: die sogenannten Engel-Elegien. Und bevor wir in die Interpretation des Textes eintreten, sei eine Überlegung über die merkwürdige Engelkonzeption, über den »Engel der Elegien«, wie Rilke selbst (und die Rilkeforschung) zu sagen pflegen, vorausgeschickt.

In einem berühmten Brief an den polnischen Rilke-Interpreten Witold Hulewicz (13. 11. 25) hat der Dichter selbst erklärt, daß »der ›Engel‹ der Elegien nichts mit dem Engel des christlichen Himmels zu tun« hat. Aber er nennt in dem selben Brief diese Engel »die uns übertreffenden Wesen«, die in der großen Einheit, in der es weder ein Diesseits noch ein Jenseits gibt, zu Hause sind. Es mutet gewiß seltsam an, daß sozusagen mit allem Ernst von imaginären Gebilden, wie Engel es sind, als existierenden Wesen gesprochen wird, die in eine Beziehung, eine Vergleichbarkeit mit »uns«, mit dem Menschen gesetzt werden. Immerhin ist zu beachten, daß Rilke in diesem Brief das Wort Engel in Anführungsstriche setzt, wenn er von dem der Elegien, nicht aber wenn er von dem christlichen spricht. Das deutet an, daß »Engel« als Name für etwas steht; und wenn man bedenkt, daß die Engel-Elegien so bald nach dem *Malte* entstanden sind, so könnte man den Engel als Namen verstehen, der an Stelle des Namens Gottes in der Geschichte des verlorenen Sohnes (und weiter zurück im *Stundenbuch*) tritt. Doch ist mit dem Engel gerade jegliche religiöse Ideenverbindung eliminiert, die in dem Namen Gott immer enthalten ist. Das klingt zunächst paradox, weil ja, trotz Rilkes Ablehnung, die Engel aus den

Vorstellungen der jüdischen und christlichen Religion stammen: von den Erzengeln der Genesis, den himmlischen Heerscharen im Buche Henoch bis zu den Verkündigungs-, Schutz- und Weihnachtsengeln der christlichen Dogmatik, der Angelogie. Immer sind sie vorgestellt und künstlerisch dargestellt in schöner Menschengestalt. Wenn Rilke seine Engelkonzeption frei von jeder religiösen oder gar christlichen Herkunft nannte, so ist es dennoch die christliche, kirchliche Kunst, der auch Rilkes Engel seine Existenz verdankt. Es ist die Gestalthaftigkeit, an der neben der religiösen die künstlerische Phantasie mitgewirkt hat, welche die Engel- von der Gottesvorstellung unterscheidet — die Gestalt, die er von der bildenden Kunst empfangen hat; und der Dingdichter Rilke überdimensioniert denn auch nicht zufällig eines der Kunstdinge, die er angeschaut hat, in eine übermenschliche Daseinsform, nämlich die schöne Engelfigur mit der Sonnenuhr an der Kathedrale von Chartres. *L'Ange du Méridien, Chartres* heißt eines der *Neuen Gedichte*. In diesem Sonett wird die steinerne Figur, deren Antlitz ein Lächeln zeigt oder zu zeigen scheint (»lächelnder Engel, fühlende Figur / mit einem Mund, gemacht aus hundert Munden«), zu einem Wesen beseelt, das einem anderen Seinsbereich zugehört als der Mensch:

> *Was weißt du, Steinerner, von unserm Sein?*
> *und hältst du mit noch seligerm Gesichte*
> *vielleicht die Tafel in die Nacht hinein?*

Die Nacht mag hier den unendlichen Raum, das außermenschliche Sein andeuten. — Ein Jahr nach den ersten beiden Elegien, im Januar 1913, entstand in Ronda, in Spanien, das Gedicht *An den Engel*, von dem nicht belegt ist, ob wiederum eine Kirchenfigur es inspiriert hat. Einen genauen Aufschluß gibt die erste Strophe nicht:

> *Starker, stiller, an den Rand gestellter*
> *Leuchter: oben wird die Nacht genau.*
> *Wir ver-geben uns in unerhellter*
> *Zögerung an deinem Unterbau . . .*

Auf jeden Fall steht dies Gedicht im Raum der Engel-Elegien, und es ist als Zugang zu diesen sehr dienlich, weil es deutlich das menschliche Dasein mit dem übermenschlichen des Engels konfrontiert:

> *Deine Lust ist ü b e r unserm Reiche,*
> *und wir fassen kaum den Niederschlag;*
> *. . . . . . . .*
> *Du hast Herrlichkeit von allen Größen,*
> *und wir sind am Kleinlichsten geübt.*

Und wenn im ersten Vers der Ersten Elegie — »Wer, wenn ich schriee, hörte mich denn aus der Engel Ordnungen?« — Klage über die dem Engel nicht gewachsene Situation des Menschen aufklingt, so ertönt diese noch deutlicher in dem Gedicht aus Ronda:

> *. . . Engel, klag ich, klag ich?*
> *Doch wie wäre denn die Klage mein?*
> *Ach, ich schreie, mit zwei Hölzern schlag ich*
> *und ich meine nicht, gehört zu sein.*

Es ist möglich, eine solche Vorstellung, ja die ganze Rilkesche Engel-konzeption manieriert, weil auf keine Weise nachvollziehbar zu nennen (worin sie sich eben von der Gottesvorstellung unterscheidet). Die Be-mühung des Dichters, eine so durch die Überlieferung und vor allem durch die Kunst vorgegebene Gestalt gerade zu einer unvorstellbaren, nämlich zu einer Seinsgestalt zu machen, ist überaus angestrengt. Aber sehen wir von dieser vielleicht unerlaubten Kritik ab. Festzuhalten ist, daß an die Stelle des Namens Gott für das den Menschen übertreffende Sein der Engel tritt und daß mit dieser Gestalt wiederum eine Situa-tion des Gegenüber geschaffen ist: der Mensch gegenüber dem Außer-menschlichen, das auf irgendeine Weise zu fassen, zu bewältigen ihm aufgegeben ist.

Wie dies geschehen kann, sagen erst die späten, die Siebente und die Neunte Elegie aus. Die ersten fünf Elegien aber verweilen bei der menschlichen Situation und ihrer Schwierigkeit. Und »Elegien« mag der Zyklus benannt worden sein, weil eben dies, die Schwierigkeit menschlicher Existenz, grundthematisch in ihnen ist, nach Lösung suchend.

Die eigentümliche Vorstellungsweise Rilkes kulminiert in den Elegien. Die Interpretation hat ihr zu folgen und sie, soweit als möglich, zu erhellen. Die Genauigkeit, die dies erfordert, wird jedoch weniger die einer Verszeile für Verszeile, Wort für Wort verfolgenden Interpretation sein, sie wird sich vielmehr in dem Bemühen manifestieren, in die oft nicht leicht zu erkennende Verknüpfung der Motive einzudringen und deren oftmals seltsamen Bedeutungen nachzuspüren. Erst daraus wird sich der Aufbau der zehn Elegien, der Sinn ihrer Anordnung ergeben und erhellen[27].

### DIE ERSTE UND DIE ZWEITE ELEGIE (1912)

Die ersten beiden Elegien bilden eine motivische Einheit, und es dient dem Verständnis ihrer inneren Zusammenhänge, wenn wir sie als eine solche interpretieren.

Das gilt in erster Linie für das Motiv, für die Konzeption des Engels oder der Engel. Mit ihnen setzen beide Elegien ein, und in beiden verschwindet er nach den ersten Anrufungen wieder aus ihnen. Was dies bedeutet, worin es begründet ist, wird sich als Resultat der Analyse ergeben. — Zum Verständnis der Schwierigkeit, die bereits die Anfangsverse der Ersten Elegie enthalten, sei nochmals daran erinnert, daß in der Engelkonzeption die Vorstellung des außermenschlichen Seins sich in einer überdimensionalen Kunstgestalt verdichtet, der noch das menschlich faßbare, in menschliche Vorstellung noch gehörige Attribut des Schönen beigelegt werden kann. Wenn nach den ersten vier Versen, die das schwache, ohnmächtige Sein des Menschen, des Ich, das hier klagt, vor dem »stärkeren Dasein« des Engels aussagen (». . . und gesetzt selbst, es nähme / einer mich plötzlich ans Herz: ich verginge von seinem / stärkeren Dasein«), unvermittelt der Begriff des Schönen auftritt, so mag das mit der gestalthaften Konzeption des Engels zusammenhängen:

*Denn das Schöne ist nichts*
*als des Schrecklichen Anfang, den wir noch grade ertragen,*

*und wir bewundern es so, weil es gelassen verschmäht,*
*uns zu zerstören. Ein jeder Engel ist schrecklich.*

Dies ist ein Beispiel für die Genauigkeit, mit der selbst solche metaphy-
sischen Vorstellungen beschrieben, ja definiert werden. Auf das genaueste ist mit den Attributen schön und schrecklich die Grenz- oder Rand-
stelle angegeben, an die der Engel versetzt ist, nämlich die Grenze zwischen menschlich noch Faßbarem und menschlich nicht mehr Faßbarem.
Der Engel ist eine — wie auch immer visionäre — Gestalt, die sich
durch das Attribut des Schönen noch im Menschlichen hält, durch das
Attribut des Schrecklichen aber es überschreitet. Das Schöne ist zwar,
als ästhetische Eigenschaft, gleichgültig gegen das Menschliche, es ist
menschlich-ethisch indifferent, aber es vernichtet den Menschen noch
nicht. Es ist nur des Schrecklichen Anfang, es verschmäht noch, uns zu
zerstören. Schrecklich ist das, was wir nicht mehr fassen und darum
nicht mehr ertragen können. Der Engel ist schrecklich, weil er keine
menschlich mehr faßbare Wesenheit ist. Im Anfang, in den ersten beiden Strophen der Zweiten Elegie, die den Satz wieder aufnimmt —
»Jeder Engel ist schrecklich« — und wo die Engel sogleich »fast tödli-
che Vögel der Seele« (das heißt: der Seele tödlich) genannt werden,
wird das konkreter verdeutlicht. Es werden die aus der Bibel vertrauten Engel genannt, die noch so menschlich aussahen, ja von den
Menschen, denen sie erschienen, wie Abraham oder Tobias, nicht einmal gleich als überirdische Wesen erkannt wurden:

> *Wohin sind die Tage Tobiae,*
> *da der Strahlendsten einer stand an der einfachen Haustür,*
> *zur Reise ein wenig verkleidet und schon nicht mehr furchtbar ...*

Zugleich aber wird angenommen, daß, erschienen sie »jetzt«, in unserer nicht mehr biblisch einfältigen Welt, wir sie nicht mehr ertragen
würden:

> *Träte der Erzengel jetzt, der gefährliche, hinter den Sternen*
> *eines Schrittes nur nieder und herwärts: hochauf-*
> *schlagend erschlüg uns das eigene Herz.*

Will man hier nicht eine unverbindliche Phantasie-Aussage annehmen, ist das »jetzt« im Gegensatz zu den »Tagen Tobiae« zu überlegen. Etwas Zeitliches, ja Historisches ist darin enthalten; etwas ist ausgesagt über eine veränderte Bewußtseinshaltung, die den Menschen unserer Zeit von dem der archaisch biblischen unterscheidet, für den eine göttliche Weltordnung noch Realität war (so daß zum Beispiel Abraham mit Gott dem Herrn einen Bund machen und vertraulich mit ihm sprechen konnte). Der Dichter unserer Zeit, der, so gestalthaft denkend wie Rilke, wieder einen Engel einsetzt, weiß zugleich von dem im Laufe der Geschichte sich seiner selbst bewußt gewordenen Menschen, dem Menschen, der seiner Grenzen bewußt ist und damit dessen, was diese transzendiert, ihn »übertrifft«. Der Kosmos, so können wir sagen, ist die Stätte des Menschen nicht, zugleich aber weiß er ihn und sucht von seinem Orte aus ihn zu erkennen. »Wer seid ihr?« ist die Frage, die an die Engel, die gestalthaften Vertreter der kosmischen Ordnung (»der Engel Ordnungen«), gestellt wird. Und die dichterische Vision erlaubt, sie mit kosmischen, das Menschlich-Irdische übetreffenden, ja mit nicht mehr vorstellbaren Attributen auszustatten:

. . . . . . . .
*Höhenzüge, morgenrötliche Grate*
*aller Erschaffung, — Pollen der blühenden Gottheit,*
*Gelenke des Lichtes, Gänge, Treppen, Throne,*
*Räume aus Wesen, Schilde aus Wonne . . .*

— zum Schluß aber, »plötzlich«, erscheinen diese in Gestaltloses aufgelösten Attribute doch wieder als gelenkt von der Gestalthaftigkeit der Engelvorstellung, ja der Schönheit ihres Antlitzes:

*S p i e g e l : die die entströmte eigene Schönheit*
*wiederschöpfen zurück in das eigene Antlitz.*

Beziehen wir diesen Vers auf die erste Feststellung der Ersten Elegie — »das Schöne ist nichts als des Schrecklichen Anfang« — und auf die Zusprechung nur des Attributes »schrecklich« an den Engel (»jeder Engel ist schrecklich«), so scheint ein Widerspruch hier zu stecken. Dichterische Aussagen sind freilich nicht auf logische Widersprüche zu befragen und festzulegen. Doch möchte die Interpretation so weit als möglich in den Sinn eindringen. Wenn das Schöne vorher als das dem Menschen noch faßbare, von ihm noch zu Ertragende bestimmt war, so ist nun darauf zu achten, daß die den Engeln zugeschriebene Schönheit gerade von der Beziehung auf »uns« wieder abgetrennt ist: die Engel, wie Spiegel, nehmen ihre Schönheit in sich zurück — Schönheit, die ja auch an sich, wie durch die kosmischen Attribute angezeigt, solcher Art ist, daß sie über jede noch faßbare Gestalt des Schönen hinausgeht. Die Grenze zwischen der Daseinsform des Menschen und der Seinsgestalt des Engels ist damit hintergründig gesetzt.

Die Anfänge der beiden ersten Elegien fordern eine gemeinsame Interpretation, oder lassen diese doch dienlich erscheinen. Auch die weiteren Motive weisen zum Teil auf einander vor und zurück. Doch würden wir die beiden Elegien in ihrem je eigenen Motivaufbau nicht gut genug erfassen, wenn wir nur diese Motive herauslösten. Nur das ihnen gemeinsame Grundmotiv sei vorangestellt, um es dann in seiner Differenzierung und unterschiedlichen dichterischen Einkleidung in den beiden Elegien je für sich zu entwickeln. Das Grundmotiv ist das Vergänglich-Flüchtige der menschlichen Existenz angesichts des stärkeren Daseins des Engels. Und schon damit erklärt sich, warum der Engel — bis auf eine Stelle, eine nochmalige Frage an ihn in der Zweiten Elegie — nach den Anrufungen, den Beschreibungen des Anfangs aus ihnen verschwindet. Seine »Funktion« (wie man sagen könnte) gegensätzlicher Andersheit und der Konfrontation ist zunächst erfüllt.

In der Ersten Elegie ist die Klage, die Resignation, die des Menschen Los ist, sehr radikal:

> *Ach, wen vermögen*
> *wir denn zu brauchen? Engel nicht, Menschen nicht,*
> *und die findigen Tiere merken es schon,*
> *daß wir nicht sehr verläßlich zu Haus sind*
> *in der gedeuteten Welt.*

Zu beachten ist das wie beiläufig gesetzte Attribut »gedeutet«: »in der gedeuteten Welt«. Wir sind in ihr nicht sehr verläßlich zu Haus, und zwar gerade darum, *weil* sie, die Welt, schon von uns gedeutet ist, weil wir nicht unbewußt wie die Tiere in ihr da sind. Doch folgt auf die klagende Feststellung ein etwas unsicheres Sichgutzureden, ein Sich-Umsehen nach Dingen dieser unserer Lebenswelt, die wir, die uns dennoch brauchen, die zu uns gehören, vertraute Dinge wie der täglich gesehene »Baum an dem Abhang«, die gewohnte »Straße von gestern« und überhaupt das Gewohnte, irgendeine Gewohnheit (wobei sehr hübsch das »Treusein« solcher Gewohnheit als »verzogen« im Sinne von verwöhnt bezeichnet und damit Intimität des nur menschlichen Lebens angedeutet wird). Unsicherer ist schon, obgleich wohltuend und ersehnt, die Nacht, die uns schon übertrifft, in den Weltraum hinein, von dem der Wind kommt und kündet — »wenn der Wind voller Weltraum uns am Angesicht zehrt«. Das Motiv der Liebenden, das hier anschließt — »Ist sie den Liebenden leichter?« —, erhellt sich erst aus der Zweiten Elegie, wo es weiter ausgeführt ist. — Offenbar führt dann die Vorstellung des Weltraumwindes zu der weiteren, nicht leicht nachzuvollziehenden, daß die »Räume« erweitert werden durch die aus unseren Armen geworfene Leere — »vielleicht daß die Vögel / die erweiterte Luft fühlen mit innigerm Flug«. Aber das Wort Leere scheint diese unsere Beteiligung an den Räumen gerade wieder aufzuheben: in ihnen, so könnte man den sonderbaren, zweifellos etwas verqueren Gedanken erklären, sind die Vögel, nicht wir zu Hause. Denn auf dieses Grundmotiv kommt es in dieser Elegie überall an.

Luft- und Weltraumvorstellungen werden denn auch wieder verlassen, und es wird nach Vertrauterem, Verläßlicherem Umschau gehalten: Frühlinge werden genannt, sogar »manche Sterne«. Aber die Sterne, die so beliebten Gegenstände etwa der romantischen Lyrik, werden mit Skepsis, mit zaghafter Abwehr angenommen: »Es muteten manche Sterne dir zu, daß du sie spürtest«. Der Gedankengang, oder besser: die gewissermaßen leise Gedankenbewegung (bewegt durch hier und da auftauchende Dinge, etwa die Geige, die aus einem Fenster erklingt), strebt zu auf die Erkenntnis »das alles war Auftrag« und auf die Frage »Aber bewältigtest du's?« — ein hier zunächst wie beiläufig sich einstellendes Verb. Doch es wird sich zeigen, daß dieses Wort oder das, was es an Inhalten, an Haltungen in sich faßt, als das entscheidend tragende der Elegienkonzeption betrachtet werden kann und muß; denn es geht in ihr um nichts anderes als um das Wie der Seinsbewältigung. Hier — so wären die merkwürdigen Motive, die folgen, vielleicht zu interpretieren — ist das sich anredende Ich noch nicht dazu imstande, es ist »zerstreut«, von unbestimmter »Erwartung«; und wenn nun die Vorstellung einer Geliebten sich einstellt, so geschieht das zwar hypothetisch — »als kündigte alles eine Geliebte dir an« —, wird aber schon als Möglichkeit abgewiesen, beiläufig, in Klammern, da kein Raum für sie ist im nur von »großen fremden Gedanken« erfüllten Herzen.

Sei es nun, daß die Nennung einer Geliebten oder das Suchen nach Verläßlichem den Anlaß gibt, jene dem Kenner des *Malte* bereits bekannte Idee der unerwiderten Liebe liebender Frauen erneut zu beschwören: hier werden Sätze aus dem *Malte* — »Schlecht leben die Geliebten und in Gefahr. Ach, daß sie überstünden und Liebende würden. Um die Liebenden ist lauter Sicherheit« — dichterisch und metaphysisch gesteigert. Die in den *Malte*-Sätzen gewissermaßen noch kausale Überlegung wird aufgehoben, und in nicht miteinander verbundenen Vorstellungen und Bildern wird die höhere Seinsform der unerwidert Liebenden angedeutet: Die erschöpfte Natur nimmt sie in sich zurück. Deutlicher ist die Metapher des Pfeils, der »die Sehne besteht, um gesammelt im Absprung *mehr* zu sein als er selbst.« Die daran anknüpfende Schlußfeststellung dieses Abschnitts, »Denn Bleiben ist nirgends«, ist nicht genau zu beziehen, nicht genau auf die Liebenden, eher auf die allgemeine Befindlichkeit des Menschen, seine nicht verläßliche Situation in der Welt, seine Flüchtigkeit (ein in der Zweiten Elegie weiter ausgeführtes Motiv).

Die Erste Elegie ist in der Tat in noch höherem Grade als die übrigen durch die abrupten Übergänge zu ganz verschiedenen Motivkomplexen schwierig. Am seltsamsten ist der Wechsel vom Thema der Liebenden zum nächsten, das noch gewaltsamer in den Bereich des Irrealen vorstößt. Gemeint ist das Motiv der jungen Toten, der Frühverstorbenen. Dieses aber wird durch eine wiederum andere Vorstellung, die von »Heiligen«, eingeleitet:

*Stimmen, Stimmen. Höre, mein Herz, wie sonst nur*
*Heilige hörten: daß sie der riesige Ruf*
*aufhob vom Boden; sie aber knieten,*

*Unmögliche, weiter und achtetens nicht:*
*S o  waren sie hörend. Nicht, daß du  G o t t e s  ertrügest*
*die Stimme, bei weitem. Aber das Wehende höre,*
*die ununterbrochene Nachricht, die aus Stille sich bildet.*
*Es rauscht jetzt von jenen jungen Toten zu dir.*

Zunächst ist der Zusammenhang unverständlich, und er beginnt erst sich aufzuschließen, wenn man sieht, daß »Heilige« hier nur gesetzt sind als große, ja überlieferte Figuren des Hörens, als diejenigen, die Stimmen hören können, Stimmen aus der Transzendenz, Gottes Stimme. Wir aber, wir Nichtheiligen — so ist der verwickelte Gedanke aufzulösen — ertrügen diese Stimmen, ertrügen Gottes Stimme nicht, sondern können allenfalls ein »Wehendes« hören, unbestimmt, so wie man wohl manchmal gerade die Stille hört. Das Wort Stille nun führt assoziativ hinüber zur Vorstellung des Todes, des Totenreiches, der Toten. Überraschend ist es jedoch, daß nun nicht von den Toten überhaupt, sondern nur von den »jungen Toten« die Rede geht. Was hat es damit auf sich? Es ist ein wichtiges Motiv bei Rilke, das, wie wir sehen werden, zu der Idee der Einheit von Leben und Tod gehört. Die jungen Toten, die Frühverstorbenen, sind dadurch gleichsam ausgezeichnet, daß sie ihr Leben erst begonnen hatten, als sie es verlassen mußten, so daß gerade ihr Totsein daran denken läßt, wie »seltsam« es sein mag, »die Erde nicht mehr zu bewohnen, / kaum erlernte Gebräuche nicht mehr zu üben«, nicht mehr auf Zukünftiges hin zu leben, »Wünsche nicht weiterzuwünschen«, »und selbst den eigenen Namen / wegzulassen wie ein zerbrochenes Spielzeug«. Die jungen Toten, die so schwer aus dem eben begonnenen Leben wegzudenken sind, die sich selbst, wie der Dichter ihnen einlegt, aus ihm noch nicht gelöst haben, — sie lassen eben deshalb die Frage aufkommen, ob zwischen Leben und Tod nicht zu stark unterschieden wird:
*Aber Lebendige machen*
*alle den Fehler, daß sie zu stark unterscheiden.*
*Engel (sagt man) wüßten oft nicht, ob sie unter*
*Lebenden gehn oder Toten. Die ewige Strömung*
*reißt durch beide Bereiche alle Alter*
*immer mit sich und übertönt sie in beiden.*

Ein untergründiger, zunächst gleichfalls nicht erkennbarer Zusammenhang ist im folgenden da, freilich nur für den Kenner jenes griechischen Mythos, auf den in den Schlußversen plötzlich hingedeutet wird, den Mythos von Linos:

> *Ist die Sage umsonst, daß einst in der Klage um Linos*
> *wagende erste Musik dürre Erstarrung durchdrang;*
> *daß erst im erschrockenen Raum, dem ein beinah göttlicher Jüngling*
> *plötzlich für immer enttrat, das Leere in jene*
> *Schwingung geriet, die uns jetzt hinreißt und tröstet und hilft.*

Von Linos, einem schönen Jüngling, gibt es verschiedene Überlieferungen: so die, daß er ein Bruder des Orpheus, oder die andere, daß er ein Sohn Apolls gewesen sei, am wichtigsten aber ist die, daß er der größte Musiker gewesen sei, der je erschienen, und daß Apoll aus Eifersucht auf seine Kunst ihn getötet habe. Die Totenklage um Linos soll über die ganze Welt verbreitet gewesen sein. — Damit ist nun die schwierige Elegienstelle noch nicht erklärt. Die Musik, »wagende erste Musik«, von der die Rede ist, bezieht sich nicht auf die des Linos selbst, sondern auf die Klage um ihn. Der Klagegesang ist der Trost, der aus der Trauer um diesen jungen halbgöttlichen Frühverstorbenen entspringt, weil dieser Gesang in die noch unmusische Welt — wie wir wohl die Wendungen »dürre Erstarrung«, »erschrockener Raum«, »das Leere« deuten können — das Glück der Musik gebracht hat. Aber man muß genau hinsehen, um den Zusammenhang dieses Mythos (genauer: der Erinnerung an ihn — »Ist die Sage umsonst?«) mit den Gedanken über die jungen Toten zu ergründen. Das verbindende Wort in den vorhergehenden Versen scheint »große Geheimnisse« zu sein:

> *Schließlich brauchen sie uns nicht mehr, die Frühentrückten*
> . . . . . . . .
>                    *Aber wir, die so große*
> *Geheimnisse brauchen, denen aus Trauer so oft*
> *seliger Fortschritt entspringt — k ö n n t e n wir sein ohne sie?*

Wir, die Lebenden, brauchen solche Geheimnisse, damit — so müssen wir wohl den Zusammenhang herstellen — uns aus der Trauer seliger Fortschritt entspringt. Wir brauchen das Geheimnis der Einheit von Leben und Tod, das uns gerade die Frühverstorbenen hinterlassen, so daß gefragt werden kann: »*Könnten* wir sein ohne sie?« Der Linos-Mythos, der Klagegesang als ein solcher »seliger Fortschritt«, ist also ein Vergleich, ein Beispiel für die Geheimnisse, die uns der Tod bedeutet, genauer: die Tatsache, daß aus Trauer Trost entspringen kann.

Der Engel ist längst aus der Elegie verschwunden. Ihr Hauptinhalt ist Klage über die Schwierigkeit menschlicher Existenz. Aber es ist zu beachten, daß ihr letztes Wort »tröstet und hilft« ist, im Zusammenhang mit dem Linos-Mythos, dem Mythos von der Musik, der Kunst — schon dürfen wir sagen: der Dichtung, ja dem Dichter, auf dessen Aufgabe die Elegien zustreben.

Die Zweite Elegie nimmt nach der Engelanrufung das Grundmotiv der Ersten Elegie, die Schwierigkeit menschlicher Existenz, wieder auf — in einfacherer, weniger ›irrealer‹ Vorstellungsweise und in weniger abrupter Gedankenführung. Dabei sei zusammenfassend nochmals betont, daß Schwierigkeit der Existenz bedeutet, »nicht sehr verläßlich zu Haus« zu sein »in der gedeuteten Welt«, auch im Bezirk des Zwischen-, des Mitmenschlichen nicht. Denn was vor allem charakteristisch für das Existenzgefühl ist, das in den Elegien insgesamt in ungewöhnlichen Bildern und Beispielen sich darstellt, ist das geringe Vertrauen, das überhaupt menschlichen Daseinsformen entgegengebracht wird. »Bleiben ist nirgends«, heißt es in der Ersten Elegie.

Daß Bleiben nirgends ist, wird in der Zweiten Elegie noch stärker intoniert und nun auf unsere eigenen seelischen Möglichkeiten, unsere geringe Kraft des Fühlens bezogen und in Bildern und angedeuteten Lebenssituationen zart umrissen:

> *Denn wir, wo wir fühlen, verflüchtigen; ach wir*
> *atmen uns aus und dahin; von Holzglut zu Holzglut*
> *geben wir schwächern Geruch. Da sagt uns wohl einer:*
> *Ja, du gehst mir ins Blut, dieses Zimmer, der Frühling*
> *füllt sich mit dir ... Was hilfts, er kann uns nicht halten,*
> *wir schwinden in ihm und um ihn.*

Wie abwegig dann die zögernde Frage an nichts Geringeres als den Weltraum, an der Engel Ordnungen, ob von dem Unsrigen nicht dort etwas zu finden ist: »Schmeckt denn der Weltraum, in den wir uns lösen, nach uns?« — Ausdruck, so kann man deuten, der Unsicherheit des Lebensgefühls, das dann in der Schlußstrophe dieser Elegie den Wunsch, die Sehnsucht Wort werden läßt:

> *Fänden auch wir ein reines, verhaltenes, schmales*
> *Menschliches . . .*
> *zwischen Strom und Gestein.*

Das geringe Vertrauen in die menschlichen Möglichkeiten: das ist zwischen diesen beiden Stellen das Thema der Elegie. Da wird noch einmal die Frage nach der Liebe gestellt, als der innersten, am meisten Erfüllung verheißenden dieser Möglichkeiten, nicht nach der unerwiderten Liebe, sondern nach der natürlichen gegenseitigen von Mann und Frau, als erhoffte Bestätigung dafür, daß es auch für uns, die Flüchtigen, Dauer, Ewigkeit gibt:

> *Liebende, euch, ihr in einander Genügten,*
> *frag ich nach uns.*

Und weiterhin:

> *Ich weiß,*
> *ihr berührt euch so selig, weil die Liebkosung verhält,*
> *weil die Stelle nicht schwindet, die ihr, Zärtliche,*
> *zudeckt; weil ihr darunter das reine*
> *Dauern verspürt. So versprecht ihr euch Ewigkeit fast*
> *von der Umarmung.*

Aber wieder zögert der Dichter. In nur andeutenden Konturen meldet sich die Überzeugung an, daß die Bedingungen des menschlichen Gemeinschaftslebens auch in seiner intimsten und innigsten Form zugleich Bedingtheiten, Begrenzungen sind, die die absolute Reinheit der Liebe beeinträchtigen. So gering ist das Vertrauen des Dichters in die Dauer des Gefühls, daß er höchstens den ersten zarten Zeichen und Handlungen der gerade erwachenden Liebe — »der ersten Blicke Schrecken«,

Die Götter, so ist diesem Text zu entnehmen, waren den Griechen gesteigerte, größere Menschen, die eben deshalb in menschlichen Bildern vor- und dargestellt werden konnten, göttliche Körper, in denen sie ihre eigenen Gefühle größer, aber zugleich »besänftigt«, weil Bild und Gestalt geworden, wiederfinden konnten.

Das Ich der Elegien, das überall für »uns«, also vom allgemeinen Menschlichen spricht, weist hier zwar nicht noch einmal auf den Engel hin. Aber die seltsame Hinwendung zu den Griechen und ihren Göttern, in der Weise des Vergleichs der Menschen mit diesen, hat den Ton der fast neidvollen Klage, daß wir es nicht mehr so leicht haben, das Über-uns-hinaus unseres Fühlens in solche plastischen, anschaubaren Götterbilder zu retten. Die Engel, die die gestaltschaffende Phantasie dieses Ich als Maßstab gesetzt hat, erfüllen dieses Bedürfnis nicht mehr, weil es ein den Menschen übertreffender Maßstab ist. Die griechischen, noch menschlichen Götter sind unausgesprochen in Gegensatz gesetzt zu den Versen der dritten Strophe:

> Schmeckt denn der Weltraum,
> in den wir uns lösen, nach uns? Fangen die Engel
> wirklich nur Ihriges auf, ihnen Entströmtes,
> oder ist manchmal, wie aus Versehen, ein wenig
> unseres Wesens dabei?

Aber, geht der Gedanke weiter, auch wenn es so wäre — sie selbst, die Engel, berührte dies nicht; sie gehören dem Bereiche des Menschlichen nicht an: »Sie merken es nicht in dem Wirbel / ihrer Rückkehr zu sich.« Man muß sich immer wieder darüber klar sein, daß die Engel, obwohl sie als überdimensionale Gestalten vorgestellt sind, als Bilder des Seins zu verstehen sind. Die Frage, die an sie gestellt wird, ist letztlich die Frage nach dem Anteil, den der Mensch, sein Bewußtsein, an dem Gegenüber des Seins hat — die Frage, die der Stundenbuchmönch an Gott stellte.

Die ersten beiden Elegien bilden, wie deutlich geworden sein mag, eine Einheit: durch die Engelkonzeption wie vor allem durch den Grundton der Klage über die Schwierigkeit menschlicher Existenz, die zuweilen in seltsamen Vorstellungen und Zeichen ausgedrückt wird. Es verhält sich anders mit der Dritten, Vierten und Fünften Elegie. Sie bilden keine motivische Einheit, sondern stehen je für sich, ohne motivische Verbindung, nacheinander, jede thematisch in sich geschlossen. Der Engel wird an einzelnen Stellen genannt, aber wird nicht mehr akzentuiert. Die Thematik dieser Elegien bewegt sich in einem sozusagen realeren menschlichen Bereich, jede in einem anderen; und wenn etwas sie verbindet, so ist es auch hier die Schwierigkeit der Existenz.

## DIE DRITTE ELEGIE (1912/13)

Die *Dritte Elegie* redet von der Not des Geschlechts, und zwar von der schweren Verhaftetheit des Mannes, genauer: des »Jünglings«, an den Trieb, den »Herren der Lust«, »jenen verborgenen schuldigen Fluß-Gott des Bluts«.

> *Eines ist, die Geliebte zu singen. Ein anderes, wehe,*
> *jenen verborgenen schuldigen Fluß-Gott des Bluts.*

Mit diesen ersten Versen ist bereits das Ganze der Elegie umrissen. Im Unterschied zu den beiden ersten Elegien, die sich teils assoziativ, teils kontrastiv in komplizierten Andeutungen, irrealen Bereichen aufbauen, ist dieses Gedicht auf das einzige, man kann sagen reale Problem der männlichen Liebe gestellt: den Gegensatz der reinen Liebe zu dem als unrein, als »schuldig« gebrandmarkten geschlechtlichen Trieb. Dabei liegt noch die christlich-paulinische Auffassung von der Erbsünde des Geschlechts zugrunde, wie auch die alleinige Zuordnung des Triebes an den Mann, dem die Frau, das Mädchen als das schlechthin Reine und als das Ziel der Sehnsucht des Mannes entgegengesetzt ist.

Bereits der dritte Vers — »Den sie von weitem erkennt, ihren Jüngling...« — stellt auf eine sehr versteckte Weise den Unterschied von Jüngling und Mädchen her. Nur der Mann ist primär vom Geschlechtstrieb bestimmt, unterworfen dem »Herren der Lust«, noch ehe sich seine Neigung auf ein bestimmtes Mädchen richtet, während dieses sogleich und schon »von weitem« »ihren«, den bestimmten, einzigen Jüngling (ihrer Wahl) »erkennt«. Auch dies, das Wort »erkennen«, enthält den Gegensatz zu Trieb und Lust, dem »Unkenntlichen«, dem Herren der Lust, der

> *ach, von welchem Unkenntlichen triefend, das Gotthaupt*
> *aufhob, aufrufend die Nacht zu unendlichem Aufruhr.*

Dies wird weiter in der großartigen Neptun-Metapher, »des Blutes Neptun«, entworfen, wo Blut und Wasser, die von der Psychoanalyse benannten Symbole des Geschlechtlichen, verschmolzen sind. Doppelsinnig dann die Nacht, die in diesem Zusammenhang Symbol der Triebwelt, ja in den Worten »Horch, wie die Nacht sich muldet und höhlt« vielleicht des Schoßes, aber zugleich der Ort der Sterne ist, deren Licht die Reinheit, hier die Reinheit der Geliebten, symbolisiert:

> *Ihr Sterne,*
> *stammt nicht von euch des Liebenden Lust zu dem Antlitz*
> *seiner Geliebten? Hat er die innige Einsicht*
> *in ihr reines Gesicht nicht aus dem reinen Gestirn?*

Die Klage geht darüber, daß in der Triebverhaftung des Mannes Uraltes, Archaisch-Chthonisches, wirkt und wieder empordrängt, so daß er auch dann, wenn er erste reine, personale Liebe erfährt, »hinab muß in das ältere Blut«, wie es an späterer Stelle heißt; »ältere Schrecken stürzten in ihn bei dem berührenden Anstoß.« Dies ist in vielen Variationen das Thema, die Klage.

Sehr schön bildet die zweite Strophe gleichsam ein retardierendes Moment vor der dritten, die dann in leidenschaftlich gehetzter Sprache und in gedrängten Bildern die Not des Liebenden malt. Denn in der zweiten Strophe wird das Bild der Mutter in der Kindheit, oder genauer: in der Pubertätszeit des Mannes, beschworen, »da du ihm einfach mit der schlanken Gestalt wallendes Chaos vertratst« — die beruhigende Muttergestalt, die die Angst des Knaben einst im nächtlichen Zimmer vertrieb.

Die Strophe über die Mutter bietet keine gedanklichen und metaphorischen Schwierigkeiten, und sie ist, wie gesagt, ein retardierender

Auftakt zur folgenden Strophe, die die Problematik der Geschlechtsliebe, Sexus und Eros zugleich, in Bilder von Wildnis, von Urwald
faßt:

> *wie er verstrickt war,*
> *mit des innern Geschehns weiterschlagenden Ranken*
> *schon zu Mustern verschlungen, zu würgendem*
> > *Wachstum, zu tierhaft*
> *jagenden Formen. Wie er sich hingab —. Liebte.*
> *Liebte sein Inneres, seines Inneren Wildnis,*
> *diesen Urwald in ihm, auf dessen stummem Gestürztsein*
> *lichtgrün sein Herz stand. Liebte.*

Das Bild des lichtgrün auf dem dunklen Gewirr des Urwald stehenden
Herzens verweist auf den Zusammenhang von Herz und Sinnen, der
in der Liebe enthalten ist. Sechsmal wird in diesen und den folgenden
Versen das Verb »lieben« gesetzt. Das Verb, das Wort differenziert
nicht zwischen Sinnen und Herz. Aber immer wieder wird der Sexus
als der primäre Urgrund der Liebe aufgerufen. Die Übermächtigkeit
dieser Tatsache wird durch die Wiederholung suggestiv gemacht, mit
immer anderen Begriffen oder Metaphern: unvordenklicher Saft, das
zahllos Brauende, Trümmer Gebirgs, mit denen »die Väter« verglichen
werden. Die Väter aber, in Gegensatz gesetzt zu dem »einzelnen
Kind«, als »ein Künftiges«, ist Metapher für das naturnotwendig Vorgegebene und damit seit je Vorhandene des zeugend organischen Lebens, das früher ist als das erzeugte Individuum, das »einzelne Kind«.
»... dies«, heißt es, »kam dir, Mädchen, zuvor«.

Aber nun wird, in der Schlußstrophe, auch das Mädchen nicht ganz in
seiner Reinheit belassen. Sie, die die »Vorzeit empor in dem Liebenden« lockte, hat — dies scheinen die freilich kaum verständlichen
Aussagen zu meinen — selber ein unbewußtes Wissen dieser chthoni-
schen »Vorzeit«. Das Imperfekt der Sätze gibt gewissermaßen an,
daß auch das Gefühl des Mädchens, nicht nur das des Jünglings, sich
herleitet aus uralten Traditionen der Geschlechtsliebe, aus Haß und
Neid, finsterer Männerbegierde, aber auch aus dem Wunsch nach Mut-
terschaft:

*Welche Gefühle*
*wühlten herauf aus entwandelten Wesen. Welche*
*Frauen haßten dich da. Was für finstere Männer*
*regtest du auf im Geäder des Jünglings? Tote*
*Kinder wollten zu dir ...*

Tote Kinder? Tot sind sie, so wäre wohl zu deuten, weil sie hier nur im Raume dieser »Vorzeit« aufgerufen werden. (Die Interpretation muß sich da jedoch im Unsichern bewegen.)

Der anschließende Imperativ »tu ein liebes vor ihm« führt sozusagen wieder heraus aus dem Gefühlschaos der Vorzeit in die Gegenwart der Liebenden, die hell und geordnet sein soll, »ein verläßliches Tagwerk« — »nah an den Garten heran«, Zeichen geordneten Stücks Natur, im Gegensatz zu Urwald. Die Geliebte wird gebeten, sich beruhigend vor den Ansturm des Chaos zu stellen: »Verhalt ihn ...« Der Sinn ist deutlich, undeutlich dagegen die Genitivfügung in »Gieb ihm der Nächte Übergewicht«. Fraglich bleibt, ob ein Genitivus objectivus zu interpolieren ist, als Übergewicht über die Nächte, oder ob (was wahrscheinlicher anmutet) der Genitivus subjectivus gemeint ist, des Sinnes etwa, daß die Geliebte große glückliche Nächte der Vereinigung schenken möge.

Abgesehen von solch einzelnen Interpretationsproblemen ist jedoch die Dritte Elegie eindeutig und einsinnig. Dies gilt nicht von der Vierten Elegie, die nach Aussage und Struktur die schwierigste ist.

## DIE VIERTE ELEGIE (1915)

Die Schwierigkeit dieser Elegie beginnt gleich mit ihrem ersten Vers — »O Bäume Lebens, o wann winterlich?« — und der Frage nach dem Zusammenhang dieses Verses mit den folgenden der Auftaktstrophe: »Wir sind nicht einig. Sind nicht wie die Zug-Vögel verständigt.« Denn diese zwei Zeilen und die folgenden antworten nicht auf die Frage »wann winterlich?«, die an die »Bäume Lebens« gerichtet wird. Ja, was diese Frage selbst bedeutet, müssen wir zunächst einmal als Frage stel-

len, wobei der Zweifel zunächst dem Sinn der Fügung »Bäume Lebens«
gilt. Sie ist eine Umstellung der uns bekannten botanischen Bezeichnung »Lebensbäume«. Die so benannten Bäume sind immergrün, also
nicht winterlich. Aber wenn dies auch anklingt: ist es gemeint? Was
hat es mit der Umstellung, der Trennung der beiden Substantivstämme
auf sich? Wiederum gibt es hier nur mögliche Deutungen, so diese, daß
die Umstellung, und damit die Betonung des Wortes »Leben«, dieses
als das instinkthafte Leben der Naturdinge kennzeichnen will, die kein
Wissen, kein Bewußtsein von den Jahreszeiten haben; und dafür sind
solche Pflanzen beispielhafte Zeichen, die schon von sich aus auf die
Frage »wann winterlich?« keine Antwort zu geben brauchen, weil sie
wie die Lebensbäume den Unterschied von winterlich und sommerlich
gar nicht kennen. Der Satz »wir sind nicht einig« (wobei »wir« als
Gegensatz zu betonen wäre) würde sich dann sowohl auf die »Bäume
Lebens« beziehen wie auf die in den folgenden Versen genannten
Naturwesen, die Zugvögel und die Löwen:

> *Und irgendwo gehn Löwen noch und wissen,*
> *solang sie herrlich sind, von keiner Ohnmacht.*

Die Tiere sind mit sich einig, »verständigt«. Die Gegensatzwörter dazu, die »nicht einig« näher bestimmen, sind »wissen« und »bewußt«, als
unser Los, als Schicksal des Menschen. Pflanzen und Tiere wissen nicht,
ob und wann sie blühen und verdorren. Wir wissen beides: »Blühn und
verdorrn ist uns zugleich bewußt.« — Zu überlegen ist noch das vor-
aufgehende Bild, das offenbar an die Zugvögel anschließt:

> *Überholt und spät,*
> *so drängen wir uns plötzlich Winden auf*
> *und fallen ein auf teilnahmslosen Teich.*

Das an den Zugvögeln wahrgenommene Verhalten, sich nicht den Win-
den aufzudrängen, sondern sich von ihnen, als dem natürlichen Element, tragen zu lassen, ist ein Kontrastbild zu unserem Nichteinigsein
mit dem unbewußten Leben der Natur und mit uns selbst. Auch der
Teich zeigt uns keine Teilnahme, weil auch er nicht unser Element ist.

Dies ist der Auftakt, der die Unsicherheit des menschlichen Existenzgefühls durch den Gegensatz zur Sicherheit der instinktgeleiteten, sich ihrer selbst nicht bewußten Natur umreißt. Und dieses Thema wird nun in sehr verschlüsselten, bildhaft bezeichneten Begriffen und Situationen im Bereich des Menschlichen selbst ausgebreitet.

In der folgenden Strophe tritt der Ausdruck »des andern Aufwand« hervor:

> *Uns aber, wo wir Eines meinen, ganz,*
> *ist schon des andern Aufwand fühlbar. Feindschaft*
> *ist uns das Nächste.*

Man kann interpretieren: Jedes Streben, jedes zielbewußte Intendieren wird gehemmt, behindert durch das der anderen; und wenn dies mit Feindschaft bezeichnet wird, so zeigt sich wieder das geringe Vertrauen in mitmenschliche Beziehungen, weshalb denn auch sogleich, als höchstes Beispiel für diese, die Liebenden genannt werden, deren zuerst weites und zugleich inniges Gefühl — bezeichnet durch »Weite, Jagd und Heimat« — immer wieder an Grenzen stößt: »Treten Liebende nicht immerfort an Ränder . . .?«

Die anschließende Strophe projiziert dies immerfort begrenzte, gehemmte Lebensgefühl auf eine abstraktere Ebene, mit Hilfe der Metapher einer Zeichnung. Eine Zeichnung kann nur gesehen werden, wenn sie sich von dem Grund abhebt, auf dem sie gezeichnet ist:

> *Da wird für eines Augenblickes Zeichnung*
> *ein Grund von Gegenteil bereitet, mühsam,*
> *daß wir ihn sähen; denn man ist sehr deutlich*
> *mit uns. Wir kennen den Kontur*
> *des Fühlens nicht: nur, was ihn formt von außen.*

Diese Zeichnungsmetapher, kunstvoll und schwierig, ist so verschlungen mit dem, wofür sie Metapher ist, dem »Kontur des Fühlens«, daß eben dadurch der Sinnverhalt, wenn auch verstanden, so doch kaum aus ihr herausgelöst und formuliert werden kann. Wenn es heißt: »denn man ist sehr deutlich mit uns«, so ist eine anonyme Instanz an-

gesprochen, die den Grund von Gegenteil bereitet, der uns nötigt —
anklingend in »mühsam, daß wir sie sähen« —, die Zeichnung, den
Kontur des Fühlens zu sehen, aber nur so — und das ist die untergründige Resignation —, daß wir nicht ihn selbst kennen und erkennen,
sondern »nur, was ihn formt von außen«. Darin ist enthalten, daß die
Zeichnungsmetapher ihren Sinn verkehrt: bei einer Zeichnung sehen wir
sie selbst und achten nicht auf den Grund, auf dem sie steht. Die Zeichnung, so kann man in Hinblick auf die weitere, schwierig verkürzte
Aussage ergänzen, ist ein Akt subjektiver Spontaneität. Die Umkehrung des Zeichnungssinnes sagt, daß die Spontaneität des Menschen,
sein fühlendes Leben geprägt oder abhängig ist von einer Außenwelt,
dem »Gegenteil« seiner Innenwelt, und daß es »mühsam« ist, das Ge-
prägte vom Prägenden zu unterscheiden, zu trennen. Auch dies, auch
die Zeichnungsmetapher, kann aufgefaßt werden als ein sehr indirek-
ter, sehr abstrakter Ausdruck der Unsicherheit des Menschen über sich
selbst und seinen Standort im Sein.

Es ist nur dieser untergründige, die Elegie und ihre Metaphorik len-
kende Sinn, der eine mögliche Verbindung herstellt zu der auf die
Zeichnungsmetapher abrupt folgenden Bühnenmetapher:

> *Wer saß nicht bang vor seines Herzens Vorhang?*
> *Der schlug sich auf: die Szenerie war Abschied.*
> *Leicht zu verstehen ...*

Die Bühne ist das Herz, unser Inneres die Bühne unseres Lebens. Leicht
zu verstehen, daß der sich aufschlagende Vorhang sogleich eine Ab-
schiedsszene zeigt. Daß Leben immer Abschiednehmen ist, sagt später
die Achte Elegie: »So leben wir und nehmen immer Abschied.« Die
Konkretheit der Bühnenmetapher bringt konkretere Situationsbilder
mit sich, wenn auch nicht leicht zu interpretierende. »Der bekannte
Garten, / und schwankte leise« — das mag Zeichen einer dürftigen
Vorstadtbühne mit der immer gleichen Gartenkulisse sein, die
schwankt, weil sie aus billigem Material gefertigt ist; Zeichen eines
kleinbürgerlichen Ambiente, zu dem auch der Schauspieler oder der
»Tänzer« gehört, der abgewiesen wird: »Nicht *der*«. Warum? Weil er
nur ein verkleideter »Bürger«, ein Kleinbürger ist — ausgedrückt in

dem prägnant verkürzenden Bild »und geht durch seine Küche in die Wohnung«.

Einen Beitrag zum Verständnis leistet hier vielleicht die Mutmaßung, daß die dürftige Unechtheit, die Talmihaftigkeit der Bühnenmetapher etwas mit Rilkes Erinnerung an das eigene Elternhaus zu tun hat[28]. Diese Vermutung könnte dadurch bestätigt werden, daß in der nächsten Strophe ein liebendes Gedenken zum eigenen Vater zurückgeht. Aber es ist, wenn auch verborgener, ein anderes, im Anschluß an den Tänzer heraufkommendes Motiv, das in die Kindheit zurückweist: die Puppe, die dem Tänzer, der nur eine »halbgefüllte Maske« ist, vorgezogen wird.

> *Ich will nicht diese halbgefüllten Masken,*
> *lieber die Puppe. Die ist voll. Ich will*
> *den Balg aushalten und den Draht und ihr*
> *Gesicht aus Aussehn.*

Aushalten: das ist jedoch eine negative Einstellung zur Puppe, und es schließen daran Verse an, die wieder die um diese Zeit (1915) als immer leidvoller erlebte Situation des Menschen aussagen: die des Gegenüber, des »Davor«, des »Zuschauns«. Hatte es im Gedicht *Wendung* ein Jahr zuvor geheißen: »Aber des Anschauns, siehe, ist eine Grenze«, so antwortet die Vierte Elegie, daß des Anschauns, des Davorseins keine Grenze ist:

> *Hier. Ich bin davor.*
> *Wenn auch die Lampen ausgehn, wenn mir auch*
> *gesagt wird: Nichts mehr —, wenn auch von der Bühne*
> *das Leere herkommt mit dem grauen Luftzug,*
> *. . . . . . . .*
> *Ich bleibe dennoch. Es giebt immer Zuschaun.*

Dies schließt also an die plötzlich aufgerufene Puppe an, die »voll« ist. Wenn schon Zuschaun und Gegenüber die Situation ist, dann soll auch der Gegenstand des Zuschauns nichts anderes sein als ein Balg, ein totes Ding; auf der Bühne soll kein schlechter Tänzer, sondern die Puppe stehen. — Die Puppe aber gehört zur negativen, ja zur Angstsphäre der Kindheit. Rilke hat sie beschrieben in dem Essay *Puppen*, der zwei Jahre vor der Vierten Elegie, Anfang 1914, verfaßt wurde; beschrieben als ein eminent totes Ding, das darum so abscheulich ist, weil es ein menschenähnliches Wesen ist, und dennoch nur »eine oberflächlich bemalte Wasserleiche«, »der grausige Fremdkörper, an den wir unsere lauterste Wärme verschwendet haben«, der aber dem Kind nur Schweigen und Aussehn entgegenbringt: »die Puppe«, heißt es da, »war die erste, die uns jenes überlebensgroße Schweigen antat, das uns später immer wieder aus dem Raume anhauchte, wenn wir irgendwo an die Grenze unseres Daseins traten.« Diese Stelle aus dem Puppen-Essay ist möglicherweise für die Vierte Elegie von einigem Aufschluß, weil die Verbindung der Puppe mit dem Engel, die dann vollzogen wird, daraus eine gewisse Erhellung erfährt.

Zuvor wird im Anschluß an das Motiv des Zuschauns, des Sitzens vor der Bühne — »wenn auch von meinen stillen Vorfahrn keiner / mehr mit mir dasitzt«, — die Erinnerung an den Vater beschworen:

> *Hab ich nicht recht? Du, der um mich so bitter*
> *das Leben schmeckte, meines kostend, Vater ...*

Und wieder taucht damit das Problem des verlorenen Sohnes auf, die Schwierigkeit, geliebt zu werden:

> *Und ihr, hab ich nicht recht,*
> *die ihr mich liebtet für den kleinen Anfang*
> *Liebe zu euch, von dem ich immer abkam,*
> *weil mir der Raum in eurem Angesicht,*
> *da ich ihn liebte, überging in Weltraum,*
> *in dem ihr nicht mehr wart ...*

Nicht Liebe, sondern immer nur Anschaun, die Situation vor der »Puppenbühne«, ist das Los:

> *zu warten vor der Puppenbühne, nein,*
> *so völlig hinzuschaun, daß, um mein Schauen*

*am Ende aufzuwiegen, dort als Spieler*
*ein Engel hinmuß, der die Bälge hochreißt.*
*Engel und Puppe: dann ist endlich Schauspiel.*

Der Sinn dieser Stelle, vor allem des letzten Verses in seiner extrem
verkürzenden Aussage, ist vielfach diskutiert worden[29]. Die oben zitierte Stelle aus dem Puppen-Essay könnte, wie gesagt, behilflich sein.
Puppe und Engel sind für das Ich von gleicher Wesensart, beide repräsentieren das schweigende Sein ihm gegenüber, und durch ihr Zusam-
menspiel würde kein Mißklang, keine Entzweiung entstehen wie zwischen uns und ihnen: »Dann kommt zusammen, was wir immerfort
entzwein, indem wir da sind.« Entzweiung entsteht nur durch uns, die
wir immer gegenüberstehn, wie dem Engel, so als Kind schon der
Puppe. Aus den beiden Seinsgestalten, der kleinen und der großen, entsteht der volle Anblick des Seins, das Schauspiel, das die Puppenbühne
noch nicht darbieten konnte. »Dann entsteht aus unsern Jahreszeiten
erst der Umkreis des ganzen Wandelns« — wobei wohl sinngemäß
»unsere Jahreszeiten« in Gegensatz zu »Umkreis des ganzen Wandelns« gestellt ist, was besagen soll: Wir teilen die kosmischen Vorgänge in Jahreszeiten, aber der Kosmos kennt sie nicht. Deshalb »spielt
der Engel«, der für diesen steht, »über uns hinüber«. Diesem Sinn
würde sich die anschließende Aussage fügen: »Sieh, die Sterbenden,
sollten sie nicht vermuten, wie voll Vorwand / das alles ist, was wir
hier leisten«; denn die Sterbenden, die sich aus der begrenzten irdisch-
menschlichen Ordnung zu lösen im Begriffe sind, mögen eine Ahnung
von deren Unzulänglichkeit und Selbsttäuschung (»Vorwand«) haben.
Das in dieser Elegie bereits angeschlagene Motiv der Kindheit tritt
nun wieder hervor, jetzt im Sinne des Gegensatzes zur entzweiten Situation des »Großseins«, wie es weiter unten heißt. Das Kind unterscheidet nicht zwischen Vergangenheit und Zukunft, lebt nur im Gegenwartsmoment und in den Dingen, den »Figuren«, die es umgeben.
Es lebt zeitlos, »mit Dauerndem vergnügt«. Dies wird ausgesagt als ein
Sichzurückversetzen des Dichters in seine Kindheit:

*Wir wuchsen freilich und wir drängten manchmal,*
*bald groß zu werden, ...*

*Und waren doch, in unserem Alleingehn,*
*mit Dauerndem vergnügt und standen da*
*im Zwischenraume zwischen Welt und Spielzeug,*
*an einer Stelle, die seit Anbeginn*
*gegründet war für einen reinen Vorgang.*

Aber die dem Kind zugesprochene Situation, »im Zwischenraume zwischen Welt und Spielzeug«, birgt einen nicht leicht zu enträtselnden Sinn. Wenn der Begriff »Welt« in den Elegien auftritt, hat er immer die Bedeutung der »gedeuteten Welt« (Erste Elegie): Resultat der Erkenntnis, der Bewußtheit; Spielzeug mag das stellvertretende Zeichen für das Dasein des seiner selbst und der Welt noch unbewußten Kindes sein. Wenn die »Stelle«, an der es steht, als »gegründet ... für einen reinen Vorgang« bezeichnet wird, so ist freilich nicht auszumachen, was hier mit »Vorgang« gemeint ist. Der Begriff ist so unbestimmt, daß auch die Interpretation hier nichts zu fixieren vermag. Es kann nur vermutet werden, daß der Ausdruck »reiner Vorgang« sich überhaupt auf das noch unbewußte Kindesleben bezieht, das noch ungetrübt von Weltwissen ist.

Obwohl auf diese Aussage eine neue Strophe, die Schlußstrophe, folgt, scheinen trotz der durch diese Anordnung hergestellten Trennung die Fragen, mit denen die Strophe einsetzt, noch in den Zusammenhang des »reinen Vorgangs« zu gehören:

*Wer zeigt ein Kind, so wie es steht? Wer stellt*
*es ins Gestirn und giebt das Maß des Abstands*
*ihm in die Hand?*

Das schwer zu deutende Wort »Gestirn« könnte das unbewußte reine Dasein des Kindes im kosmischen Sein nochmals bezeichnen; und zugleich evoziert »Gestirn« jenes »Maß des Abstands«, das dem Kind in die Hand gegeben ist. Dies mag sagen, daß das Kind so ›selbstverständlich‹ dasteht wie die Gestirne nach den Gesetzen ihrer Konstellationen, ihrer Abstände von einander. — Unauffällig, syntaktisch gleichgebildet, und doch sich grell unterscheidend, schließt die dritte Frage an die zweite an:

> *Wer macht den Kindertod*
> *aus grauem Brot, das hart wird, — oder läßt*
> *ihn drin im runden Mund, so wie den Gröps*
> *von einem schönen Apfel? . . .*

Das Positive im Zusammenhang mit Kindheit, der reine Vorgang, die Stelle im Gestirn, ist damit wieder aufgehoben. Kindheit ist, wie wir in den Zusammenhängen des *Malte* sahen, für Rilke weit mehr ein gefährdeter, ungeschützter Zustand als ein in sich ruhender, gesicherter.[30] Dies wird in den letzten Versen der Elegie konzentriert zur Vorstellung des Kindertodes, in unerhört suggestiven Metaphern: graues, hartes Brot, der Gröps — häßlich krächzendes Wort! — in einem schönen Apfel. Der Kindertod, dessen bloße Möglichkeit die Preisgegebenheit des Kindheitsdaseins kraß enthüllt, unbegreiflicher als Mörder, ist »unbeschreiblich«, weil (so wäre der letzte Gedanke dieser Elegie zu interpretieren) in dem Verhältnis von Tod und Leben hier nicht (wie im ›normalen‹ Falle) der Tod *nach* dem Leben, sondern *vor* dem Leben ist, so daß nicht von einem ganzen Leben, das der Tod nur abschließt, sondern vom »ganzen Tod« gesprochen werden muß:

> *Aber dies: den Tod,*
> *den ganzen Tod, noch v o r dem Leben so*
> *sanft zu enthalten und nicht bös zu sein,*
> *ist unbeschreiblich.*

Mit dem Motiv des Kindertodes bricht die Vierte Elegie ab, gleichsam mit einem grellen Klagelaut. Im Rückblick auf ihren Aufbau wird dieser kaum leichter verständlich. Aus den teils von einander unabhängigen, teils assoziativ gefügten Motiven und metaphorischen Strukturen ergibt sich keine Einheit. Kein Zweifel aber besteht über ihre Grundaussage: die der Ungesichertheit menschlicher Existenz. Ein geschlosseneres Bild davon zeichnet die Fünfte Elegie.

Schwierigkeit der menschlichen Existenz — das hat, wie wir es immer wieder, am deutlichsten im *Malte,* sahen, keinen sozialen, etwa gesellschaftskritischen Akzent. Dies ist nochmals zu betonen, gerade angesichts der Fünften Elegie. Denn ihr Thema könnte einer solchen Auffassung Raum geben. Arme Existenzen, Gaukler, Straßenakrobaten sind hier Gegenstand der ›Beschreibung‹. Diese Elegie wird stets als die der »Saltimbanques« gekennzeichnet, obwohl das französische Wort für Gaukler nicht in ihr erscheint. Aber »Les Saltimbanques« ist der Titel eines Gemäldes von Picasso aus der blauen Periode, und die Elegie ist Frau Hertha Koenig gewidmet, in deren Besitz sich einst das Gemälde befand: während der Jahre des Ersten Weltkriegs hing es in ihrer Münchener Wohnung, die sie Rilke im Sommer 1915 zur Verfügung gestellt hatte. Es sind zum Teil die Figuren dieses Bildes, die in der erst im Februar 1922 entstandenen Elegie erkennbar sind, und es sei gleich darauf hingewiesen, daß der merkwürdige Ausdruck im letzten Teil der ersten Strophe, »des Dastehns großer Anfangsbuchstab«, das große D bedeutet, das die Gruppe der Bildfiguren bildet (mit Ausnahme der abseits davon sitzenden weiblichen Figur).

Auch diese umfangreiche Elegie ist schwierig, obwohl ihr Sinn eindeutig ist. Dieser Sinn ist schon dadurch angegeben, daß hier nicht von Akrobaten, Gauklern, Straßenartisten gesprochen wird, sondern diese gleich als »die Fahrenden, diese ein wenig Flüchtigern noch als wir selbst« bezeichnet werden. Die Fahrenden, Herumreisenden, sich hier und dort zur Schau Stellenden sind ein besonders greifbares Symbol für die Flüchtigkeit, die Unsicherheit, die Bodenlosigkeit der Existenz. Aber nicht dies allein: ihr flüchtiges, fahrendes Leben ist nur die äußere Erscheinung einer inneren Lebensform, welche in der Leere, der Sinnentleertheit überhaupt ist, repräsentiert durch ihr Artistentum, ein in ewiger Wiederholung abgenutztes, verbrauchtes Artistentum. — Dieser Grundgedanke der Elegie sei herausgestellt, weil das die Schwierigkeit, die sie trotzdem bietet, verringert.

Die Artisten werden beschrieben (die Gruppe, die sie bilden, und die einzelnen Gestalten könnten aus den *Malte*-Aufzeichnungen stammen), beschrieben als genau beobachtete Figuren des Leids. Hier sei erwähnt, daß schon acht Jahre vor der Begegnung mit dem Picassogemälde eine wirkliche Artistengruppe, die des Père Rollin, in Paris Rilke sehr gefesselt hatte, was er in einer Aufzeichnung vom Juli 1907 notierte. Einige Motive (der Teppich, auf den sie springen, und der alte Père Rollin selbst, von dem es in der Aufzeichnung heißt, daß er nicht mehr die ungeheuren Gewichte schwenkt und aufs Trommeln gesetzt ist) sind in die Elegie eingegangen. — Die Artisten also werden beschrieben; aber mit der seltsamen Frage, mit der die Elegie einsetzt — »Wer aber *sind* sie, sag mir, die Fahrenden . . .?« —, wird sogleich die Frage nach dem Sinn ihres Tuns gestellt und im selben Satzgefüge mit einem großartigen Bilde sozusagen zusammenfassend beantwortet: Sie, »die dringend von früh an / wringt ein *wem, wem* zu Liebe / niemals zufriedener Wille . . .«: Menschen also, deren Tun nicht aus eigenem Wollen geschieht, sondern aus einem fremden. Die Tatsache, daß sie springen, also an sich selbsttätig sind, wird sozusagen eliminiert, und das Verb springen wird kunstvoll durch andere auf springen reimende Verben ersetzt — wringt, schlingt, schwingt —, deren Objekt, nicht deren Subjekt, sie sind. Der fremde Wille »wringt sie, biegt sie, schlingt sie und schwingt sie / wirft sie und fängt sie zurück« — vergewaltigende Handlungen, die an ihnen vollzogen werden, nochmals gesteigert durch den Vergleich mit dem zinnernen Teller, den August der Starke bei Tisch zu rollen pflegte. Das Leidphänomen einer solchen Existenz wird weiter Ausdruck durch die Attribute, die dem Teppich, auf den die Akrobaten aus der Luft niederkommen, beigelegt werden, zunächst als konkretem Teppich, der durch den »ewigen Aufsprung« immer dünner wird, zugleich aber als einem Symbol ihres flüchtigen Lebens, als »diesem verlorenen Teppich im Weltall«. Und wieder in einem anderen Bilde wird er gesehen als ein Pflaster, das die Assoziation des Wehtuns herbeiführt: »als hätte der Vorstadt-Himmel der Erde dort wehe getan«.

Das Bild der ersten Strophen für die armselige Artistenexistenz ist das eindrücklichste der Elegie. Weit künstlicher ist das folgende Bild, das die gedachten Zuschauer der Gruppe als »Rose des Zuschauns« bezeichnet, ihr Kommen und Gehen als Wechsel von Blühen und Entblättern, den in der Mitte des Zuschauerkreises agierenden Artisten, den Stampfer, als Stempel (der Rose). Diese Metapher geht darauf hinaus, die Kunst dieser Artisten als unechte, als Scheinkunst zu kennzeichnen: zweimal wird das Wort »Schein« gebraucht — Scheinfrucht, scheinlächelnde Unlust —, herbeigeführt durch den der Botanik entnommenen Gedanken der Selbstbefruchtung, die keine wirkliche Frucht erzeugt: »den von dem eignen blühenden Staub getroffnen, zur Scheinfrucht / wieder der Unlust befruchteten«.

Nach zwei folgenden Strophen ungleicher Länge, von denen die erste den alten, verbrauchten Statisten (»der welke, faltige Stemmer«) relativ direkt beschreibt, die zweite einen jungen Mann, dessen Körperdrallheit und Einfältigkeit durch die hypothetische Abstammung von einem »Nacken« (etwa eines stiernackigen Mannes) und einer »Nonne« etwas gekünstelt verdeutlicht wird, folgt gleichsam ein Ausruf des Mitleids:

> *Oh ihr,*
> *die ein Leid, das noch klein war,*
> *einst als Spielzeug bekam, in einer seiner*
> *langen Genesungen . . .*

Dies ist wiederum eine höchst komplizierte, schwer aufzulösende Metaphorik und Satzkonstruktion. Denn es wird nicht gleich erkannt, daß das Relativpronomen in »ihr, die ein Leid . . .« der Akkusativ pluralis ist und Objekt. Und das bedeutet, daß die Artisten auch hier nicht als tätige Subjekte, sondern als passive Objekte gekennzeichnet werden, mit denen etwas geschieht, dies nämlich, daß »ein Leid«, das Subjekt des Relativsatzes, sie »bekam«, und zwar »als Spielzeug«, was im metaphorischen Zusammenhang mit der (auf das Leid bezogenen) Aussage »das noch klein war« steht. Die Deutung scheint mir stimmig, daß dieses Leid, zu einem Kind personifiziert, für Kinderleid steht und der Ausdruck »lange Genesungen« hinweisen mag auf Kinderkrankheiten, nach denen das Kind mit dem Besuch einer Gaukler-Vorstellung belohnt wurde; und das heißt: die Artisten werden zu einem Kinderspielzeug degradiert. Die Wörter »Spielzeug« und »Leid« aber fließen zusammen zum Bild der leidvollen Existenz dieser Menschen, der das wahrhaft Menschenwürdige fehlt.

Es kann sein, daß einer der beiden Knaben auf Picassos Gemälde, die zu der jungen, abseits sitzenden Frau hinüberschauen, die folgende schöne, wie von unausgesprochenem Mitleid getragene aber wiederum syntaktisch und metaphorisch nicht einfache Strophe hat entstehen lassen. Sie ist in drei Teilen gebaut, die zusammen ein Bild der jeden natürlichen Kinderglücks entbehrenden, zwangsbeherrschten Existenz des jungen Artisten ergeben. Der erste Teil — von »Du, der mit dem Aufschlag« bis »abfällt und anprallt ans Grab« — wird von einer großartigen Metapher eingenommen, die in einen Relativsatz ohne Hauptsatz, also in eine unabgeschlossene Satzkonstruktion, eingeschlossen ist. Dies ist zweifellos beabsichtigt: die Metapher ist das Abfallen unreifer Früchte von einem Baum. Sie bedeutet das unablässige Springen des Knaben — »täglich hundertmal« — innerhalb des gemeinsamen Kunststücks, welches die Gruppe immerzu vorführt: »Baum der gemeinsam erbauten Bewegung« — ein Baum, der nicht wie der wirkliche Baum natürlich wächst, sondern immer von neuem gebildet werden muß und seine Jahreszeiten, »Lenz, Sommer und Herbst«, in wenigen Minuten durchläuft. Das Bild evoziert eine Akrobatennummer, bei der einer auf den Schultern des anderen steht und abspringt, in schnellem Wechsel des Auf und Ab, was dann auch im dritten Teil der Strophe beschrieben wird: »Und wieder klatscht der Mann in die Hand zu dem Ansprung«. — Zwischen diesen Beschreibungen der äußeren Not dieses jungen Lebens aber steht ein kurzer, wundervoller Ausdruck der inneren, der Entbehrung mütterlicher Liebe, zu der in diesem Dasein sozusagen kein Raum, keine Zeit ist: der Blick zu »deiner selten zärtlichen Mutter«. Der Vorgang des Hinblickens aber ist umschrieben durch ein tieferes, inneres Geschehen, gewissermaßen des zögernden Suchens: »will dir ein liebes Antlitz entstehn«, »das schüchtern kaum versuchte Gesicht«. Und dann am Schluß der Strophe doch noch ein Positives, ein kleines Glück: »Und dennoch blindlings, das Lächeln ...« Dem folgt der wahrhaft bezaubernde Gedanke, daß diese kostbare Seltenheit (im Dasein solcher Menschen) sorgfältig verwahrt werden muß und deshalb das Lächeln wie ein Heilkraut keinem Geringeren als dem Engel anvertraut wird. Das Bild des Heilkrauts konstituiert die kurze vierversige Strophe — »Engel! o nimms, pflücks, das kleinblütige Heilkraut ...« — und führt die Assoziation einer »Vase« herbei. Gemeint ist ein altes, bemaltes Apothekergefäß, das nun die Aufschrift tragen soll: »Subrisio Saltat.« — Lächeln der Tänzer (Saltatorum, abgekürzt zu Saltat).

Gleichsam als Gegenstück zu der Beschreibung des Knaben folgt als letzte Figur das junge Mädchen — »Du dann, Liebliche, / du, von den reizendsten Freuden / stumm Übersprungne« —, deren Leid wieder anderer Art ist: Leid des immerwährenden Zurschaugestelltseins, eine Situation, die in den letzten Versen dieser Strophe wieder in komplizierter Satz- und Vergleichskonstruktion charakterisiert ist, durch das Bild von Früchten, die auf dem Markt auf die Waage gelegt sind. Doch dies ist nur der herausdestillierte Gedanke, der so nicht im Gedicht steht. Da steht: »alle des Gleichgewichts schwankende Waagen«, und: »hingelegte Marktfrucht des Gleichmuts«. Das Bild der Waage verbindet die Vorstellung des Gleichgewichts, das die Akrobatin in ihren Kunststücken halten muß, mit dem Ausdruck »hingelegte Marktfrucht des Gleichmuts«, und diese Metapher meint: so gleichmütig wie die Frucht auf der Waage liegt, erträgt das Mädchen ihre öffentliche Zurschaustellung — wobei das Wort »öffentlich« in der verkürzten Verbindung »öffentlich unter den Schultern« erscheint (was vielleicht die Vorstellung erwecken soll, daß das Mädchen unter den Schultern gefaßt und gehoben, »hingelegt« wird).

Die beiden folgenden Strophen hängen zusammen und ziehen gleichsam das Fazit aus den Einzelbeschreibungen der vorhergehenden. Sie fassen nun die Kunst der Akrobaten als solche ins Auge. Diese Kunst war noch sinnvoll, sagen diese Strophen, als sie noch nicht gekonnt war, noch erarbeitet, geübt werden mußte. Das ist relativ direkt und einfach gesagt. Mehr Deutung erfordert die nächste Strophe, obwohl ihr Sinn deutlich ist: daß diese Kunst sinnlos erst dann wird, wenn sie mechanisch, ganz und gar virtuos geworden ist, wenn erreicht ist »plötzlich / die unsägliche Stelle, wo sich das reine Zuwenig / unbegreiflich verwandelt —, umspringt / in jenes leere Zuviel.« Überlegung erfordert der Ausdruck »das reine Zuwenig«. Rein ist als Gegensatz zu leer (»jenes leere Zuviel«) gesetzt und will wohl dem Negativum Zuwenig einen positiven Akzent geben. Da gerade die Arbeit des Übens, das Noch-nichtkönnen, positiv bewertet wurde, so hat das Attribut »rein« eben diesen Sinn: Solange sie übten, war noch etwas Reines, Menschliches in ihrem »mühsamen Nirgends«.

Bis hierher verweilt die Elegie in einem relativ realen Sinnbereich. Sie verläßt ihn mit den beiden letzten Strophen, die jeweils unabhängige Sinn- und Bildbereiche gestalten. — In der vorletzten Strophe erscheint eine neue Figur, wenn auch keine reale: die Modistin, Madame Lamort, deren so geschriebener Name, nicht gleich erkennbar, ›der Tod‹ bedeutet. Hat diese Modistin etwas mit den Saltimbanques zu tun? Sie hat mit Bändern, Schleifen, Rüschen, Blumen, Kokarden, künstlichen Früchten zu tun, »für die billigen Winterhüte des Schicksals«. Lassen wir vorläufig das Attribut »des Schicksals« beiseite, ebenso das, was die Bänder sind, nämlich »die ruhlosen Wege der Erde, endlose Bänder«. Beachtung fordern zunächst die Attribute künstlich, billig, unwahr — »alle unwahr gefärbt« —, die eine Verbindung zu den Artisten herstellen: Die Kunst der Modistin ist unwahr, unecht, Schein — wie die der Artisten. Aber nicht zufällig heißt es »Plätze, o Platz in Paris, unendlicher Schauplatz«; nicht zufällig heißt die Modistin Lamort. Der Tod in Paris, schon im *Stundenbuch* und im *Malte* als nicht echter, natürlicher Tod beklagt, der billige, unechte Tod ist in das Bild der Modistin, der Herstellerin unechter Dinge gekleidet. Dies ist nicht mehr direkt auf die Akrobaten bezogen, von denen nur die Aspekte der Unechtheit (ihrer Kunst) und der Ruhelosigkeit (ihres Lebens) abgeleitet sind, umgesetzt nun in das allgemeine Bild der »ruhlosen Wege der Erde«, die das Schicksal eines großen Teils der Menschheit sind. Die Auslegung setzt voraus, daß das zu »billige Winterhüte« geordnete Wort »Schicksal« zu interpretieren ist als ›billiges Schicksal‹, als zusammenfassender Begriff für die Existenz der Artisten, die aber ihrerseits in dieser Strophe symbolhaft für die Menschheit erscheinen.

Die punktierte Zeile und der größere Zwischenraum zwischen dieser und der letzten Strophe kündigen einen neuen Gedanken, ja, wie sogleich erkennbar wird, einen neuen Schauplatz an, und zwar einen transzendenten, nur hypothetischen: »Engel!: Es wäre ein Platz, den wir nicht wissen...« Aber ein Platz, auf dem gleichfalls »Artisten« sich betätigen, gedachte und, im Unterschied zu den Saltimbanques, glückliche, gelingende: wiederum die Liebenden, denen Rilke in der Zweiten Elegie ein im Irdisch-Menschlichen zu erreichendes völliges Erfülltsein und Gelingen abgesprochen hatte und von denen es auch jetzt heißt: »die 's hier bis zum Können nie bringen«. Dies nun, so läuft der seltsame Gedanke, erreichen sie erst »dorten«, im imaginären Reich der Engel. Die gedachten Liebenden werden in eine Saltimbanques-Figuration transponiert, die aus den Momenten der Liebe gefügt ist: »ihre kühnen / hohen Figuren des Herzschwungs, / ihre Türme aus Lust, ihre / längst, wo Boden nie war, nur an einander / lehnenden Leitern, bebend« — zu verstehen als Gegensatz zu dem Baum der Artisten, der immer wieder zusammenfällt. Diese Artisten, die Liebenden, kommen denn auch nicht wie jene armen auf dem verlorenen Teppich im Weltall, sondern »auf gestilltem Teppich« nieder. — Das Akrobatenbild wird durchgehalten, indem auch hier Zuschauer da sind, aber Tote: »— und könntens / vor den Zuschauern rings, unzähligen lautlosen Toten: . . .« Der Doppelpunkt, der hinter dieses Wort gesetzt ist, deutet an, daß die folgenden Verse über den Sinn, in dem die Toten hier aufgerufen sind, aufklären werden. Dabei ist zu beachten, daß diese Verse als Frage, dazu als konjunktivische, gesetzt sind:

> *Würfen die dann ihre letzten, immer ersparten,*
> *immer verborgenen, die wir nicht kennen, ewig*
> *gültigen Münzen des Glücks vor das endlich*
> *wahrhaft lächelnde Paar auf gestilltem*
> *Teppich?*

Das deutet eine sozusagen zögernde Kühnheit des hier ausgedrückten Gedankens an, als wage der Dichter es kaum, ihn überhaupt zu denken. Was also tun die toten Zuschauer? Sie bezahlen — genauer: es wird gefragt, ob sie es tun — mit »ewig gültigen Münzen des Glücks« die Schau, die ihnen »das endlich wahrhaft lächelnde Paar« bietet. Wie ist dies ins Transzendente, Imaginäre projizierte Bild der Liebenden als Artisten zu verstehen? Zum letztenmal innerhalb der Elegien (bis auf eine Stelle von sekundärer Bedeutung in der Neunten) erscheinen hier die Liebenden, und zum erstenmal wird ihnen vollendetes, endlich erreichtes Glück bescheinigt. Die Attribute: wahrhaft lächelnd, ewig gültiges Glück, gestillt, werden hier zum erstenmal den Liebenden beigelegt. Aber ebenso ist die innere Dialektik zu vermerken, die diese Aussagen enthalten: daß es das Jenseits ist, das dem Hier des zweiten Verses dieser Strophe entgegensteht, das Reich der Toten, der imaginäre

Ort der Engel. Die Attribute des Glücks gelten nur dort, nicht in der Realität des Menschen, der Realität der Saltimbanques, des Leids, der Unwahrhaftigkeit und Unechtheit. Nur im Irrealen, im Nichtmehrhiesigen, existiert ein Glück. Existiert es dann überhaupt? Das wäre die Frage und zugleich die Antwort der Realität. Aber die Dichtung hat eine andere Ordnung, eine andere Seinsweise. Erscheinen in ihr die Worte Glück, Lächeln, ewige Gültigkeit, wenn auch nur in Verbindung mit einer irrealen Welt, so haben sie Realität, die Realität, die ihnen das dichterische Wort verleiht. Rilke mag diese zuletzt gedichtete Elegie in die Mitte des Zyklus gesetzt haben, weil sie mit ihren letzten Worten Hoffnung aufscheinen läßt. Und es folgt eben auf sie die Sechste Elegie, die eine Wendung bedeutet, den Aspekt der Schwierigkeit menschlicher Existenz verläßt und einen möglichen anderen hervorkehrt.

## DIE SECHSTE ELEGIE (1913/22)

Sie wird als die Heldenelegie bezeichnet. Denn das, nun freilich keineswegs konkrete, stellvertretende Beispiel für eine nicht mehr schwierige, sondern geglückte Existenz ist in diesem Gedicht der Held, die Idee des Helden. Die Elegie setzt ein mit einem ausgesprochenen Symbol. Der Feigenbaum, oder besser: die besondere Wachstumsart des Feigenbaums, ist ein Symbol für die Idee des Helden, die Rilke sich gebildet hat: die gleich zur Vollendung geborene, jede natürliche Entwicklung überspringende Daseinsform des Helden. Der Feigenbaum hat keine Blüte, sondern entwickelt gleich die Frucht:

> *Feigenbaum, seit wie lange schon ists mir bedeutend,*
> *wie du die Blüte beinah ganz überschlägst*
> *und hinein in die zeitig entschlossene Frucht,*
> *ungerühmt, drängst dein reines Geheimnis.*

Er hält sich mit dem Ruhm und Stolz des schönen Blühens nicht auf, sondern drängt zum Wesentlichen, der Hervorbringung seines Ziels, der Frucht. Dies wird einige Verse weiter noch näher durch unser entgegengesetztes Verhalten erläutert. Wir (die wir die natürlichen Lebensalter durchlaufen und in der Jugend unser schönstes sehen, wäre zu ergänzen): »Wir aber verweilen, / ach, uns rühmt es zu blühn«, und kommen deshalb verspätet zum Ziel: »und ins verspätete Innre / unserer endlichen Frucht gehn wir verraten hinein«. Wir haben an uns selbst Verrat geübt, weil es nicht auf die Blüte, sondern auf die Frucht ankommt.

Das Symbol des Feigenbaums wird (um im Bilde zu bleiben) noch weiter verästelt, und zwar auf metaphorischem Wege: die gebogenen Zweige werden mit den Röhren der Fontäne verglichen; und auf diese Weise, wenn auch keineswegs sehr genau, ist veranschaulicht, wie der Saft schnell durch den Baum getrieben wird: »Wie der Fontäne Rohr treibt dein gebognes Gezweig / abwärts den Saft und hinan«. Der Saft aber, dessen Aufschießen zur Reife als »Glück seiner süßesten Leistung« bezeichnet wird, in das »er springt aus dem Schlaf«, muß sich seinerseits den einigermaßen hergeholten Vergleich mit Zeus gefallen lassen — »Sieh: wie der Gott in den Schwan« —, wobei der Schwan, in den sich Zeus verwandelt und der die Zeugung vollbringt, gleich Leda mitmeint.

Diese Kette von Symbolen und Metaphern, die alle das schnelle Erreichen eines Ziels an organischen Phänomenen verbildlichen, weist also auf die Daseinsform des Helden hin, die von Rilke auf eine einzige und als solche sehr abstrahierte Eigenschaft reduziert wird: sein ständiges Voranstürmen im »Andrang des Handelns«. Die seltsame Aussage, daß die Helden wie die jungen Toten, die »frühe Hinüberbestimmten« (die ja für Rilke immer eine von Bedeutung erfüllte Vorstellung sind), »dem eigenen Lächeln ... voran« sind, mag wohl meinen, daß sie in ihrem Voranstürmen keine Zeit zum Lächeln, als einem verweilenden Augenblick des Lebens, haben; aber es kann auch sein, daß der Vergleich für diese Feststellung, nämlich die ägyptischen Bilder in der Pyramide von Karnak mit Königswagen und Rossegespann (die Rilke 1911 auf seiner ägyptischen Reise gesehen hatte), das Dominierende ist: »wie das Rossegespann in den milden / muldigen Bildern von Karnak dem siegenden König«. Doch das Gleichnis dieser eiligen Rosse für die sich jeder Anschauung entziehende Idee des dem eigenen Lächeln Vorausseins erscheint nicht überzeugend. — Auch die weiteren Aussagen kreisen um das ständige Voran des Heldenlebens: »Sein Aufgang ist Dasein« (das Dasein wird also durch eine Aufwärtsbewegung definiert, in paradoxem Gegensatz zu seinem eigentlichen Wortsinn des Ruhens), »beständig nimmt er sich fort«, sein »Schicksal / singt ihn hinein in den Sturm seiner aufrauschenden Welt«.

Im zweiten Teil der kurzen Elegie konkretisiert sich die abstrakte Heldenidee zum fast traditionellen biblischen Heldenmuster Simson. Zu erklären ist vor allem die Stelle:

> *Und wenn er Säulen zerstieß, so wars, da er ausbrach*
> *aus der Welt deines Leibs in die engere Welt, wo er weiter*
> *wählte und konnte.*

Diese Zeilen schließen an die Vorstellung an, daß Simson schon im Mutterleibe sich zum Helden bestimmt, sich dazu erwählt habe. Der Ausdruck »Tausende brauten im Schooß« kann sinnvoll nur verstanden werden als tausend Möglichkeiten, die der Embryo für seine künftige Menschen- und Daseinsform hat und von denen der Held, Simson, die heldische wählte. Wenn dann die Welt, in die er hinaustrat und in der er Säulen zerstieß, »die engere Welt« im Vergleich mit der des Mutterschooßes genannt wird, so muß man im Anschluß an die vorhergehenden Verse interpretieren: Die Möglichkeiten des Werdens sind im vorgeburtlichen Stadium noch unendlich, während die Lebenswelt dann voller Bedingtheiten und Beschränkungen ist, in der nun aber der Held erst wirklich seine Taten wählen und leisten muß: »wo er weiter wählte und konnte«. — Der Schluß bringt nochmals andere Metaphern für das Voranstürmen des Helden: Das Bild der »reißenden Ströme« bringt das der »Schluchten« hervor, in die sich hoch von ihrem Rand (der aber — damit man das Bild nicht als konkretes mißverstehe — der »Herzrand« ist) die Mütter und künftigen Geliebten klagend stürzen, Opfer des Heldendaseins, das kein Verweilen, keine Aufenthalte kennt, das auch »Aufenthalte der Liebe« sogleich hinter sich läßt.

Genau zu der Zeit, in der Teile der Sechsten Elegie entstanden, 1913, hat Rilke noch ein Gedicht über den Helden geschrieben, das als drittes Sonett zu einem aus fünf Sonetten bestehenden Zyklus gehört.

*Der Held ist eins. Im Helden ist Gewalt.*
*Er neigt die Welt: die Zeit stürzt ihm entgegen.*
* * * * * * * *
*...und wenn er liebt:*
*wo ist ein Herz, das er nicht überschritte?*
*So nimmt er unaufhaltsam zu. Zuletzt*
*wirft ihn sein Schwung zu den gestirnten Bildern.*

Das unterstreicht noch stärker die positive Existenzform, die Rilke in der Idee des Heldenlebens, als einem besonders extremen Beispiel, veranschaulichen wollte. Schon der Begriff »Held« meint ja etwas ganz und gar Positives, Werthaftes.

Der Platz der Heldenelegie zwischen der Fünften und der Siebenten Elegie hat seinen wohlbedachten Sinn. Zur Fünften Elegie bildet sie den Gegensatz einer positiven Seinsmöglichkeit des Menschlichen und bereitet damit den Weg zu der positiven Lösung, die freilich auf eine ganz andere Weise in der Siebenten Elegie sich anbahnt und, nochmals unterbrochen von der Achten Elegie, in der Neunten sich vollendet. Die Sechste Elegie hat die Bedeutung einer Wende im Elegiensystem.

## DIE SIEBENTE ELEGIE (1922)

Das positive Lebensgefühl, das mit der Siebenten Elegie einsetzt, ist zunächst einfacher Art; es ist das beglückende Erlebnis der Frühlings- und Sommernatur.

Frühlingshaftes enthält bereits die erste Strophe, die nun als solche freilich keineswegs einfach ist, sondern um das Wort »Werbung«, mit dem sie beginnt, ein höchst verwickeltes Gedankengewebe bildet. Der Sinn muß sozusagen aus der ersten Verszeile ausgewickelt werden, die sich nicht gleich dem Verständnis erschließt:

*Werbung nicht mehr, nicht Werbung, entwachsene Stimme,*
*sei deines Schreies Natur ...*

Was für eine Werbung ist gemeint? Sie wird sogleich abgewiesen: Werbung soll nicht mehr sein, statt ihrer »entwachsene (das heißt: der Werbung entwachsene) Stimme«. Diese »Werbung« und das Wort »Schrei« — das weist zurück auf den ersten Vers der Ersten Elegie: »Wer, wenn ich schriee, hörte mich denn aus der Engel / Ordnungen?« Der hypothetische Schrei — »wenn ich schriee« — richtet sich an die Engel, bedeutet Werbung um sie, »den Lockruf dunkelen Schluchzens« (der aber »verschluckt« wird), bedeutet Werbung um die Teilhabe am Sein, das sie repräsentieren (wie es in den ersten beiden Elegien zum Ausdruck gekommen war). Werbung aber ist Abhängigkeit. Der Mensch hat seinen eigenen Standort, seinen eigenen »Streifen Fruchtlands« (Zweite Elegie) noch nicht gefunden. Die Siebente Elegie aber wird es anders wenden; am Ende wird das Ich um den Engel nicht mehr werben: »Glaub *nicht*, daß ich werbe. / Engel, ...« Aber die erste Strophe hat weiter Werbung zum Thema, und nicht mehr in negierender Form. Der großen negierten Werbung wird durch ein einschränkendes »zwar« eine andere, dem Menschen zunächst gemäßere entgegengesetzt, eine Werbung, in der er sich verhält wie der Vogel im Frühling, die Liebeswerbung:

> *zwar schrieest du rein wie der Vogel,*
> *wenn ihn die Jahreszeit aufhebt, die steigende ...*
> . . . . . . . .
> *Wie er, so*
> *würbest du wohl, nicht minder —, daß, noch unsichtbar,*
> *dich die Freundin erführ ...*

Daß auch diese Werbung konjunktivisch ausgesprochen ist und sich an eine hypothetische, künftige, »noch unsichtbare« Geliebte richtet, wird aber aufs kunstvollste durch die folgenden Indikativaussagen zurückgedrängt:

> *in der eine Antwort*
> *langsam erwacht und über dem Hören sich anwärmt, —*
> *deinem erkühnten Gefühl die erglühte Gefühlin.*

Durch den starken Gefühlston der letzten Verszeile, mit dem vierfach klingenden *ü* des Wortes Gefühl, wird es ins positiv Erfüllte gewendet. Das freudige *ü* erklingt dann erst ganz im Worte Frühling, mit dem die zweite Strophe einsetzt:

> *O und der Frühling begriffe —, da ist keine Stelle,*
> *die nicht trüge den Ton der Verkündigung.*

Der Frühling begriffe: damit wird gleichsam der Frühling intensiviert zur Erkenntnis seiner selbst, ja alles dessen, was mit dem Worte »Frühling« an Glück des Naturlebens aufklingt. Ein Vogel wird nicht mehr genannt, aber er ist das Naturobjekt, an dem sich der Frühling konkretisiert, mit Bezeichnungen von Lauten, von Vogellauten:

> *Erst jenen kleinen*
> *fragenden Auflaut, den, mit steigernder Stille,*
> *weithin umschweigt ein reiner bejahender Tag.*
> *Dann die Stufen hinan, Ruf-Stufen hinan, zum geträumten*
> *Tempel der Zukunft —; dann den Triller, Fontäne . . .*

Kleiner fragender Auflaut, Ruf-Stufen, Triller, alles schon vorgängig zusammengefaßt als »Ton der Verkündigung«, der nun wieder seine Entsprechung in dem Bild von dem »geträumten Tempel der Zukunft« hat, das seinerseits assoziativ zu den »Ruf-Stufen« gehört, die zu einem »Tempel« hinauf führen: Zukunft — das Kommende, das Ziel, der Sommer als Ziel des Frühlings, das im Frühling selbst erst nur »erträumt« ist. — Die dritte Strophe, in kunstvoller Satz- und Aussagekonstruktion zum Preis der Sommernächte sich steigernd (»Nicht nur die Morgen alle des Sommers . . . Nicht nur die Tage . . . nicht nur die Wege . . . sondern die Nächte! . . .«), bietet keine gedanklichen und metaphorischen Schwierigkeiten. Erst mit der vierten Strophe treten wieder seltsame, aus dem natürlichen Bereich wegführende Vorstellungen auf, und von da an kompliziert sich der Gedankengang- und -zusammenhang beträchtlich.

Doch da wir mit solchen Vorstellungen Rilkes nun schon vertraut sind, überrascht es uns nicht, daß auf dem poetischen Schauplatz wiederum junge Tote, diesmal junge, verstorbene, begrabene Mädchen auftreten. Freilich kommen sie herauf in seltsam imaginärer Weise. Es ist die Liebeswerbung des Frühlings, in deren Zusammenhang dies geschieht: »Siehe, da rief ich die Liebende.« Und dieser Ruf ist so mächtig, daß er selbst tote Mädchen erweckt:

> *Aber nicht s i e nur*
> *käme . . . Es kämen aus schwächlichen Gräbern*
> *Mädchen und ständen . . . Denn, wie beschränk ich,*
> *wie, den gerufenen Ruf?*

Es ist zu beachten, daß das Imaginäre dieser Vorstellung sich im Konjunktiv irrealis ausdrückt, weshalb die Interpreten überlegt haben, ob nicht vielleicht schon das »rief«, das ohne Apostroph steht, ein Konjunktiv sei, also kein Indikativ des Imperfekts. Zu vermuten ist, daß dies mit Absicht unentschieden gelassen ist, in der Schwebe, die eben diese ganze Vorstellung von den ihren Gräbern entsteigenden Mädchen kennzeichnet. Sie entsteigen »schwächlichen« Gräbern. Schwächlich ist ein Attribut, das sich wohl auf Mädchen, aber gemeinhin nicht auf Gräber beziehen kann. Doch die ungewöhnliche Wortverbindung kann meinen, daß für die jung Verstorbenen die Gräber noch nicht alt und haltbar genug sind, die Erde, in die sie gebettet sind, noch nicht tief genug ist: »Die Versunkenen suchen / immer noch Erde.« Man erkennt die Idee der Ersten Elegie wieder, daß die jungen Toten mit dem Totsein noch nicht vertraut sind, das Leben ihnen noch nah ist. Dieser Gedanke zeigt sich hier in komplizierterem Ausdruck: »Ihr Kinder, ein hiesig einmal ergriffenes Ding gälte für viele«. Das heißt: ein Ding, einmal ergriffen, uns zu eigen gemacht, kann viele andere Dinge ersetzen oder steht als pars pro toto. Der Konjunktiv »gälte« ist noch auf die hypothetisch angenommenen Mädchen zu beziehen, des Sinnes: Kämet ihr, würde das auch für euch gelten. Es wird weiter zu den toten Mädchen geredet, die kaum der Kindheit entwachsen waren. Sie haben noch kein Schicksal gehabt und werden mit der Beteuerung getröstet, daß Schicksal nicht mehr bedeute als die Kindheit, die noch »dicht« (das heißt: noch nicht gestört) ist: »Glaubt nicht, Schicksal sei mehr, als das Dichte der Kindheit.« Der Horizont der Kindheit ist noch frei; kein Ziel — so kann man den Ausdruck »auf nichts zu, ins Freie« er-

139

weitern —, kein Ziel, wie der Lebensweg des Erwachsenen es haben muß, verstellt den freien Horizont. Dies veranschaulicht das Bild des seligen Laufes:

*wie überholtet ihr oft den Geliebten, atmend,*
*atmend nach seligem Lauf, auf nichts zu, ins Freie . . .*

Das Verb »überholen« ist doppelsinnig: es kann frohes Wettlaufen mit dem Geliebten meinen, aber bei Rilke auch seine Idee von den liebenden Frauen, deren Liebe den Geliebten übertrifft und ins Freie stößt wie der von der Sehne abgeschnittene Pfeil — das Gleichnis, welches dafür in der Ersten Elegie gebraucht wurde.

Aber alles, was in dieser Elegie bisher gesagt ist, von der Liebeswerbung im Frühling bis zu der Vision der ihre Gräber verlassenden, zum Leben zurückkehrenden jungen Mädchen, strebt auf den Preis des Hiesigen, des Irdischen zu und gipfelt in dem schlichten Satz: »Hiersein ist herrlich.« Die toten Mädchen sind jedoch noch nicht gleich vergessen; nun aber erscheinen sie nicht als mögliche Auferstehende, sondern als die einst Lebenden, und zwar als solche armen Geschöpfe, die »in den ärgsten Gassen der Städte, Schwärende«, haben wohnen müssen. Auch sie aber haben, wenn auch nur für einen Augenblick (»ein mit den Maßen der Zeit kaum Meßliches«), das Glück dazusein erlebt, haben gewußt, daß sie ein Dasein hatten. »Die Adern voll Dasein.«

Mit diesem so betonten Wort »Dasein« aber verläßt der Gedankengang die toten Mädchen und wendet sich dem Sinn dieses Begriffes zu, dem Sinn dessen, was Dasein, unser Dasein, eigentlich ist und ausmacht. Das zweite bedeutsame Wort, das nun aufgerufen wird, ist »sichtbar«, versteckt zuerst in einer im Zusammenhang seltsamen Paraphrase, die unser extravertiertes, auf das »Man« (um mit Heidegger zu reden) gerichtetes Leben kritisiert:

*Nur, wir vergessen so leicht, was der lachende Nachbar*
*uns nicht bestätigt oder beneidet. Sichtbar*
*wollen wirs heben . . .*

Und dies will sagen, daß wir nur das als Besitz, als den Sinn unseres Daseins empfinden, was aller Welt sichtbar ist, und darüber das wahre Dasein vergessen, das nicht mehr sichtbar ist. Es erscheint das dritte zentrale Wort (zentral nicht nur im Zusammenhang dieser Elegie, sondern als ein Wendepunkt der Frage nach der menschlichen Existenz überhaupt, die Rilkes Dichten vorantreibt), das Wort »verwandeln«:

*wo doch das sichtbarste Glück uns*
*erst zu erkennen sich giebt, wenn wir es innen verwandeln.*

Es wird zum Substantiv erhöht und damit unterstrichen:

*Nirgends, Geliebte, wird Welt sein, als innen. Unser*
*Leben geht hin mit Verwandlung.*

Das Äußere, Sichtbare muß verinnert werden, damit es unser werden kann. Idealistische, romantische Weltanschauung, Primat des Bewußtseins vor dem Sein klingt an, ein berühmtes Novalis-Wort etwa: »Ist denn das Weltall nicht in uns? . . . In uns oder nirgends ist die Ewigkeit mit ihren Welten, die Vergangenheit und Zukunft.«
Soweit, bis zu dem Vers »Unser Leben geht hin mit Verwandlung«, läßt sich die Daseinsmeditation leicht nachvollziehen; sie scheint, wie gesagt, sogar auf vertrauten Bahnen idealistischer Philosophie zu gehen. Aber bei Rilke geht nicht so leicht etwas auf vertrauten Bahnen. Abrupte, oftmals assoziativ herbeigeführte Vorstellungen heben sie wieder auf. Verwirrung entsteht für den Interpreten, wenn unmittelbar auf das Wort »Verwandlung« im selben Vers die Worte folgen:

*Und immer geringer*
*schwindet das Außen. Wo einmal ein dauerndes Haus war,*
*schlägt sich erdachtes Gebild vor, quer, zu Erdenklichem*
*völlig gehörig, als ständ es noch ganz im Gehirne.*

Dies verwirrt, denn »immer geringer schwindet das Außen« bedeutet nicht, wie man aus dem Vorhergehenden schließen könnte, daß das

Außen zugunsten des Innern immer »geringer«, weil immer mehr verinnert wird, sondern es bedeutet (was erst die weiteren Aussagen erschließen und woraus diese erst verständlich werden), daß in unserer Zeit nicht viel mehr übrig ist, um überhaupt innen verwandelt, und das heißt: zu unserem wahren Besitz gemacht werden zu können. Damit schiebt sich eine ganz andere Vorstellung ein, und zwar eine Vorstellung, die dem Dingdichter Rilke zugehört. Was Rilke unter Ding verstand, das waren beseelte, belebte, erlebte, mit dem Leben des Menschen und der Menschheit gewachsene Dinge, nicht aber das, was der »Zeitgeist« unserer heutigen technischen Welt hervorbringt: Konstruiertes, Erdachtes, aus Kraft und Masse Errechnetes. Der Vers »Wo einmal ein dauerndes Haus war, schlägt sich erdachtes Gebild vor« wird nun verständlich. »Gestaltlos« schafft der »Zeitgeist«. »Tempel kennt er nicht mehr.« Aber nur Dinge wie Tempel, zu denen der Mensch eine innere Beziehung hat, die er verehrt, geliebt hat (»ein einst gebetetes Ding, ein gedientes, geknietes«), nur Dinge, die an sich schon innerlich ergriffen werden, können zu einem inneren Besitz werden, der ihrer äußeren Existenz nicht mehr bedarf, sondern als unsichtbarer existiert und verewigt wird. Ein solches Ding »hält . . . sich, so wie es ist, schon ins Unsichtbare hin«.

Es folgen Verse, die jene Menschen beklagen, die solche Beziehung zu den Dingen nicht mehr haben und in Zeiten leben, wo die Struktur der Gesellschaft sich verändert, wie im 19. Jahrhundert, als die vorindustrielle in die industrielle Wirtschaftsordnung überging. »Jede dumpfe Umkehr der Welt hat solche Enterbte.« Das Folgende ist deutlich: »*Uns* soll dies nicht verwirren«, uns wenige, die wir noch von den schönen alten Dingen wissen und aufgerufen sind, sie in uns zu bewahren: »es stärke in uns die Bewahrung der noch erkannten Gestalt«, als Halt in der Desorientierung, die das Leben bringen kann. Denn: »Dies *stand* einmal unter Menschen, / . . . / im Nichtwissen-Wohin stand es, wie seiend, und bog / Sterne zu sich aus gesicherten Himmeln«, orientiert an den festen, ewigen Konstellationen der Sterne.

Wenn nun, im selben Atemzug, wieder Hinwendung zum Engel erfolgt, so geschieht das nicht mehr im Gefühl der Nichtigkeit und Flüchtigkeit des Menschen, sondern seines sich behauptenden Eigenwertes. Das vom Menschen Geschaffene, eben die werthaften Dinge, »Säulen,

Pylone, der Sphinx«, der aufwärts strebende Dom, — großes Menschenwerk gibt ihm das Selbstbewußtsein und wird dem Engel vorgezeigt, daß er es bestaune: »O staune, Engel, denn *wir* sinds / wir, o du Großer, erzähls, daß wir solches vermochten.« So heißt es in fast naivem Stolz, der nun bis zum Schluß der Elegie anhält und sich steigert bis zur Abweisung des Engels, zur Zurücknahme der Werbung um ihn, mit der die Elegie eingesetzt hatte. Statt des Anrufs der Werbung steht jetzt der des »Hinweg«, veranschaulicht im Bild des gestreckten Arms mit der abwehrenden Hand. Eine positive Antwort auf die Frage nach dem Standort des Menschen scheint gefunden zu sein in der Besinnung auf die schöpferische Kraft.

Dennoch ist die endgültige Lösung in der Siebenten Elegie noch nicht erreicht. Ein Symptom davon könnte man in ihrem merkwürdig sprunghaften Gedankengang sehen. Genau sind die Stellen zu kennzeichnen, an denen ein Gedankenkomplex verlassen wird und ein neuer, mehr oder weniger assoziativ herbeigeführt, einsetzt. Der Preis des Hierseins geht über in den Gedanken der Verwandlung des Sichtbaren ins verinnerte Unsichtbare. Diese Idee wird abgebrochen durch den Gedanken an die technische Welt, die sich solcher Verwandlung nicht fügt; und der dazu kontrastierende Gedanke an die Dinge, die die künstlerische Schöpferkraft des Menschen hervorgebracht hat, dominiert und kulminiert zuletzt in dem stolzen Selbstbewußtsein, das sich dem Engel gegenüber behaupten kann. Der entscheidende Gedanke der Verwandlung wird erst in der Neunten Elegie wieder aufgenommen und zu der Lösung geführt, die von je erstrebt war. Dazwischen aber steht die achte Elegie.


## DIE ACHTE ELEGIE (1922)

Sie wurde am selben Tag wie die Siebente Elegie begonnen und am folgenden vollendet (7./8. Februar 1922). Ihre Stellung zwischen der Siebenten und der Neunten Elegie ist vorerst zu bedenken.

Die Achte Elegie unterbricht den Prozeß der Lösung in diesen Elegien und hat noch einmal zum Thema jene Problematik, die acht Jahre

zuvor das Gedicht *Ausgesetzt auf den Bergen des Herzens* hervorgebracht hatte: die leidvolle Gegenüber-Situation, die dem Menschen
durch sein Bewußtsein gegeben ist und ihn hindert, als glücklich unbe-
wußter Teil des außermenschlichen Seins zu existieren, dazusein wie
das Tier und das Kind. Ja, das jubelnde »Hiersein ist herrlich« und
»Die Adern voll Dasein« der Siebenten Elegie wird hier gleichsam
zurückgenommen; Dasein wird aufs neue problematisch. Dies ist
der relativ einfache Grundgedanke. Doch bieten eine Reihe von Formulierungen Schwierigkeiten.

Dies ist schon der Fall in den berühmten Anfangsversen:

> *Mit allen Augen sieht die Kreatur*
> *das Offene. Nur unsre Augen sind*
> *wie umgekehrt und ganz um sie gestellt*
> *als Fallen, rings um ihren freien Ausgang.*

Wenn der erste Satz, daß die Kreatur, das Tier also (das auch gleich
darauf im nächsten Vers genannt wird), mit allen Augen das Offene
sieht, in seinem Sinn deutlich ist, so enthält der zweite Vers, der von
»unsren Augen« sagt, sie seien »wie umgekehrt«, also vom Offenen
weg, die Schwierigkeit der Aussage: »ganz um sie gestellt als Fallen«.
Es stellt sich die Frage, worauf sich hier das Pronomen »sie« bezieht.
Es kann sich nur auf »Kreatur« beziehen, aber auf welche? Gemeint
kann wohl nur die Kreatur in uns selbst sein, da unsere Augen nicht
als Fallen um eine andere gestellt sein können; unser kreatürliches Leben, so müssen wir wohl auslegen, hat, da es zugleich auch unser be-
wußtes ist, keinen freien Ausgang wie das des Tiers, dessen »Antlitz
allein« uns ein Wissen um das Offene, das hier das Sein bezeichnet, gibt.
»Was draußen *ist*«: die Hervorhebung des »ist« macht es aus dem
Prädikatteil zum selbständigen Verb, das ontologischen Sinn ausdrückt, den Sinn »Sein« als solchen. Rilke arbeitet hier mit räumlichen
Vorstellungen und Adverbien, um das Verhältnis von Bewußtseinsinnen und -außen konkret zu machen. Das Kind »wenden wir um«,
»daß es rückwärts Gestaltung sehe, nicht das Offne«. Gestaltung wird
dem Offnen entgegengesetzt und muß in demselben Sinn verstanden
werden, in dem in der Ersten Elegie von der gedeuteten Welt (das

heißt: der von uns deutend gestalteten Welt) gesprochen wurde. Hier nun, in der Achten, wird es besonders deutlich, daß der Begriff »Welt« die gewußte Welt, sozusagen den Erkenntnisraum des Ich, des Menschen meint, in Gegensatz zu dem Offenen oder, wie es hier auch heißt, dem »reinen Raum«:

> *W i r  haben nie, nicht einen einzigen Tag,*
> *den reinen Raum vor uns, in den die Blumen*
> *unendlich aufgehn. Immer ist es Welt . . .*

So heißt es einige Verse weiter. Zuvor ist das Offene, der reine Raum des nicht Bewußtsein habenden, nicht deuten- und gestaltenkönnenden Tiers Gegenstand weiterer Meditation. Es gehört zu dieser Unbewußtheit des Tierlebens, daß es »frei von Tod« ist. Das heißt nicht, daß es nicht auch wie alles Lebendige stirbt, sondern daß es nicht vom Tode weiß, im Gegensatz zu uns. Die Wendung »das freie Tier / hat seinen Untergang stets hinter sich« drückt dies Nichtwissen wieder räumlich aus: Was man hinter sich hat, sieht man nicht; das Tier sieht den Tod nicht, und deshalb ist er für es nicht. Wenn es dann weiter heißt: »und vor sich Gott«, so bedeutet auch das nicht, daß das Tier ein Wissen von Gott hätte, sondern »Gott« steht hier für das Offene, das Sein, dessen Zeit die Ewigkeit ist und damit auch die Zeit des ohne Zeitbewußtsein lebenden Tiers: »und wenn es geht, so gehts / in Ewigkeit, so wie die Brunnen gehen«.

Der zweite Abschnitt der ersten umfangreichen Strophe wendet sich intensiver unserer Bewußtseinssituation zu, die beklagt wird. Es wurde schon der damit zusammenhängende Weltbegriff (»Immer ist es Welt«) zitiert, aber die anschließende, wiederum komplizierte Feststellung noch fortgelassen: »und niemals Nirgends ohne Nicht: das Reine, / Unüberwachte, das man atmet und / unendlich *weiß* . . .« — Dies ist wohl in folgender Weise aufzuschlüsseln. »Nirgends ohne Nicht«: das ist ein Nirgends ohne negativen Sinn, bezeichnet durch die ungewöhnliche grammatische Fügung »ohne Nicht«, ohne das Verneinungsadverb also; ein Nirgends, das positiv zu verstehen ist, als »das Reine, Unüberwachte«, das heißt: als das nicht den Kategorien der gedeuteten Welt Unterworfene, vom Bewußtsein nicht Überwachte. — Wieder ist es das Kind, das, wenn es nicht »gerüttelt« (wie vorher »umgekehrt«) wird, noch in diesem unüberwachten reinen Raum stehen kann: »Als Kind verliert sich eins im Stilln an dies und wird gerüttelt«. Auch der Sterbende ist dem gestaltenden Bewußtsein enthoben: »Oder jener stirbt und *ists*«. Er ist's — nämlich ein Teil des reinen Raumes selbst; für ihn wie für das Tier gilt, daß er den Tod nicht sieht, nicht mehr sieht, weil er ihm schon zu nahe ist. Die dritte Kategorie von Wesen, denen Rilke die Vorstellung der reinen Seinserfahrung immer wieder einlegt oder einlegen möchte, ist die der Liebenden, die »nah daran« sind, würden sie nicht gerade vom Liebespartner gehindert: »wäre nicht der andre, der die Sicht verstellt«. Doch wenn im Blick auf das Kind und den Sterbenden die Vorstellung, daß sie der gedeuteten Bewußtseinswelt enthoben sind, einsehbar und schön ist, so läßt sich das für die Liebenden nicht recht nachvollziehn. Aber das gelegentliche Ausgleiten ins Abstruse, zu der diesen Dichter seine absonderliche und manchmal gewaltsame Vorstellungsweise verführt, muß in die Interpretation und Charakteristik aufgenommen werden.

Die Elegie wendet die eine Idee der Bewußtheit des Menschen im Gegensatz zur Unbewußtheit vor allem des Tiers hin und her; und daß Bewußtsein Getrenntsein vom Sein, Gegenüber besagt, wird am Schluß der ersten Strophe als Schicksal des Menschen direkt ausgesprochen:

> *Dieses heißt Schicksal: gegenüber sein*
> *und nichts als das und immer gegenüber.*

Man könnte sich fragen, welchen Stellenwert die folgende kurze Strophe hat, die noch einmal sich auf das reine, unbewußte Tier-Dasein einläßt, keinen neuen Gedanken und nur gering von dem Vorhergehenden abweichende Formulierungen hinzufügt (»... sein Sein ist ihm unendlich, ungefaßt ... rein, so wie sein Ausblick«). Zu antworten wäre: daß sie einen neuen Gedanken einleitet, der die Unbewußtheit und damit das Glück des Tiers differenziert, es nach seinen Gattungen abstuft.

Zunächst ist da das »wachsam warme Tier«, dem Attribute, die auch dem menschlichen Seelenleben zugehören — »Gewicht und Sorge einer großen Schwermut«, ja Erinnerung —, zugeschrieben werden. Es läßt an den Hund, den Hausgenossen des Menschen, denken. Doch das »wachsam warme Tier« steht hier für das Säugetier allgemein, als diejenige Gattung, die auch den Menschen einschließt, insofern für sie die Worte gelten: »Nach der ersten Heimat / ist ihm die zweite zwitterig und windig«. Völlig erschließt sich erst aus dem zweiten Abschnitt der Strophe, was diese Heimat bedeutet. Das Wort »Schooß« erscheint erst dort. Der Mutterschoß ist die Heimat, die das Säugetier bei seiner Geburt verläßt, um in seine zweite, nicht mehr behütende, bergende, sondern zwitterige und windige einzutreten. »Sorge« und »Schwermut« des Säugetiers bezeichnen gewissermaßen eine Vorform, eine noch im Organischen wurzelnde Form der Erfahrung des bewußten Menschen: daß es im Sein keinen sicheren Standort für ihn gibt. — Gepriesen, ja beneidet wird deshalb jene Tierklasse, die nicht aus einem Schooß geboren, nicht in eine Außenwelt hinausgestoßen wird: das Insekt.

> O Seligkeit der k l e i n e n Kreatur,
> die immer b l e i b t im Schooße, der sie austrug;
> o Glück der Mücke, die noch i n n e n hüpft,
> selbst wenn sie Hochzeit hat: denn Schooß ist Alles.

Einen Kommentar zu dieser Stelle hat Rilke selbst in einem Brief an Lou (vom 20. 2. 1918) gegeben, in dem er von der »Menge Wesen« spricht, »die aus draußen ausgesetztem Samen hervorgehen, *das* zum Mutterleib haben, dieses zweite erregbare Freie, — wie müssen sie ihr ganzes Leben lang sich drin heimisch fühlen, sie thun ja nichts als vor Freude hüpfen im Schooß ihrer Mutter wie der kleine Johannes; denn dieser selbe Raum hat sie ja empfangen und ausgetragen, sie kommen gar nie aus seiner Sicherheit hinaus.« Die Kurzfassung des gleichen Gedankens lautet in der Elegie: »O Glück der Mücke, die noch *innen* hüpft.« — Im Brief fährt Rilke dann fort: »Bis beim Vogel alles ein wenig ängstlicher wird und vorsichtiger. Sein Nest ist schon ein kleiner ihm von der Natur geborgter Mutterschooß.« — »Und sieh die halbe Sicherheit des Vogels«, heißt es denn auch weiter in der Elegie, nun aber nicht konkret und ausführlich begründet wie im Brief, sondern durch einen Vergleich schwierig gemacht:

*Und sieh die halbe Sicherheit des Vogels,*
*der beinah beides weiß aus seinem Ursprung,*
*als wär er eine Seele der Etrusker,*
*aus einem Toten, den ein Raum empfing,*
*doch mit der ruhenden Figur als Deckel.*

Dieser Vergleich mit der Etruskerseele ist schwierig, weil er — wie ich glaube kritisch anmerken zu dürfen — schlecht funktioniert. Die Vergleichsverbindung ist dadurch gegeben, daß es die etruskische Vorstellung des Seelenvogels gab, den Glauben, daß die Seele in Gestalt eines Vogels den toten Körper verläßt. Dieser Seele wird nun zugeschrieben, daß sie beinah beides weiß von ihrem Ursprung. Etwas umständlich wäre das wohl so zu erklären: Die Seele weiß, daß der Tote im Sarkophag (»den ein Raum empfing«) der einst von ihr beseelte Lebende war, als welcher er dargestellt ist in der Deckelfigur, und daß er zugleich der Tote ist, ohne dessen Tod sie ihn nicht hätte verlassen können. Diese Beschreibung der Etruskerseele aber knüpft nur an den Satz an: »der beinah beides weiß aus seinem Ursprung« — was sich primär auf die halbe Sicherheit des Vogels bezieht. Durch die Weiterleitung dieser Feststellung auf die Seele des Etruskers wird aber dies aus dem Auge verloren, da für den Seelenvogel diese Eigenschaft ja nicht gültig ist. Der Vergleich knüpft nur an einen Teilaspekt des beschriebenen Phänomens an, den des »beides weiß aus seinem Ursprung«, trifft aber nicht auf das ganze Phänomen, die Aussage, auf die es ankommt, nämlich die halbe Sicherheit, zu. Die Metapher versagt bei genauer Deutung, und man vermag nur die Art zu konstatieren, in der sich bei Rilke Vergleiche einstellen können.

Die »halbe Sicherheit« des Vogels ist so genannt im Vergleich zur ganzen Sicherheit des Insekts. Vollkommen einsichtig ist in diesem Gedankenzusammenhang das Beispiel der Fledermaus, der die Sicherheit überhaupt abgesprochen wird. Ein Tier, halb Säugetier (»und stammt aus einem Schooß«), halb Vogel (»eins, das fliegen muß«), kann nur noch »bestürzt«, »erschreckt« sein. Eine Paradoxie, ein Widerspruch kreatürlicher Existenz, wundervoll veranschaulicht durch den Vergleich: »wie wenn ein Sprung / durch eine Tasse geht. So reißt die Spur / der Fledermaus durchs Porzellan des Abends.«

Das wenig variierte Thema dieser dichterisch schönen Elegie ist also die mehr oder weniger große Sicherheit des unbewußten Tiers im Gegensatz zu uns, die wir in unser Bewußtsein eingefangen sind, »Zuschauer«, dem Außen »zugewandt und nie hinaus«. Soviel wir uns auch bemühen, mit den ordnenden Kategorien des Wissens, des Verstandes das uns überwachsende Sein uns zu eigen zu machen — es kann nicht gelingen:

> *Uns überfüllts. Wir ordnens. Es zerfällt.*
> *Wir ordnens wieder und zerfallen selbst.*

Die letzte Strophe kleidet diese als leidvoll, unnatürlich, verkehrt empfundene Situation in das resignative Bild »von einem, welcher fortgeht«. Obwohl dieses Bild des von dem letzten Hügel auf sein ganzes Tal zurückblickenden Abschiednehmenden nicht recht zur immer wieder beschriebenen Zuschauerhaltung des Gegenüber paßt und nur an den wiederum bildlichen Ausdruck »umgedreht« assoziiert ist, steht es doch da als Ausdruck der äußersten Resignation und Trauer: »so leben wir und nehmen immer Abschied.« Die Achte Elegie ist Klage.

## DIE NEUNTE ELEGIE (1922)

Der Gang und Zusammenhang der drei entscheidenden Elegien ist vergleichbar einem langsamen und schwierigen Sichdurchringen zur Lösung, die gesucht wird. Die Neunte Elegie erscheint wie ein Sichaufrichten aus der in der Achten Elegie noch einmal vor Augen gestellten Schwierigkeit menschlicher Existenz. Sie nimmt alle Motive der Siebenten Elegie wieder auf, prüft sozusagen das dort fallengelassene Verwandlungsmotiv und findet eine, die einzige Möglichkeit für seine Verwirklichung.

Sie setzt ein mit sechs Versen, die schon 1912 in Duino entstanden sind, Verse, die Rilke wohl deshalb der (im übrigen erst im Februar 1922 niedergeschriebenen) Elegie vorangestellt hat, weil sie dem Sinne nach noch an die Achte Elegie anknüpfen, indem sie das größere

Glück kreatürlichen, hier pflanzlichen Lebens gegenüber dem menschlichen zum Ausdruck bringen. Dies ist nun freilich in eine seltsame Frage gekleidet, in die Frage nach der Möglichkeit, »als Lorbeer«... »die Frist des Daseins hinzubringen«. Warum gerade als Lorbeer — das durchschaut der Kenner der Mythologie leicht. Es wird angespielt auf die Daphnesage, die davon erzählt, wie Daphne der Verfolgung des sie begehrenden Apoll durch ihre Verwandlung in einen Lorbeerbaum entgeht. Sie entgeht dadurch menschlichem Schicksal. Die Frage, die im Raum dieses Mythos an Daphne gerichtet sein könnte: »Warum dann / Menschliches müssen — und, Schicksal vermeidend, / sich sehnen nach Schicksal?«, diese Frage löst sich jedoch hier vom Mythos und wird zur allgemeinen Frage nach dem Sinn des Menschlichen — womit schon gegen die negative Achte Elegie eine positive Antwort angekündigt wird. Abwehrende Antworten werden zuerst auch hier gegeben: »Oh, *nicht,* weil Glück *ist* / dieser voreilige Vorteil eines nahen Verlusts.« Denn Glück, gleichgesetzt mit äußerem materiellem Glück, bezeichnet durch die kommerziellen Ausdrücke Vorteil und Verlust — genauer noch: voreiliger Vorteil, weil man nicht mit dem nahen Verlust rechnet —: dieses Glück ist deshalb nicht das wahre Glück, weil es nicht (wie in der Siebenten Elegie schon stand) innen verwandelt werden kann. Die Betonung von »ist« (»nicht, weil Glück *ist*«) scheint auf diesen konkreten Sinn, das »sichtbare Glück« in der Siebenten Elegie, zu verweisen. — Auch nicht »zur Übung des Herzens« müssen wir Menschliches. Wiederum eine verkürzte Aussage, die durch die seltsame Hinzufügung »das auch im Lorbeer *wäre*« noch undeutlicher wird. Sie ist nur durch die Verbindung des Lorbeers mit Daphne erklärbar; ein in den Baum verwandelter Mensch macht auch den Baum zu einem fühlenden Wesen. Der betonte Konjunktiv »wäre« stellt dies aber nur als Hypothese auf, die in ihrer Merkwürdigkeit schon vorweist auf die später den Dingen eingelegte Vermenschlichung — als ein Wollen, ein Bedürfen, das ihnen zugeschrieben wird.

Die endlich erteilte positive Antwort ist zunächst einfach: »Aber weil Hiersein viel ist«. Das weist zurück auf das »Hiersein ist herrlich« der Siebenten Elegie, nimmt es wieder auf und führt es in Richtung des Verwandlungsgedankens weiter, wenn auch auf schwierigen Pfaden. Zunächst wird eine Beziehung zwischen uns und dem Hiesigen statuiert, das »uns scheinbar ... braucht«. Die Beziehung besteht in einem uns und dem übrigen Hiesigen Gemeinsamen, darin, daß wir und dieses »Schwindende« sind:

> *Aber weil Hiersein viel ist, und weil uns scheinbar*
> *alles das Hiesige braucht, dieses Schwindende, das*
> *seltsam uns angeht. Uns, die Schwindendsten.*

Hier ist zurückzuverweisen auf eine Stelle in der Zweiten Elegie, die bei deren Analyse nicht zur Sprache gekommen ist. Dort war den Dingen noch Dauer zugesprochen worden, im Gegensatz zu uns, die »wir schwinden«. »Siehe«, so hatte es dort geheißen:

> *die Bäume s i n d; die Häuser,*
> *die wir bewohnen, bestehn noch. Wir nur*
> *ziehen allem vorbei wie ein luftiger Austausch.*

Jetzt, in der Neunten Elegie, gilt zwar von uns noch immer, daß wir schwinden, ja von allem schwindenden Hiesigen »die Schwindendsten« sind, aber nun wird auch dem übrigen keine Dauer mehr zuerkannt. Im Horizont des Hiesigen erscheint alles als schwindend. Die Elegie strebt auf eine Lösung zu, die diese Erkenntnis und Feststellung als zutiefst unbefriedigend wieder ungültig macht.

Was aber bedeutet die hier unmittelbar anschließende sechsfache Wiederholung von »*ein* Mal«, in lauter elliptischen Sätzen, die grammatisch von »dieses Schwindende, das seltsam uns angeht« abhängen:

> *E i n  Mal*
> *jedes, nur e i n Mal. E i n Mal und nichtmehr. Und wir auch*
> *e i n Mal. Nie wieder. Aber dieses*
> *e i n Mal gewesen zu sein, wenn auch nur e i n Mal:*
> *i r d i s c h gewesen zu sein, scheint nicht widerrufbar.*

Es ist wohl so zu verstehen, daß all dem Schwindenden gleichsam als Trost, als etwas dennoch nicht »Widerrufbares« die Tatsache entgegengehalten wird, daß alles doch einmal wenigstens *gewesen* ist, auch wir.

151

Denn, so muß man interpolieren, schwinden kann ja nur etwas, das ist oder einmal war; und gerade die emphatische Wiederholung und Unterstreichung dieses »ein Mal« indiziert, wenn auch sehr indirekt, das logisch-semantische Faktum, daß Schwinden nur ein Korrelat zu Sein im Sinne von Dasein ist. Und so wird denn im Sinne des Hierseins, das jetzt gepriesen werden soll, nicht nur das »ein Mal gewesen«, sondern das »irdisch gewesen« betont.

Die folgende schwierige Strophe erwägt die Möglichkeiten der Besitzergreifung und Bewahrung des immer schwindenden Irdischen:

*Und so drängen wir uns und wollen es leisten,*
*wollens enthalten in unsern einfachen Händen,*
*im überfüllteren Blick und im sprachlosen Herzen.*
*Wollen es werden.*

Die Schwierigkeiten beginnen mit einem plötzlich auftauchenden neuen Gedanken und einem für die Spätlyrik Rilkes eigentümlichen, nur von ihm in dieser Weise gebrauchten Begriff, dem Wort »Bezug«: »Ach, in den andern Bezug, / wehe, was nimmt man hinüber?« Das Wort »Bezug« kommt als absolutes Substantiv ohne präpositionale Fügung in unserer Sprache sonst nicht vor; bei Rilke hat es verschiedene Bedeutungen oder Bedeutungsnuancen, die aber niemals völlig explizierbar sind. Um einige Beispielstellen aus anderen Gedichten anzuführen: »statt Bezug in dich zu reißen«; »handeln wir aus wirklichem Bezug«; »... sei ihm so wahr wie der klarste Bezug«. Immer bleibt dieser Begriff unbestimmt. Aus den Kontexten, in denen er vorkommt, läßt sich nur ungefähr erschließen, daß er ein anderes Beziehungs- oder gar Seinssystem bezeichnen will als das, in dem wir unreflektiert leben. An dieser Stelle der Neunten Elegie scheint die Idee eines Jenseits auf, in das wir »später«, wie es einige Verse weiter heißt, eintreten. Die Frage: »was nimmt man hinüber?« scheint zu bedeuten: was von unserem hiesigen Dasein hätte dort Bestand? Doch ist der folgende Gedankengang bestimmt durch das Wort »unsäglich«, und die verkürzten Aussagen, die dorthin führen, sind nicht einfach nachzuvollziehen. In den andern Bezug, so wird zunächst deutlich, gehört nicht das früher geübte, gelernte Anschaun, auch nichts von dem, was sich jemals ereignet hat: »Nicht das Anschaun, das hier / langsam erlernte, und kein hier Ereignetes. Keins.« — Nichts konkret Faßbares, so können wir interpretieren. Erwogen werden sodann andere, weniger faßbare Phänomene, und zwar leidvolle des seelischen Lebens: »Also die Schmerzen. Also vor allem das Schwersein, also der Liebe lange Erfahrung.« Sie aber werden als unsäglich bezeichnet »also lauter Unsägliches« — ein Negativum, das offenbar den andern Bezug nicht erfüllt oder konstituiert. — Schon grammatikalisch, in seiner Wortverbindung kaum zu dechiffrieren ist die folgende Aussage: »Aber später, unter den Sternen, was solls: *die* sind *besser* unsäglich.« Später, unter den Sternen — das ist zwar ein verkürzter, aber im Grunde einfacher Ausdruck eines jenseitigen Daseins nach dem Tode. Und wenn das Wort Tod hier nicht vorkommt, so tut es dies an einer sinnverwandten Stelle der Siebenten Elegie: »O einst tot sein und sie wissen unendlich, alle die Sterne.« Aber es kommt jetzt in der Neunten Elegie weniger auf den Jenseitsgedanken als auf das Unsäglichsein der Sterne an, das merkwürdig verquer ausgedrückt wird durch den kleinen Satz: »*die* sind *besser* unsäglich.« »Besser« als Adverb zu »unsäglich« ist eine grammatisch-semantische Unmöglichkeit, die sozusagen nur durch das gewaltsame Diktat des Dichterworts möglich, wenn auch nicht verständlicher wird. »Besser« kann sich nur auf das vorher als unsäglich Bezeichnete beziehen: auf die Schmerzen, das Schwersein, die Liebe. Es mag bedeuten, daß die Sterne in einem absoluteren Sinne unsäglich sind als die genannten inneren menschlichen Erfahrungen. Damit hängt der irgendwie resignierende Ausdruck »was solls« zusammen: »Aber später, unter den Sternen, was solls.« Auch wenn wir in den andern Bezug, den unseres Totseins, eingetreten sind, können wir, banal ausgedrückt, mit den Sternen nichts anfangen. Denn wir können sie — und hier sei nun das entscheidende, im Folgenden zentrale Wort aufgenommen — nicht *sagen*. Im andern Bezug sind wir, als Tote, keine sagenden Wesen mehr. Die Sterne bleiben immer unsäglich. — Für diese ganze Stelle gilt also, daß der andere Bezug unvermögend ist, die Frage nach einem Dauernden, Nichtschwindenden zu beantworten.

Der unmittelbar folgende Vers, der zunächst ohne Zusammenhang mit den Sternen und dem andern Bezug zu sein scheint, bestätigt indirekt den so interpretierten Sinn des »besser unsäglich«. Denn nun erscheint das erlösende Wort, nämlich »Wort« selbst, und wird in Gegensatz zu einem Unsäglichen gesetzt:

> *Bringt doch der Wanderer auch vom Hange des Bergrands*
> *nicht eine Hand voll Erde ins Tal, die Allen unsägliche, sondern*
> *ein erworbenes Wort, reines, den gelben und blaun*
> *Enzian.*

»Wort« wird in Gegensatz zu »Hand voll Erde« gesetzt: diese als solche ist zwar da, aber ohne Beziehung zu uns (wofür hier der Wanderer stellvertretend steht), solange dies Dingliche nicht auf irgendeine Weise benannt, beschrieben, gesagt, Wort geworden ist. Zu erwägen ist, bevor die zentrale Stelle über das Sagen einsetzt, die Apposition zu »erworbenes Wort«: »reines, den gelben und blaun Enzian«. Offenbar ist Enzian, der ja an sich auch ein Ding ist wie die Handvoll Erde, wenn auch ein weniger kompaktes, gerade deshalb bildhaftes Gleichnis eines äußerst Reinen, Metapher für das Reine, Geistige des Wortes im Gegensatz zum kompakt Dinglichen der Handvoll Erde, der Materie. Die seltene Bergblume ist solcher Art, daß sie der sagenden Aneignung keinen Widerstand bietet, sie ist als Blume schon Wort, als Wort erst wirklich Blume, als Wort der Bewunderung, der Freude etwa — so können wir interpolieren und das Wort hier schon im Sinne des dichterischen Wortes, des poetischen Sagens verstehen.

So erst wird der folgende Passus ganz verständlich, der das Wort »sagen« in zweifachem Sinne enthält, markiert durch einen Unterschied der Betonung. Zunächst tritt es unbetont, beiläufig auf:

> *Sind wir vielleicht h i e r , um zu sagen: Haus,*
> *Brücke, Brunnen, Tor, Krug, Obstbaum, Fenster, —*
> *höchstens: Säule, Turm . . .*

Dann aber akzentuiert:

> *aber zu s a g e n , verstehs,*
> *oh zu sagen so, wie selber die Dinge niemals*
> *innig meinten zu sein.*

154

Was also bedeutet Sagen hier? Unbetont meint es, daß es nicht genügt, die aufgezählten Dinge nur einfach mit Namen zu versehen. Nicht dazu sind wir hier. Sondern so müssen wir sie sagen, daß sie gewissermaßen sich ihrer selbst bewußt werden, daß erst das Wort die Eigenart ihres Seins hervorbringt. Der Dingdichter der *Neuen Gedichte* spricht hier wieder. Es sei an die früher schon zitierte Briefäußerung von 1915 erinnert: »Die Arbeit nach der Natur hat mir das Seiende in so hohem Grade zur Aufgabe gemacht, daß mich sehr selten noch ein Ding gewährend und gebend anspricht, *ohne* die Aufforderung, in mir gleichzeitig und bedeutend hervorgebracht zu sein.« Die so gesagten Dinge aber enthalten den Gedanken ihrer Verwandlung in Inneres, der in der Siebenten Elegie aufgekommen war und nun in der Neunten Elegie weitergedacht wird.

Doch an dieser Stelle wird dieser Gedankengang noch einmal aufgehalten, und zwar durch eine merkwürdige Abschweifung, wiederum zu den Liebenden, die Rilke immer wieder befragt, als müsse ihr »Gefühl« bessern Aufschluß geben können über das Verhältnis des Menschen zu den Erdendingen. Die »heimliche List dieser verschwiegenen Erde« scheint die Liebenden zu »drängen«, »daß sich in ihrem Gefühl jedes und jedes entzückt«. Das Gefühlt ersetzt im Falle der Liebenden noch das Sagen der Dinge. Der nächste unvermittelte Gedanke ist nicht ohne weiteres verständlich. Das Wort »Schwelle« erscheint, als Wort, dessen Sinn interpretiert werden soll (bezeichnet durch den Doppelpunkt).

> *Schwelle: was ists für zwei*
> *Liebende, daß sie die eigne ältere Schwelle der Tür*
> *ein wenig verbrauchen, auch sie, nach den vielen vorher*
> *und vor den Künftigen . . ., leicht.*

Es kommt darauf an, Schwelle als Wort zu verstehen, wie Brücke, Brunnen, Tor usw., als Wort für ein Ding, das in seinem eigensten Wesen erkannt werden will. Sie gehört zu den Dingen, die sich im Gefühl der Liebenden entzücken. Schwelle ist den Liebenden zugeordnet, weil diese so oft die Schwelle ihrer Tür betreten, / sie »ein wenig verbrauchen«, abnützen. Man muß vielleicht hinzudenken: um zuein-

155

ander zu kommen oder gemeinsam aus der Tür zu treten, gemeinsam hineinzugehen. Es ist eine den Liebenden, den früheren wie den künftigen, zugehörige Bewegung und Sache. Das Ding Schwelle ist ein Ding, das seinen Sinn aus menschlicher Beziehung zu ihm erhält, ein — wie es dann heißt — »erlebbares« Ding, eines der beseelten Dinge, die mit dem Leben des Menschen mitgewachsen sind.

Unmittelbar darauf folgen die Worte der nächsten Strophe: »*Hier* ist des *Säglichen* Zeit, *hier* seine Heimat.« Daraus geht für die Schwelle, die durch den Bezug auf die Liebenden prägnant betont war, hervor, daß sie ein gesagtes Ding hohen Grades ist, zum Säglichen gehört. Nun aber wird der Gedanke der Siebenten Elegie wieder aufgenommen, daß es in der modernen technischen Welt mit solchen, mit den »erlebbaren« Dingen nicht mehr gut bestellt ist. ». . . was sie verdrängend ersetzt, ist ein Tun ohne Bild«, ein Tun ohne Symbolkraft — wie wir »Bild« wohl explizieren können: denn die erlebbaren Dinge werden zu Symbolen, wie die Schwelle für die Liebenden. Der Sinn der schwierig verkürzten Aussage:

> *Tun unter Krusten, die willig zerspringen, sobald*
> *innen das Handeln entwächst und sich anders begrenzt . . .*

erläutert sich erst aus den weiteren Versen. Das bildlose technische Tun, welches das innere Leben verkrusten läßt, muß und soll dieses dennoch nicht völlig beherrschen. Daß der Ausdruck »Handeln« im Gegensatz zum mechanischen, unbeseelten Tun Aktivität des Innern meint, ist zu vermuten und wird bestätigt durch die deutlichere Aussage, daß noch »zwischen den Hämmern besteht unser Herz«, mitten in der Maschinenwelt; und diese Deutung wird überdies bestärkt durch die Metapher der »Zunge zwischen den Zähnen, die doch, / dennoch, die preisende bleibt«.

Die Dinge aber, die noch gepriesen werden können, erscheinen nun wieder in der folgenden Strophe, die das Motiv der Siebenten Elegie aufnimmt: das Verlangen, sich vor dem Engel mit den von uns geschaffenen Dingen behaupten zu können: »Sag ihm die Dinge. Er wird staunender stehn . . .« Doch darf über die vorangehenden ersten Verse dieser Strophe nicht hinweggelesen werden, zu denen der zitierte Satz einen Gegensatz ausdrückt:

*Preise dem Engel die Welt, nicht die unsägliche, i h m*
*kannst du nicht großtun mit herrlich Erfühltem; im Weltall,*
*wo er fühlender fühlt, bist du ein Neuling.*

Diese Stelle ist merkwürdig, insofern dem Engel ein Fühlen zugesprochen wird, und zwar ein stärkeres Vermögen des Fühlens, als es uns gegeben ist. Sie schließt sich erst auf, wenn man versteht, daß in ihr ein Bekenntnis abgelegt ist, ein Bekenntnis zu dem, was *gesagt* werden kann, zur Macht des Wortes, und daß abgewiesen wird, was nur gefühlt, wenn auch noch so herrlich gefühlt wird. Wenn die Macht des Gefühls in »der Engel Ordnungen«, ins Weltall verwiesen wird, so hat das den Sinn, daß dies der Bereich des »Unsäglichen« und damit nicht der des Menschen und des menschlichen Vermögens ist. Man muß beachten, daß mit dieser Verweisung des Engels in *seinen* Bereich er zugleich aus dem des Menschen und des ihm Aufgegebenen verwiesen wird. Der Bereich des Menschen ist der des »Säglichen«: die »Ortschaft der Worte« (wie es im Gedicht *Ausgesetzt auf den Bergen des Herzens* heißt), die Stätte für die Magie der Worte, die Magie, das sichtbare Außen innen zu verwandeln.

Der Verwandlungsgedanke der Siebenten Elegie wird wieder aufgenommen und weitergeführt; in ihm kulminiert die Neunte Elegie, ja der gesamte Gedankengang der Elegien überhaupt, die Suche nach dem Standort des Menschen im Sein, nach einem »unseren Streifen Fruchtlands zwischen Strom und Gestein« (Zweite Elegie). Er wird darin gefunden, daß der Mensch ein nicht nur fühlendes, nicht nur schauend-erkennendes, sondern ein *sagendes* Wesen ist. Erst dies vermag die Dinge der Erde innen zu verwandeln, das Sichtbare unsichtbar, damit aber auch unvergänglich zu machen:

*Erde, ist es nicht dies, was du willst: u n s i c h t b a r*
*in uns erstehn? — Ist es dein Traum nicht,*
*einmal unsichtbar zu sein? — Erde! unsichtbar!*

157

Der Dichter legt, in poetischer Lizenz, den Dingen selbst den Wunsch ein, aus ihrer Vergänglichkeit ins Unvergängliche, nicht mehr Zerstörbare des Wortes, das sie benennt und rühmt, und eben das heißt: in ein Geistiges, ein Inneres gerettet zu werden. »Was, wenn Verwandlung nicht, ist dein drängender Auftrag?« Das »Hiersein ist herrlich« der Siebenten Elegie wird sozusagen erst damit begründet. »Erde, du liebe, ich will«, heißt es nun. »Namenlos bin ich zu dir entschlossen«; und wenn dabei auch des Todes gedacht wird, so des vertraulichen Todes — »... und dein heiliger Einfall / ist der vertrauliche Tod«. Dies aber bedeutet, daß zum Irdischen auch der Tod gehört. Die Erde ist auch mit dem zu ihr gehörigen Sterben »immer im Recht«. Tod und Leben ist ihr Kreislauf — das war schon in der Zweiten Elegie da und wird ein zentrales Thema der *Sonette an Orpheus.*

Die letzten drei Verse fassen die Verinnerung des Daseins zusammen:

> *Siehe, ich lebe. Woraus? Weder Kindheit noch Zukunft*
> *werden weniger ... Überzähliges Dasein*
> *entspringt mir im Herzen.*

Ich lebe aus dem Herzen, dem Innern — so kann dies zusammengefaßt werden. Kindheit, also Vergangenheit, und Zukunft sind in mir und werden deshalb »nicht weniger«. Der Ausdruck »überzähliges Dasein« bedeutet: eine solche Fülle von Dasein, von innerem Leben, daß es nicht mehr gezählt, gemessen werden kann. Denn der Gedanke der Verwandlung des Äußeren in Inneres enthält den der Unendlichkeit des inneren Lebens. »In uns oder nirgends ist die Ewigkeit mit ihren Welten, die Vergangenheit und Zukunft«, lautet das Novalis-Wort, mit dem Rilkes Icherfahrung sich berührt.

### DIE ZEHNTE ELEGIE (1912/22)

Im Aufbau der *Elegien* scheint mit der Neunten Elegie das Ziel erreicht, die Lösung der Existenzproblematik gefunden zu sein. Zu fragen ist daher nach dem Platz, nach der Sinnfunktion, die die

Zehnte Elegie im Ganzen des Zyklus hat, gerade weil sie sich von den anderen Elegien thematisch und vor allem gestalterisch sehr stark unterscheidet. Dies wäre zu fragen, wenn man sich nicht damit begnügen will — und vielleicht muß man es sogar —, daß Rilke sie von vornherein, schon in Duino, wo die erste Strophe entstand, als letzte geplant hatte. Rilkes metaphorischer Stil gipfelt hier, ja schlägt über in die reine Allegorie: in die beiden Allegorien der Leid-Stadt und des Klagenlandes. Zuvor ist jedoch die erste Strophe zu bedenken, die im Stil der anderen Elegien geschrieben ist, nicht allegorisch und daher schwieriger.

Diese Strophe ist bis zur Hälfte in fünf emphatischen Optativsätzen komponiert, von denen der erste der entscheidend gründende ist:

*Daß ich dereinst, an dem Ausgang der grimmigen Einsicht,*
*Jubel und Ruhm aufsinge zustimmenden Engeln.*

Das schwierigste Wort darin ist »grimmige Einsicht«. Es ist nicht ersichtlich, worauf sich dies »grimmig« bezieht, ja auch die mit dem bestimmten Artikel versehene Einsicht ist schwer zu deuten. Es ist zu vermuten, daß die Einsicht in die Schwierigkeit menschlicher Existenz gemeint ist, um die es ja in den Elegien — und auch schon in den beiden ersten, aus deren Entstehungszeit diese Strophe stammt — geht. In den folgenden Versen wird das Schwere, das Grimmige dieser Einsicht durch Bezeichnungen des Schmerzes (»das unscheinbare Weinen«, »mein strömendes Antlitz«) etwas untermalt. Ohne auf die Lösung der Neunten Elegie Bezug zu nehmen, sprechen diese Verse (die ja zehn Jahre zuvor gedichtet worden waren) eine Zukunftshoffnung aus: daß Jubel und Ruhm am Ende gesungen werde, die »traurige Dauer« der Schmerzen vielleicht ende. Der schwierige, nahezu dialektisch geformte Gedanke dieser Strophe ist aber der, daß zwar ein glückvolles Ende der Schmerzen erhofft wird, »das unscheinbare Weinen blühe«, zugleich aber die Schmerzen nicht eliminiert werden sollen. Dies ist der Gedanke. Wie wird er dichterisch-metaphorisch herbeigeführt? Das Weinen leitet zu den Nächten hin, in denen man sich härmt und die deshalb »gehärmte Nächte« heißen. Aber die Erkenntnis findet Ausdruck, daß man die Schmerzen nicht hätte vergeuden dürfen (»Wir,

Vergeuder der Schmerzen«), daß man sich ihnen demütiger, »knieender« hätte hingeben, die Nächte als freilich »untröstliche Schwestern« hätte empfangen sollen. Und das Bild der Schwestern bringt die Assoziation »gelöstes Haar« hervor, die Hingabe an die Schmerzen das Bild vom Verbergen des Gesichts in den Haaren (»nicht in euer gelöstes / Haar mich gelöster ergab«). Denn daß Schmerzen zum Sinn des Lebens als dessen dunkler Grund gehören, wird metaphorisch schön durch »winterwähriges Laub«, »unser dunkeles Sinngrün«, gesagt. Die zweite Bestimmung der Schmerzen ist die, »*eine* der Zeiten des heimlichen Jahres« zu sein, »nicht nur Zeit«, das heißt: sie vergehen nicht mit der Zeit, sondern kehren wieder wie die Jahreszeiten. Daß sie »Stelle, Siedelung, Lager, Boden, Wohnort« genannt werden, ist als Gegensatz zur vergehenden Zeit Ausdruck der Dauer, die räumlich mit Metaphern bleibenden Wohnens beschrieben wird.

Diese erste Strophe nimmt also die Schmerzen in den Sinn des Lebens hinein. Die folgende Strophe setzt sich — mit »Freilich, wehe« — in Gegensatz dazu. Das will sagen: die Rede wird nicht von diesen echten, dem Leben eingeborenen Schmerzen sein, nicht von seinem dunklen Sinngrün, sondern von unechtem Leben, das im Bilde der Leid-Stadt beschworen wird:

*Freilich, wehe, wie fremd sind die Gassen der Leid-Stadt ...*

— Bild unechten Lebens, das sich — und dies ist der Grundsinn der Zehnten Elegie — den Tod verdecken will, der in der Neunten Elegie noch »heiliger Einfall« des Lebens genannt war. Vokabeln des Unechten, Gefälschten, Verlogenen bauen die Allegorie der Leid-Stadt auf: »falsche Stille«, die nur Nichtsmehrhörenkönnen vor Lärm, »Übertönung« ist; »Gußform des Leeren«, aus der billiger »Ausguß« kommt; unechte Dinge, Lärm und Vergoldetes, werden synästhetisierend zu »vergoldeter Lärm« zusammengezogen; »Trostmarkt« (vielleicht: wo man sich mit billiger Ware tröstet), vor der »fertig gekauften Kirche« (besonders verächtlich dem Bewunderer alter Kathedralen); auf dem Jahrmarkt Schaukeln, Taucher und Gaukler. Die Genitive dazu drücken bittere Ironie aus. Schaukeln der Freiheit: Schaukeln, die in die Luft geworfen werden, aber am Boden festgemacht sind, spiegeln Freiheit nur vor. Der Eifer der Taucher und Gaukler wird pointiert verkehrt in Taucher und Gaukler des Eifers, das heißt: dieser ist gleichfalls nur Spiel und falscher Schein. Das Kommerzielle, die Vermehrung des Geldes, wird als materielle und damit falsche Fruchtbarkeit gebrandmarkt: »der Geschlechtsteil des Gelds / alles, das Ganze, der Vorgang — das unterrichtet und macht / fruchtbar ...«. Die Allegorie der Leid-Stadt endet an der Planke, die mit Plakaten des Biers »Todlos« beklebt ist, und dieses Wort bezeichnet die tiefste Ursache der Unechtheit: die Eliminierung des Todes aus dem Leben.

Hinter der Planke aber »ists *wirklich*«. Das Bild des »hinter der Planke« ruft suggestiv eine Gegend hervor, wo die Stadt in unbebautes Gelände übergeht, eine Ahnung von Natur da ist. Natürliche Dinge werden genannt: Liebende, die einander halten, spielende Kinder, »Hunde haben Natur« — so daß darüber die Allegorik fast vergessen wird. Um so überraschender die unmittelbar darauf genannte »junge Klage« und ihre Begegnung mit einem »Jüngling«, von dem es heißt: »vielleicht, daß er eine junge / Klage liebt«. Damit wird die sozusagen natürliche und überzeugende Allegorie der Leid-Stadt übergeführt in eine surreale (nach meinem Urteil weniger überzeugende). Denn es breitet sich nun die Allegorie des Klagenlandes wie eine Märchenlandschaft aus. Daß es das Land der Toten, oder besser: das Durchgangsland der Toten, ist, wird dadurch bekannt, daß »nur die jungen Toten« den Klagen liebend folgen, der lebendige Jüngling aber sie läßt, wieder umkehrt. — Der nun geschilderte allegorische Bereich, die weite Landschaft der Klagen, durch welche die als Frauengestalten allegorisierten jungen und älteren Klagen den jungen Toten führen und ihm ihre Geschichte und Geographie erklären, bedarf keiner eigentlichen gedanklichen und metaphorischen Interpretation, so wenig wie eine Märchenwelt.

> *Wir waren,*
> *sagt sie, ein Großes Geschlecht, einmal, wir Klagen. Die Väter*
> *trieben den Bergbau dort in dem großen Gebirg; bei Menschen*
> *findest du manchmal ein Stück geschliffenes Ur-Leid*
> *oder, aus altem Vulkan, schlackig versteinerten Zorn.*
> *Ja, das stammte von dort. Einst waren wir reich.*

Der allegorische Gegenstand und das, was er allegorisiert, wird jeweils unmittelbar namhaft gemacht: ein Stück geschliffener Stein als »Ur-Leid«, schlackiger Vulkan als »versteinerter Zorn«, »Tränenbäume«, »Felder blühender Wehmut«, »Tiere der Trauer« — die Landschaftsdinge des Klagenlandes allegorisieren Seelisches. Und wenn diese surreale Landschaft sich gleich hinter der letzten Planke der Leid-Stadt ausbreitet und es geheißen hatte: »dahinter aber ists wirklich«, so ist dieses Klagen- und Totenland das wahrhaft Wirkliche — im Gegensatz zu dem unechten Leben der Leid-Stadt. Begrifflich gesagt: Nur das Leben, das den Tod in sich faßt, ist das wirkliche Leben.

Nun tauchen in dieser Phantasielandschaft aber auch reale Orientierungsmale, und zwar ägyptische, auf: der Nil, die Pyramide, »das über Alles wachende Grab-Mal«, »der erhabene Sphinx«. Zu ihnen wird der junge Tote von der Klage geführt. Es sind denn auch Eindrücke von seiner ägyptischen Reise im Januar und Februar 1911, die Rilke in die Klagenlandschaft eingelassen hat. Ein Brief des Dichters vom 1. 2. 1914 an Magda von Hattenberg (Benvenuta), in dem er ein nächtliches Verweilen in der Wüste am Fuße eines Sphinx schildert, erleichtert das Verständnis der Sphinx-Strophe in der Elegie. Die Verse lauten:

> *Aber ihr Schaun,*
> *hinter dem Pschent-Rand hervor, scheucht es die Eule. Und sie,*
> *streifend im langsamen Abstrich die Wange entlang,*
> *jene der reifesten Rundung,*
> *zeichnet weich in das neue*
> *Totengehör, über ein doppelt*
> *aufgeschlagenes Blatt, den unbeschreiblichen Umriß.*

Im Brief spricht Rilke von seinem Anschaun des Sphinxantlitzes: »Wie viele Mal schon hatte mein Aug diese ausführliche Wange versucht; sie rundete sich dort oben so langsam hin, als wäre in jenem Raume Platz für *mehr* Stellen als hier unter uns. Und da, als ich sie eben wieder betrachtete, da wurde ich plötzlich auf eine unerwartete Weise ins Vertrauen gezogen, da bekam ich sie zu wissen, da erfuhr ich sie in dem vollkommensten Gefühl ihrer Rundung. Ich begriff erst einen Augenblick hernach, *was* geschehen war. Denken Sie, dieses: Hinter dem Vorsprung der Königshaube an dem Haupte des Sphinx war eine Eule aufgeflogen und hatte langsam, unbeschreiblich hörbar in der reinen Tiefe der Nacht, mit ihrem weichen Flug das Angesicht gestreift: und nun stand auf meinem, von stundenlanger Nachtstille ganz klar gewordenem Gehör der Kontur jener Wange, wie durch ein Wunder, eingezeichnet.«[31] — Es sind vor allem die Verse über »das neue Totengehör«, die eine Interpretationshilfe durch diese Briefstelle erhalten. Das Geräusch, das die Eule beim Streifen der Sphinxwange verursacht und das in der lautlosen Stille der Nacht so unbeschreiblich hörbar gewesen war, erzeugt den Gedanken, oder besser vielleicht: die Empfindung eines Phänomens, das Rilke in seinem Essay »Ur-Geräusch« von 1919 beschrieben hat: die Erfahrung nämlich, daß verschiedene Sinne sich vertauschen, in einander übergehen können: Sichtbares in Hörbares, eine Linie in einen Ton[32]. Auf seinem Gehör, sagt Rilke im Brief, stand der Kontur jener Wange eingezeichnet. Und wenn in der Elegie dies von dem »Totengehör« gesagt ist, so bezieht sich das auf das Gehör des jungen Toten, dem sein Gesicht schon versagt — »Nicht erfaßt es sein Blick, im Frühtod / schwindelnd« —, aber dessen Gehör das Eulengeräusch und damit den von ihm gezeichneten »Umriß« der Sphinxwange noch wahrnehmen kann. Das Gehör — so wäre hier vielleicht physiologisch zu explizieren — ist ein weitaus schärferer Sinn als das Gesicht und bleibt daher dem Sterbenden unter Umständen länger erhalten.

Dies zur Interpretation der Sphinxstrophe. Zu sagen aber ist, daß sowohl sie wie auch die folgende Strophe Abschweifungen aus dem Sinnbereich der Zehnten Elegie sind (wie sie bei den anderen Elegien nicht vorgekommen waren), offenbar durch persönlichste Erlebnisse Rilkes eingefügt. — Die Strophe jedoch über die von dem Dichter erfundenen »Sterne des Leidlands«, genauer: ihre Namen, die die Klage »langsam nennt«, sind auch von den ausholendsten Interpretationen nicht aufzuschlüsseln; sie bleiben weitgehend der Spekulation, der Suche nach Anhaltspunkten in anderen Gedichten und anderen Passagen der Elegien überlassen. Diese Sternennamen lauten: Reiter, Stab, Fruchtkranz, Wiege, Weg, Das Brennende Buch, Puppe, Fenster und »das klar erglänzende ›M‹, das die Mütter bedeutet«. Nüchterne Feststellungen führen hier weiter als mehr oder weniger »geheimwissenschaftliche« Spekulationen. Daß Sterne in Rilkes Seinsanschauung und seinem durch sie geprägten Lebensgefühl einen besonderen kosmischen, bedeutungserfüllten Stellenwert besaßen, geht aus den mannigfachen Anrufungen und Zuordnungen, die bisher schon zitiert wurden, hervor. Die Dinge, mit denen nun imaginäre Sterne benannt werden, weisen eben deshalb darauf hin, daß auch sie eine Bedeutung für den Dichter haben. Erkennbar ist dies am erstgenannten Beispiel, dem »Reiter«, denn einige Tage vor der Elegie, im Februar 1922, entstand das berühmte Orpheussonett: »Sieh den Himmel. Heißt kein Sternbild ›Reiter‹? . . .« Dessen Interpretation ist aber eine Sache für sich, und sie trägt als solche zum Verständnis der Elegienstelle nichts bei. Aus ihr geht nur hervor, daß die Vorstellung Reiter eine Bedeutung für den Dichter hat, wie dies auch für die Namen Puppe und Fenster[33] erkennbar ist, während für Stab, Fruchtkranz, Wiege und auch Weg keine aufschlußreichen Anhaltspunkte aufzufinden sind. Doch da auch die Bezeichnungen Reiter, Puppe, Fenster nur dem Kenner von Rilkes Dichtung solche Anhaltspunkte geben, diese Kenntnis aber wiederum von dem Dichter nicht vorausgesetzt ist, gilt es nur allgemein festzustellen, daß auch die nicht in irgendeine Beziehung zu setzenden Sternennamen mehr oder weniger bedeutungsträchtig sind. Daß nur für das letzte Sternbild, »das klar erglänzende ›M‹«, die Bedeutung (Mütter) angegeben wird, nicht jedoch für die anderen, ist das allein und im oben dargelegten Sinne in die Interpretation aufzunehmende Faktum. — Die Strophe unterbricht den Zusammenhang der Klagenallegorie, die nun fortgeführt wird bis zum Geleit des Toten an den »Fuß des Gebirgs«, »die Berge des Ur-Leids«, in die er hineinsteigt.

In dem schon früh erwähnten bekannten Brief an Hulewicz hat Rilke mit Hinsicht auf die ägyptischen Motive gesagt, daß »das ›Klageland‹ nicht Ägypten gleichzusetzen sei, sondern nur, gewissermaßen, eine Spiegelung des Nillandes in die Wüstenklarheit des Toten-Bewußtseins« darstelle. In der Tat zeugen die Grabkammern in den Pyramiden und Sphinxen (»der verschwiegenen Kammer Antlitz«, heißt es in der Elegie von dem Sphinx) von der alten ägyptischen Glaubenswelt, wo die Bewohner des Nillandes »in beiden Bereichen« zu Hause waren, wo die Toten, als Mumien, dem Leben erhalten wurden, und die Lebenden sich stets im Anblick ihrer Totenstätten hielten.

»Die wahre Lebensgestalt reicht durch beide Gebiete . . .«, heißt es vorher in dem Hulewicz-Brief. »Der Tod ist die uns abgekehrte, von uns unbeschienene Seite des Lebens: wir müssen versuchen, das größeste Bewußtsein unseres Daseins zu leisten, das in beiden unabgegrenzten Bereichen zu Hause ist, aus beiden unerschöpflich genährt.« — Diese Worte beleuchten die Zehnte Elegie und werfen auch ein Licht auf ihre abschließende Stelle im Ganzen des Zyklus. Sie geht über die Form der Seinsbewältigung, die in der Neunten Elegie durch das verwandelnde Sagen des Außen ins Innen gewonnen war, hinaus, indem sie Zeichen aufstellt, die auf die Totalität des Daseins hinweisen: auf die andere, die »unbeschienene« Seite des Lebens, den Tod, den wir lebend so gern uns verstellen. Die Leid-Stadt, die verstellende, und das Klagenland hängen so zusammen.

Die vorletzte Strophe der Elegie stellt noch einmal ein Zeichen auf, das gerade aus der echten Wirklichkeit des organischen Lebens heraus, zu dem der Tod gehört, ein Glück andeutet, das das Gegenteil des Leids ist, das aus unechtem Scheindasein kommt. Wenn der Tod zum Leben gehört, so gehört auch Leben zum Tod, wie es der Kreislauf der Natur zeigt. Das sagen die schönen Verse:

*Aber erweckten sie uns, die unendlich Toten, ein Gleichnis,*
*siehe, sie zeigten vielleicht auf die Kätzchen der leeren*
*Hasel, die hängenden, oder*
*meinten den Regen, der fällt auf dunkles Erdreich im Frühjahr.*

Das Verb »fällt« wird dann im letzten Vers der letzten Strophe als betontes Schlußwort wieder aufgenommen und mit dem Wort »Glückliches« verbunden. Glück ist nicht nur steigendes Glück:

*Und wir, die an s t e i g e n d e s Glück*
*denken, empfänden die Rührung,*
*die uns beinah bestürzt,*
*wenn ein Glückliches f ä l l t.*

Dies bedeutet, daß auch im Fallenden das Glück der Erneuerung möglich ist, wie im Kreislauf der Natur.

Der innere Zusammenhang der Elegien mit den *Sonetten an Orpheus*, die, wie Rilke es beschrieb, im selben Schaffenssturm und teilweise gleichzeitig mit den Elegien (zwischen dem 2. und 23. Februar 1922) entstanden sind, ergibt sich gerade aus der Zehnten Elegie. Die Sonette nehmen das Todesproblem in die sagende, rühmende Seinsbewältigung hinein. Denn Orpheus, der Sänger, hat auch mit dem Tode zu tun.

# ORPHEUS

In dem eigentümlichsten Entstehungsprozeß, den die Geschichte der Lyrik kennen mag, sind die 55 Sonette, die unter dem Titel *Die Sonette an Orpheus* vereinigt sind, zusammen mit dem Hauptteil der *Elegien* innerhalb von drei Wochen entstanden. Eigentümlich ist dieser Entstehungsvorgang nicht zuletzt durch die völlige Abweichung der dichterischen Form, der metrischen und der sprachlichen. Gegen den geballten, oft harten, wie mit Zangen gebogenen Sprachklang der reimlosen Elegien steht der unerhört melodische der Sonette in eigentümlichem Gegensatz. Die Elegien lösen sich gleichsam in die Musik, die Reim-Musik der Sonette — und wenn man will, kann man darin einen inneren Zusammenhang der Form mit dem Sinn der Aussage finden. Ist es ja Orpheus, der Sänger, der die Einsicht der Siebenten und der Neunten Elegie, daß es gilt, sagend das Außen in ein Inneres zu verwandeln, auf einer höheren Stufe, im Gesang, also in der Kunst verwirklicht. Es mag sein, daß der Gestaltungswille des Dichters, mehr oder weniger intuitiv, aus einem solchen Sinnverhältnis heraus die melodische und kunstvolle Form des Sonetts gewählt hat, deren klassischer Strophenbau aus zwei Quartetten und zwei Terzetten überall gewahrt bleibt, während die Reimordnung freier behandelt ist.

Der Titel des Zyklus ist nicht für die Gesamtheit der 55 Gedichte in Anspruch zu nehmen, es sei denn, daß auch die Gedichte, welche die Orpheusgestalt, oder besser: das Orpheusmuster, nicht zum Thema haben, Orpheus sozusagen zugeeignet, »an Orpheus« gerichtet sein sollen. Doch für den Bau der in zwei Teile geordneten Sonett-Sammlung ist entscheidend, daß Orpheus thematisch vor allem im Ersten Teil ist, aber auch hier nur in neun der sechsundzwanzig Gedichte, die er umfaßt, und im Zweiten Teil, der neunundzwanzig Sonette enthält, nur in drei Gedichten. Die meisten der Gedichte haben jeweils andere Motive, und bei aller Bemühung, die wohl daran gewandt worden ist, einen Zusammenhang in der Folge der Gedichte festzustellen, ist dies in vielen Fällen doch kaum durchführbar. Als eine sinnstrukturelle Einheit wie die *Duineser Elegien* können *Die Sonette an Orpheus* nicht behandelt werden. Für unsere Betrachtung kommt es auf die durch das Orpheusmotiv verbundenen Gedichte an, die, wie gesagt, in beiden Teilen der Sammlung auftreten. Um dieses Motiv in seinen mannigfachen Aspekten und Bedeutungsnuancen sichtbar werden zu lassen, müssen wir uns auf das nicht durchaus zu rechtfertigende Verfahren einlassen, diese Gedichte nicht immer als die Gestalt- und Sinneinheit, die jedes von ihnen ist, zu beschreiben, sondern aus ihnen nur die Orpheusmotivik herauszuheben. (Die Gedichte werden in folgender Weise angegeben: römische Ziffern bezeichnen den Sammlungsteil, arabische die Nummer des einzelnen Gedichtes.)

Der Mythos von Orpheus erzählt, daß er durch seinen Gesang nicht nur wilde Tiere zu zähmen vermochte, sondern daß selbst Felsen und Bäume sich von ihrem Platz fortbewegten und seiner Leier folgten.

> *Da stieg ein Baum. O reine Übersteigung!*
> *O Orpheus singt! O hoher Baum im Ohr!*
> *Und alles schwieg. Doch selbst in der Verschweigung*
> *ging neuer Anfang, Wink und Wandlung vor. (I,1)*

Dies ist die erste Strophe des ersten Sonetts, der herrliche Auftakt des Ganzen. Er faßt diesen Mythos in das Rilkesche Wort, das den Mythos steigert, indem es dem orphischen Gesang die Magie der Verwandlung zuspricht. Wenn Orpheus singt, wird der Baum, der »steigt«, sich bewegt, selbst zu Gesang, zum hohen Baum im Ohr. Das Sichtbare wird in Hörbares verwandelt, in weniger Sichtbares, in ein mehr Inneres, und es wird die ganze Tier- und Pflanzenwelt in eine nichts als hörende Stille verwandelt:

> *Tiere aus Stille drangen aus dem klaren*
> *gelösten Wald von Lager und Genist;*
> *und da ergab sich, daß sie nicht aus List*
> *und nicht aus Angst in sich so leise waren,*

*sondern aus Hören. Brüllen, Schrei, Geröhr*
*schien klein in ihren Herzen ...    (ebd.)*

Ohr, Hören, Gehör sind die tönenden Leitworte des Sonetts; Gehör
als das letzte, nachtönende Wort ist noch überhöht, ja als empfangen-
der Ort, als Schutzort des göttlichen Gesangs geheiligt zum Tempel:
Tempel im Gehör der Tiere, die (so gibt der etwas verquer gesetzte
Gedanke zu verstehen) eines anderen Unterschlupfes nicht mehr bedürfen:

*ein Unterschlupf aus dunkelstem Verlangen*
*mit einem Zugang, dessen Pfosten beben, —*
*da schufst du ihnen Tempel im Gehör.*

Mit diesem Anfangssonett tritt die Linie hervor, die vom *Stunden-*
*buch* zu den Orpheussonetten führt. Das Jugendwerk schließt mit dem
Hymnus auf den heiligen Franz von Assisi, von dem gesagt wird, daß
er, der Dichter des Sonnenhymnus, wie ein Gesang — oder genauer:
als ein Gesang — in die Natur aufgelöst wird:

*Und als er starb, so leicht wie ohne Namen,*
*da war er ausgeteilt: sein Samen rann*
*in Bächen, in den Bäumen sang sein Samen*
*und sah ihn ruhig aus den Blumen an.*
*Er lag und sang.*

»Ein Gott vermags«, so beginnt das Sonett I, 3; und in ihm steht weiter:

*Gesang, wie du ihn lehrst, ist nicht Begehr,*
*nicht Werbung um ein endlich noch Erreichtes;*
*Gesang ist Dasein. Für den Gott ein Leichtes.*

Gesang ist Dasein — das darf aufgefaßt werden als die endgültige
Antwort auf das Thema des Stundenbuchs, das Fragen und Suchen
des Betermönchs, ja, in der äußersten Konsequenz als Lösung des Seins-
und Sagens-Problems in den *Elegien*. Weder Gott noch der Engel repräsentieren nunmehr das Sein. Der Sänger, der Dichter, ersetzt diese

transzendenten Instanzen. Er allein ist berufen, das Seiende darzustellen, indem er es »innen verwandelt«. Orpheus, das mythische Symbol des Dichters, wird wie der heilige Franz in die Dinge der Erde verwandelt, indem er singt. Das dürfen wir als den Sinn des herrlichen Sonetts I, 5 verstehen:

> *Errichtet keinen Denkstein. Laßt die Rose*
> *nur jedes Jahr zu seinen Gunsten blühn.*
> *Denn Orpheus ists. Seine Metamorphose*
> *in dem und dem. Wir sollen uns nicht mühn*
>
> *um andre Namen. Ein für alle Male*
> *ists Orpheus, wenn es singt. Er kommt und geht.*
> *Ists nicht schon viel, wenn er die Rosenschale*
> *um ein paar Tage manchmal übersteht?*

Doch dieses Sonett ist weiter zu bedenken. Mit den Worten »Er kommt und geht« schiebt sich ein neuer Aspekt, ein neuer, äußerst sublimierter Gedanke hervor, der sich in den beiden Terzetten so liest:

> *O wie er schwinden muß, daß ihrs begrifft!*
> *Und wenn ihm selbst auch bangte, daß er schwände,*
> *Indem sein Wort das Hiersein übertrifft,*
>
> *Ist er schon dort, wohin ihrs nicht begleitet.*
> *Der Leier Gitter zwängt ihm nicht die Hände.*
> *Und er gehorcht, indem er überschreitet.*

Das Sinnzentrum dieses Gedankens sind die beiden Wörter »Wort« und »Hiersein«, die einander dadurch entgegengesetzt werden, daß das Wort das Hiersein übertrifft. Die Voraussetzung für diesen Vorgang ist in den ersten beiden Versen gesagt: daß Orpheus »schwinden muß«. Der Prozeß einer Entmaterialisierung, Vergeistigung ist damit angekündigt: Der als Gestalt vorgestellte Gott mit der Leier muß als Gestalt aufgelöst, dem »Hiersein« enthoben werden. Es bleibt allein sein Wort, das so das Hiersein übertrifft. Dieser Gedanke aber ist letztlich nur eine Sublimierung des Metamorphosegedankens in den beiden Quartetten dieses Sonetts. Er sublimiert, er vergeistigt Orpheus' verwandelnden Gesang — der in Sonett I, 1 nur ins Gehörte transponiert ist — zum Wort, das die Dinge, auch eines der schönsten wie die Rose, erst ganz aus ihrem Hiersein, ihrer Dinglichkeit erlöst. Aber schwieriger noch wird der Gedanke weitergeführt, indem er verbildlicht wird: »Der Leier Gitter zwängt ihm nicht die Hände.« Wir können, wenn auch nicht mit völliger Sicherheit, deuten, daß dem Wort auch noch die Leier entgegengesetzt sein soll, und mit dem Musikinstrument Musik selbst. Musik reicht nicht aus, hat noch nicht genug vergeistigende, verinnernde Macht. Orpheus — so übersteigert der Dichter den Mythos —, zu dem die Leier gehört, entgeht seiner Leier, »überschreitet« sich selbst, indem er Wort wird.

Wir kehren in diesem Zusammenhang noch einmal zum Sonett I, 3 zurück, von dem bisher nur das eigentliche Orpheusmotiv zur Sprache gebracht wurde; es überschreitet jedoch gleichfalls dieses Motiv und hat so einen Zusammenhang mit dem Sonett I, 5. »Gesang ist Dasein. Für den Gott ein Leichtes ...«, heißt es dort zentral, genau in der Mitte des Sonetts, und es beginnt entsprechend: »Ein Gott vermags.« In diesem Sonett aber wird der Gedanke, daß sein Wort das Hiersein übertrifft, nicht durch die Orpheusgestalt selbst, durch deren »Schwinden«, zum Ausdruck gebracht, sondern durch den Gegensatz des Gottes zu denen, die dem Hiersein immer verhaftet sind und bleiben: den Menschen, repräsentiert durch »ein Mann« und »Jüngling«.

> *Ein Gott vermags. Wie aber, sag mir, soll*
> *ein Mann ihm folgen durch die schmale Leier?*

Und dies wird nochmals verstärkt durch die Gegensetzung:

> *Gesang ist Dasein. Für den Gott ein Leichtes.*
> *Wann aber s i n d wir? Und wann wendet e r*
>
> *an unser Sein die Erde und die Sterne?*

In diesem Sonett wird zwar Gesang nicht durch Wort ersetzt, aber die Geistigkeit dieses Gesangs wird am Schluß durch ein anderes, Geistiges bedeutendes Wort bezeichnet, durch »Hauch«, und sehr deutlich klingt die Doppelbedeutung des griechischen Pneuma an, das sowohl Hauch, Wind, Wehen wie auch Geist und Seele bedeutet:

> *In Wahrheit singen, ist ein andrer Hauch.*
> *Ein Hauch um nichts. Ein Wehn im Gott. Ein Wind.*

»In Wahrheit singen« — das ist wiederum Gegensetzung zu den im Hiersein Verhafteten, denen das dieses übertreffende »Wort« nicht gegeben ist. Denn — dies ist der Sinn der voraufgehenden Verse — es ist nicht damit getan, nur zu fühlen und Gefühlen Ausdruck zu geben:

> *Dies i s t s nicht, Jüngling, daß du liebst, wenn auch*
> *die Stimme dann den Mund dir aufstößt, — lerne*
>
> *vergessen, daß du aufsangst. Das verrinnt.*

Mit dem Sinn dieser Verse ist möglicherweise der etwas rätselhafte Satz der ersten Strophe in Zusammenhang zu bringen: »An der Kreuzung zweier Herzwege steht kein Tempel für Apoll« (Apoll, Gott der Musik auch er, tritt hier offenbar an die Stelle von Orpheus[34]).

Wenn Orpheus als das mythische Muster des Dichters, des »innen verwandelnden«, vergeistigenden dichterischen Wortes, das äußerst sublimierte Thema der drei betrachteten Sonette ist, so ist die Symbolhaltigkeit seiner Sage damit nicht erschöpft. Ebenso entscheidend wie das Gesangsmotiv, und untergründig mit ihm verwoben, ist ein anderer Teil seiner Mythe: daß er zu Eurydike gehört, und das heißt nichts anderes, als daß er mit dem Hades, dem Totenreich zu tun hat. Eines der schönsten Bildgedichte aus den *Neuen Gedichten* hat schon dieses Motiv zum Thema: das sehr frühe *Orpheus, Eurydike, Hermes* (1904), von dem hier kurz die Rede sein soll, zum Zwecke der genaueren Profilierung des Motivs in den späten *Sonetten*. Das Gedicht beschreibt ein griechisches Vasenbild, das die tiefsinnige Sage darstellt. Die tote Eurydike (die, wie die Sage erzählt, von Persephone, der Herrscherin des Hades, um Orpheus willen freigegeben ist) wird von Hermes aus dem Hades heraufgeführt, während Orpheus, Eurydikes Gatte, vor ihnen geht und, ungeduldig, die Geliebte zu sehen, sich umwendet nach ihr, womit er das bedingende Gebot verletzt und sie für immer verliert. In Rilkes Gedicht ist Eurydikes, der Toten, Problem und Motiv das zentrale. Sie *ist* tot und gehört dem Totenreich an und weiß nichts mehr vom Leben und von Orpheus:

> *Sie aber ging an jenes Gottes Hand,*
> *den Schritt beschränkt von langen Leichenbändern,*
> *unsicher, sanft und ohne Ungeduld.*
> *Sie war in sich, wie Eine hoher Hoffnung,*
> *und dachte nicht des Mannes, der voranging,*
> *und nicht des Weges, der ins Leben aufstieg.*
> *Sie war in sich. Und ihr Gestorbensein*
> *erfüllte sie wie Fülle.*
> *Wie eine Frucht von Süßigkeit und Dunkel,*
> *so war sie voll von ihrem großen Tode,*
> *der also neu war, daß sie nichts begriff.*

Leben und Tod sind hier für immer getrennte Bereiche, Eurydike gehört zum Tode und bleibt getrennt von Orpheus, dem Lebenden. — In den Orpheussonetten aber sieht der Dichter es anders und legt der Sage einen tieferen Sinn ein. Orpheus gehört zu Eurydike, und das heißt: zum Tode. Der Tod, »die uns abgekehrte Seite des Lebens« (wie es im Hulewicz-Brief heißt), gehört zu seiner symbolischen Gestalt, *weil* seine Sage ihn mit Eurydike verbindet, die im Tode bleibt. Es ist das Sonett II, 13, das dies aussagt:

> *Sei allem Abschied voran, als wäre er hinter*
> *dir, wie der Winter, der eben geht.*
> . . . . . . . . .
>
> *Sei immer tot in Eurydike —, singender steige,*
> *preisender steige zurück in den reinen Bezug.*
> *Hier, unter Schwindenden, sei, im Reiche der Neige,*
> *sei ein klingendes Glas, das sich im Klang schon zerschlug.*

Dieser Imperativ mag doppeldeutig sein. Aber die Nennung Eurydikes bedeutet, daß er an Orpheus gerichtet ist, bedeutet: Erfülle den tiefen Sinn deiner Sage. Orpheus der Sänger gehört sowohl zum Leben wie, durch Eurydike, zum Tode. Seine vielschichtige mythische Figur bot sich dar als fast natürliches Bild für die Einheit des Seins, die Rilke in seiner Dichtung und mit ihren Mitteln zu erfassen und zu sagen suchte: die Einheit von Leben und Tod, verstanden als ein einziger Daseins- und Lebenszusammenhang, ein unaufhörlicher »Bezug«, derart, daß auch des Todes, »des Nicht-Seins Bedingung« noch das Sein ist. Denn dies ist der Sinn der folgenden schwierigen Strophe:

> *Sei — und wisse zugleich des Nicht-Seins Bedingung,*
> *den unendlichen Grund deiner innigen Schwingung,*
> *daß du sie völlig vollziehst dieses einzige Mal.*

Der Imperativ und das Du, das in ihm enthalten ist, mag doppeldeutig sein. Indem er Orpheus meint, mag er ein jedes Ich, das Du zu sich selbst sagt, meinen, mag Aufforderung sein, auch das »Nicht-Sein«, das Nicht-mehr-dasein, in den »unendlichen Grund« des Lebens hinein- zunehmen. Aber das Orpheusmuster ist es, an dem dies zur Anschau- ung kommt. Denn auch hier, im Raum lebensphilosophischer Medita- tion, zeigt sich, daß Rilke kein Ideendichter, sondern ein schauend bil- dender Dichter ist.

Es ist vor allem wichtig, den Zusammenhang des Todes- und des Dichtermotivs in der Orpheusgestalt zu verstehen, so wie Rilke ihn herstellt. In der Sage hängen diese Motive nur dadurch zusammen, daß Eurydike tot ist und Persephone sie um Orpheus' herrlichen Gesanges willen dem Leben zurückgeben will. Bei Rilke ist das so gewendet, daß Orpheus *als* Sänger vom Tode weiß und nur die tote Eurydike lieben darf. »Sei immer tot in Eurydike« — eben dieser Imperativ ist das Bild für die schon erläuterte Stelle: »Sei — und wisse zugleich des Nicht- Seins Bedingung.« Orpheus ist die letzte große Metapher der Dichtung Rilkes für Sinn und Aufgabe der Dichterexistenz: sie besagt, daß nur durch die Dichtung, durch das rühmende Wort, das Leben in seiner Totalität, in die der Tod gehört, »wirklich« werden kann. Orpheus' Natur umfaßt »beide Reiche«. Das Sonett I, 6 sagt dies einfach aus:

*Ist er ein Hiesiger? Nein, aus beiden*
*Reichen erwuchs seine weite Natur.*
*Kundiger böge die Zweige der Weiden,*
*wer die Wurzeln der Weiden erfuhr.*

Die Menschen, so läuft der Gedanke, wollen die Toten fernhalten, sie nicht in ihr Leben aufnehmen:

*Geht ihr zu Bette, so laßt auf dem Tische*
*Brot nicht und Milch nicht; die Toten ziehts —.*

Und wenn es anschließend heißt:

*Aber er, der Beschwörende, mische*
*unter der Milde des Augenlids*

*ihre Erscheinung in alles Geschaute;*
*und der Zauber von Erdrauch und Raute*
*sei ihm so wahr wie der klarste Bezug . . .*

so mag das, wenn man die Optative der Verben bedenkt, bedeuten, daß der die Toten »Beschwörende« selbst zu beschwören, herbeizu-wünschen sei, um die »Mischung« von Leben und Tod zu vollziehen, damit ein »gültiges Bild« entstehe:

*Nichts kann das gültige Bild ihm verschlimmern;*
*sei es aus Gräbern, sei es aus Zimmern,*
*rühme er Fingerring, Spange und Krug.*

(Hierbei klingt die ägyptische Art der Totenbewahrung an, die Sitte, Geräte des Lebens, »aus Zimmern«, den Toten in das Grab mitzu-geben, so daß sie den Lebenden und den Toten gleichermaßen gehö-ren.)

Das in diesem letzten Vers des Sonetts I, 6 noch unbetonte Verb »rühmen« wird nun im folgenden (I, 7) als erstes Wort wieder aufge-nommen und wird zum Thema des ganzen Gedichts:

*Rühmen, das ists! Ein zum Rühmen Bestellter,*
*ging er hervor wie das Erz aus des Steins*
*Schweigen.*

Und der Gedanke, daß Orpheus rühmend, singend die beiden Reiche umfaßt, wird durchgeführt bis zur letzten Strophe:

*Er ist einer der bleibenden Boten,*
*der noch weit in die Türen der Toten*
*Schalen mit rühmlichen Früchten hält.*

Der Sänger, der mit seiner Rühmung das ganze irdische Dasein umfaßt, weiß, daß er damit auch den Tod rühmt. Totenklage und Lobgesang sind ein und dasselbe. Daher beginnt das folgende Sonett I, 8 mit den Worten:

*Nur im Raum der Rühmung darf die Klage*
*gehn, die Nymphe des geweinten Quells ...*

Es hieße, Schwierigkeiten des Textes ausweichen, wollte man hier nur die einfache Anfangszeile zitieren. Die Schwierigkeit ergibt sich daraus, daß das Gedicht allegorisch weitergeht. Die Klage, die Nymphe des geweinten Quells (also der Tränen), könnte fast aus der Zehnten Elegie genommen sein, wenn das Sonett nicht sechs Tage früher als diese datiert wäre. Hier wie dort ist die Klage allegorisch personifiziert:

. . . . . . . .
*Sieh, um ihre stillen Schultern früht*
*das Gefühl, daß sie die jüngste wäre*
*unter den Geschwistern im Gemüt.*

Welches sind die Geschwister im Gemüt? Jubel und Sehnsucht, die nun von ihrer jungen Schwester, der Klage, die »noch lernt«, dadurch unterschieden sind, daß sie — wie wir aufschlüsseln müssen — in ihren Motiven und Äußerungen bestimmt und um sich wissend sind:

*Jubel w e i ß , und Sehnsucht ist geständig ...*

Wer jubelt, weiß, warum er jubelt; Sehnsucht gesteht, wonach sie sich sehnt. Nur die als junges Mädchen (»mädchenhändig«) personifizierte Klage »lernt noch«:

> *nur die Klage lernt noch; mädchenhändig*
> *zählt sie nächtelang das alte Schlimme.*

Die allegorische Personifikation (die nach meinem Urteil das Gedicht ins Manierierte führt) läßt es auch von dem schönen Initialgedanken — »Nur im Raum der Rühmung darf die Klage gehn« — abgleiten, so daß dieser in die sonderbaren Handlungen der jungen Klage aufgelöste oder umgesetzte Gedanke nicht mehr überzeugend werden kann. Das Bild der letzten Strophe soll die Rühmung darstellen, zu der die Klage sich durchringt, allegorisiert als ein plötzliches, schräges und ungeübtes Emporhalten eines Sternbilds in den Himmel: »Sternbild unsrer Stimme« — eine Fügung, vor der meine Interpretationsbemühung kapituliert[35], nicht zuletzt des Possessivs »unsrer Stimme« wegen, das möglicherweise die Klage wieder entpersonifizieren und sie als unsere Klage und Rühmung erkennbar machen soll. Wenn angesichts großer Dichtung einmal Detailkritik erlaubt ist (die ihrerseits der Kritik unterliegen kann) — dieses Sonett scheint mir ein Beispiel dafür zu sein, daß eine so kompakte Allegorisierung eines Sinnes gerade diesen verstellt, ja verdrängt.

So bleibt denn auch von diesem Sonett allein der Anfangsvers — »Nur im Raum der Rühmung darf die Klage / gehn« — richtunggebend. An ihn schließt das folgende Sonett I, 9 mit dem orphischen Motiv des »Doppelbereichs«, der Einheit von Leben und Tod, der Identität von Rühmung und Klage, unmittelbar an:

> *Nur wer die Leier schon hob*
> *auch unter Schatten,*
> *darf das unendliche Lob*
> *ahnend erstatten.*
>
> *Nur wer mit Toten vom Mohn*
> *aß, von dem ihren,*

*wird nicht den leisesten Ton*
*wieder verlieren.*

Diese herrlichen Verse, wie auch die letzte Strophe, die mit dem Ausdruck »Doppelbereich« die Einheit des dennoch Verschiedenen, Leben
und Tod, zusammenfaßt, bedürfen keiner Interpretation. Nur die
dritte Strophe (das erste Terzett) widersetzt sich dem spontanen Verständnis:

> *Mag auch die Spieglung im Teich*
> *oft uns verschwimmen:*
> *W i s s e   d a s   B i l d.*

Die Naturerscheinung der Spiegelung im Teich scheint mit der Idee des
Doppelbereichs in keinem Zusammenhang zu stehen. Er wäre jedoch so
herzustellen: Das Bild, das sich im Teich spiegelt und oft verschwimmt
— im Zusammenhang des Einheitsgedankens kann das nur diesen
Grundsinn des Daseins bedeuten, den wir wissen sollen, auch wenn das
Treiben des Lebens ihn uns immer wieder undeutlich werden, ver-
schwimmen, fortspülen läßt, wie das Bild im Teich.

Die Idee des Einsseins alles organischen Lebens ist in den Sonetten
bis ins kaum mehr Wahrnehmbare hinein aufgespürt. Sie wird er-
spürt in den Blumen und Früchten, der Vorstellung, daß in die
Erde, wo die Pflanzen ihre Wurzeln haben und sich nähren, die
Toten gebettet sind, die, zu Erde geworden, »die Erde stärken«.
Davon redet das Sonett I, 14. Und daß nicht auszumachen ist, was ein
Apfel wirklich ist — dies ist das schöne, preziöse Thema des vorauf-
gehenden Sonetts I, 13:

> *Voller Apfel, Birne und Banane,*
> *Stachelbeere . . . Alles dieses spricht*
> *Tod und Leben in den Mund . . .*
> *· · · · · · · ·*
>
> *Wagt zu sagen, was ihr Apfel nennt.*
> *Diese Süße, die sich erst verdichtet,*
> *um, im Schmecken leise aufgerichtet,*

*klar zu werden, wach und transparent,*
*doppeldeutig, sonnig, erdig, hiesig —:*
*o Erfahrung, Fühlung, Freude —, riesig!*

Davor, im Sonett I, 12, stehen diese Verse:

*Ohne unsern wahren Platz zu kennen,*
*handeln wir aus wirklichem Bezug.*
*Die Antennen fühlen die Antennen,*
*und die leere Ferne trug . . .*

Es wäre zu fragen, ob der »wirkliche Bezug«, aus dem wir handeln, ohne unseren wahren Platz zu kennen, sich beziehen läßt auf die orphische Seinseinheit von Tod und Leben, die der »doppeldeutige« Bezug ist, aus dem wir (und die ganze organische Welt) leben. Die letzte Strophe des Sonetts könnte diese Deutung stützen:

*Selbst wenn sich der Bauer sorgt und handelt,*
*wo die Saat in Sommer sich verwandelt,*
*reicht er niemals hin. Die Erde s c h e n k t.*

Auch der Bauer handelt aus wirklichem Bezug, ohne ihn zu kennen. Der Bezug ist hier das Schenken der Erde, der organische Vorgang des Reifens der Saat, den der Bauer sorgend und handelnd vorbereitet, aber niemals weiß. — Seltsam genug aber erhält der »wirkliche Bezug« eine genauere Bestimmung durch die Aussage über die Antennen, die wohl im Sinn eines Vergleichs gemeint ist. Das jeder Wahrnehmung Entzogene des Bezugs, aus dem wir leben, mag der unsichtbare Bezug symbolisieren, in dem die Antennen zueinander stehen, gedacht als ein Einander-Fühlen durch die »leere Ferne« des Raums, was in der folgenden dritten Strophe noch abstrakter als »reine Spannung«, »Musik der Kräfte« bezeichnet wird. Die Deutung ist hypothetisch und kann, wie schon gesagt, bei der — beabsichtigten — Unbestimmtheit des Wortes »Bezug«, als eines absolut gesetzten Beziehungsbegriffs, nicht anders sein.

Besonders zu beachten ist die Hereinnahme des modernen technischen Wortes »Antenne«. Es steht nicht vereinzelt in der orphischen Welt der Sonette. Das technische Zeitalter erscheint in ihr, gegensätzlich, wie sich versteht, aber nicht ausgeschaltet aus dem Welt- und Daseinserlebnis.

*Hörst du das Neue, Herr,*
*dröhnen und beben?*
*Kommen Verkündiger,*
*die es erheben. (I, 18)*

Ein Sonett, an Orpheus auch dies, an den Herrn, dem dies seiner Welt Fremde, sie Entzweiende, vorgeführt wird. Der Dichter, der die Totalität des Daseins wahrnehmen, erkennen und ins dichterische Wort verwandeln will, zieht sich auch vor dem »Neuen«, dem Maschinenzeitalter, nicht völlig in sich zurück, sondern sucht ihm Gerechtigkeit widerfahren zu lassen:

*Zwar ist kein Hören heil*
*in dem Durchtobtsein,*
*doch der Maschinenteil*
*will jetzt gelobt sein.*

Gewiß, dies hat einen resignativen Ton. Das Loben fällt nicht leicht, und der Dichter warnt davor, Maschinen und Apparate übermächtig werden zu lassen:

*Sieh, die Maschine:*
*wie sie sich wälzt und rächt*
*und uns entstellt und schwächt.*

Noch voller wird dieser Gedanke in dem Sonett II, 10 intoniert:

*Alles Erworbne bedroht die Maschine, solange*
*sie sich erdreistet, im Geist, statt im Gehorchen, zu sein ...*

Dies kommt in einem Gedicht über das Flugzeug (I, 23) zu klarem Ausdruck. Erst wenn der Flug nicht um des technischen und sportlichen Ehrgeizes willen unternommen wird —

> O erst **d a n n**, wenn der Flug
> nicht mehr um seinetwillen
> wird in die Himmelsstillen
> steigen, sich selber genug,
>
> um in lichten Profilen,
> als das Gerät, das gelang,
> Liebling der Winde zu spielen,
> sicher, schwenkend und schlank . . .

Erst wenn es benutzt wird, um die Seinserfahrung zu steigern, ist es gerechtfertigt:

> erst wenn ein reines Wohin
> wachsender Apparate
> Knabenstolz überwiegt,
>
> wird, überstürzt von Gewinn,
> jener den Fernen Genahte
> **s e i n ,** was er einsam erfliegt.

Es nimmt nicht wunder, daß der Maschinenwelt die orphische immer wieder entgegengestellt wird, so dem Sonett I, 18 sogleich das folgende I, 19, von dem nur die zweite Strophe zitiert sei:

> Über dem Wandel und Gang,
> weiter und freier,
> währt noch dein Vor-Gesang,
> Gott mit der Leier.

Und wie mit leise beschwörender Geste weist das Sonett II, 10 — »Alles Erworbne bedroht die Maschine« — auf das noch unzerstörte, heile Reich, in dem Orpheus herrscht:

> Aber noch ist uns das Dasein verzaubert; an hundert
> Stellen ist es noch Ursprung. Ein Spielen von reinen
> Kräften, die keiner berührt, der nicht kniet und bewundert.

Daß aber Orpheus selbst getötet, von den Mänaden zerrissen wurde —
auch dieser Überlieferung des Mythos ist der Dichter nicht ausgewichen. Er hat den ersten Teil des Zyklus damit beschlossen. Und nicht
zufällig scheint das Mänaden-Sonett I,26 an diesen Platz gesetzt zu
sein.

> *Du aber, Göttlicher, du, bis zuletzt noch Ertöner,*
> *da ihn der Schwarm der verschmähten Mänaden befiel ...*

Trotz der Vernichtung des Gottes weist dieses Gedicht zurück auf den
singenden Gott des ersten Sonetts, auf ihn, dessen Gesang sich im Gehör der Tiere Tempel geschaffen hatte. Daß der Gesang als »unendliche Spur« »in den Bäumen und Vögeln« verweilte, ist der einfache Sinn
des Gedichts, und nicht zufällig beschließt das Verb Hören den Ersten
Teil des Zyklus, wie er mit ihm eingesetzt hatte:

> *Nur weil dich reißend zuletzt die Feindschaft verteilte,*
> *sind wir die Hörenden jetzt und ein Mund der Natur.*

Im Zweiten Teil aber gibt es ein Sonett (II, 26), das auf einer anderen
Ebene noch in untergründigem Zusammenhang mit dem Mänaden-Sonett steht — durch das Motiv des Geschreis. Im Sonett I, 26 heißt es,
nach den oben zitierten Anfangsversen:

> *Hast ihr Geschrei übertönt mit Ordnung, du Schöner,*
> *aus den Zerstörenden stieg dein erbauendes Spiel.*

In II, 26 gibt es nicht mehr das Schreien mythischer Zeit, sondern das
unseres technischen, lärmerfüllten »Zeitgeists«, das Geschrei, das »in
Zwischenräume des Weltraums« eindringt, wo sonst nur der »Vogelschrei« (»Wie ergreift uns der Vogelschrei«, setzt das Sonett ein) zu
Hause war. Aber wenn es die Funktion der mythischen Orpheusgestalt war, das Mänadengeschrei durch die Ordnung zu übertönen, die
sein Gesang ist, so wird er auch im späteren Sonett symbolisch aufgerufen, Gleiches zu tun:

> *Ordne die Schreier,*
> *singender Gott! daß sie rauschend erwachen,*
> *tragend als Strömung das Haupt und die Leier.*

Die beiden weit auseinander gesetzten Sonette sind eng aufeinander bezogen: Der Gesang — wir dürfen sagen: das Wort des Dichters — ist es, der die anti-orphische Welt zur Ordnung gestaltet. Gesang »bewältigt« Geschrei.

Noch zwei Gedichten ist im Umkreis der Orpheusmotivik Aufmerksamkeit zu schenken, Gedichten, die in Beziehung zu dem Untertitel der *Sonette* stehen: »Geschrieben als ein Grab-Mal für Wera Ouckama Knoop«. Sie war eine junge Tänzerin, die Rilke kannte und tanzen sah und die 1919 im Alter von neunzehn Jahren gestorben war. Ihr Tanz und ihr Tod werden in die Orpheusmotivik eigentümlich hineingenommen. Ihr Tanz ist das Thema des vorletzten Sonetts (II, 28), aber, wie bei der Ideen- und Aussageform der *Sonette* zu erwarten, nicht in direkter Beschreibung, sondern höchst indirekt und in einem irgendwie parallelen Bezug zur orphischen Verkündigung: »Gesang ist Dasein«. Von diesem Tanz wird erwartet, daß er »die dumpf ordnende Natur«, die erst »hörend nur« war, »da Orpheus sang«, noch übertreffe, eine höhere Ordnung gestalte. Ein solcher Tanz wird denn auch verglichen mit dem, was Rilke immer als Inbegriff einer Gestalt oder Figur erfahren hatte, mit einem Sternbild:

> *Du, fast noch Kind, ergänze*
> *für einen Augenblick die Tanzfigur*
> *zum reinen Sternbild einer jener Tänze,*
> *darin wir die dumpf ordnende Natur*
> *vergänglich übertreffen.*

Dieses Gedicht steht am Ende der *Sonette*, als das vorletzte, und wir brachten es vor dem am Anfang stehenden, gleichfalls der Frühverstorbenen gedenkenden Sonett I, 2 ins Blickfeld, weil der Tod, als Vollendung ihrer Gestalt, als Orpheus' Werk, dort schon vorweggenommen ist:

> *Singender Gott, wie hast*
> *du sie vollendet, daß sie nicht begehrte,*
> *erst wach zu sein? Sieh, sie erstand und schlief.*

Und wenn es in II, 28 heißt: »Du wußtest noch die Stelle, wo die Leier sich tönend hob«, so ist ihr orphisches Sein in Zusammenhang mit dem Hören der Tiere des Waldes gebracht, jenem Motiv, mit dem im ersten Sonett (I, 1) die Orpheusthematik einsetzt. Wurden dort den Tieren der Stille »Tempel im Gehör« geschaffen, so ist es jetzt in dem unmittelbar folgenden Gedicht, das Gehör des Dichters, das dem orphischen Geschöpf »aus Sang und Leier« den letzten »Unterschlupf«, »ein Bett in meinem Ohr«, gewährt:

> *Und schlief in mir. Und alles war ihr Schlaf.*
> . . . . . . . .
>
> *Wo ist ihr Tod? O, wirst du dies Motiv*
> *erfinden noch, eh sich dein Lied verzehrte? —*
> *Wo sinkt sie hin aus mir? . . . Ein Mädchen fast . . .*

Es war das Orpheusthema der *Sonette an Orpheus,* um das es in dieser Darstellung ging. Doch außer den wenigen zu ihm gehörigen Sonetten bietet vor allem der zweite Teil des Werkes eine Fülle davon unabhängiger Motive, auf die nur noch einige Hinweise gegeben werden sollen.

Ausstrahlungen von Elegienmotiven sind im Zweiten Teil zu erkennen. Das Sonett II, 21 (»Singe die Gärten, mein Herz, die du nicht kennst«) schaltet sozusagen Orpheus wieder aus und ruft das eigene Herz auf, damit es die Dinge der Erde (»fühl, daß der ganze, der rühmliche Teppich gemeint ist«) preise. — Aber auch jenes geringe Vertrauen in menschliche Beziehungen, das in den ersten Elegien Ausdruck fand, prägt sich in dem Sonett II, 20, noch einmal ein Wort, das Wort »weit«, als Inbegriff der Entfernung, die im »Hiesigen« zwischen den Menschen besteht: ». . . Einer, zum Beispiel, ein Kind . . . und ein Nächster, ein Zweiter —, / o wie unfaßlich entfernt.« — Es treten aber auch solche Gedichte wieder auf, die auf die *Neuen Gedichte* zurückweisen, Dinggedichte wie die relativ schlichten Blumen-Sonette (II, 5, 6, 7), das Brunnen-Sonett (II, 4) und das, dem »Wesen« seines Gegenstandes entsprechend problemreichere und vieldiskutierte Spiegel-Sonett, das in andere Motivkomplexe von Rilkes Dichtung einzuordnen ist, so in den des Narziß[36]. — Aus dem Orpheusbereich weist also eine beträchtliche Anzahl der *Sonette* hinaus. Die Einheit des Zyklus ist durch die dichterische Gestalt, den Strophenbau des Sonetts, gesetzt.

# ZUM ABSCHLUSS

Nach der Vollendung der *Elegien* und der *Sonette* ist, in den fünf letzten Lebensjahren Rilkes, wie fast zu allen Zeiten seines Lebens, noch eine Fülle von Gedichten und Gedichtentwürfen entstanden, vor allem eine große Anzahl von Gedichten in französischer Sprache: Zyklen mit Titeln wie *Les Vergers, Les Roses, Les Fenêtres*, von denen man zusammenfassend sagen kann, daß sie wiederum den Dingdichter am Werke zeigen.

Der Zweck einer »Einführung« in Rilkes Dichtung, der für die vorliegende Darstellung richtunggebend war, vor allem aber der Gesichtspunkt, der sie leitete, erlaubt es, sie mit der Interpretation der beiden Hauptwerke von 1922 abzuschließen. Es sollte die Grundproblematik der Dichtung Rilkes kenntlich gemacht werden, die mit den Worten der Zweiten Elegie als das Suchen nach einem »unseren Streifen Fruchtlands zwischen Strom und Gestein« bezeichnet werden kann, als das Suchen nach dem Standort des Menschen in und gegenüber dem außermenschlichen Sein. Und die in der Ersten Elegie zaghaft aufklingende Frage: »Aber bewältigtest du's?«, kann als die Frage überhaupt betrachtet werden, die diese Lyrik hervorgetrieben, sie in der sich stetig steigernden Eigenart ihrer Gedanken, ihrer Formen, ihrer Metaphorik geschaffen hat. Daß allein der Dichter, der Künstler des sagenden, das Außen in Innen verwandelnden Wortes zu dieser Seinsbewältigung berufen ist — das ist die Antwort, die Lösung, die von Anfang seines lyrischen Schaffens diesem Dichter vorgegeben war; und Orpheus, der Sänger, ist die letzte große Symbolfigur seines Werkes.

Von diesem Blickpunkt her betrachtet, mag es eine gewisse lebenssymbolische Bedeutung haben, daß eines der letzten großen Gedichte Rilkes von den Dichtern handelt. Es ist das Gedicht, das mit dem Verszitat » ›Nicht Geist, nicht Inbrunst wollen wir entbehren‹ «[37] beginnt und in dem Spätwerk Rilkes eine eigentümliche, nahezu anachronistische Position hat. Denn es fällt ganz offenbar aus dem Denk- und Sprachstil des späten Rilke wieder heraus und klingt an Thematik und Diktion der frühen Lyrik wieder an. Ja, es scheint das, was in dem Gedicht von 1898 nur erst von dem Ich, der »Seele« des Menschen überhaupt, gefordert wurde — »Vor lauter Lauschen und Staunen sei still, / du mein tieftiefes Leben« —, nun eben den Dichtern als Aufgabe, als die ihnen vor allem zukommende Aufgabe zuzuschreiben. Und die Verse des Jugendgedichts — »daß du weißt, was der Wind dir will, / eh noch die Birken beben« — scheinen geradezu ausgestaltet zu sein in den Versen von 1926:

> *Das Leiseste darf ihnen nicht entgehen,*
> *sie müssen jenen Ausschlagswinkel sehen,*
> *zu dem der Zeiger sich kaum merklich rührt,*
> *und müssen gleichsam mit den Augenlidern*
> *des leichten Falters Flügelschlag erwidern,*
> *und müssen spüren, was die Blume spürt.*

Dieses späte Gedicht ist deshalb so symptomatisch, weil es die Aufgabe des Dichters zu einer Größe und Schwere erhebt, wie es bisher in Rilkes Werk noch nicht ausgesprochen worden war, aber — so könnte man sagen — von Malte, der ein Dichter werden will und »bei aller Furcht wie einer ist, der vor etwas Großem steht«, vielleicht als »Zeit der andern Auslegung« geahnt, gefürchtet wird. Daß aber nur die Dichter lauschend, schauend und sagend die Seinsbewältigung vollziehen können, sagt das späte Gedicht:

> *Zerstörbar sind sie wie die andern Wesen*
> *und müssen doch (sie wären nicht erlesen!)*
> *Gewaltigstem zugleich gewachsen sein.*
> *Und wo die andern wirr und wimmernd klagen,*
> *da müssen sie der Schläge Rhythmen sagen,*
> *und in sich selbst erfahren sie den Stein.*

. . . . . . . .
*Im Schlafe selbst noch bleiben sie die Wächter:*
*aus Traum und Sein, aus Schluchzen und Gelächter*
*fügt sich ein Sinn . . . Und überwältigt sie's,*
*und stürzen sie ins Knien vor Tod und Leben,*
*so ist der Welt ein neues Maß gegeben*
*mit diesem rechten Winkel ihres Knie's!*

# ANMERKUNGEN UND EXKURSE

Zitiert ist nach: Rainer Maria Rilke, Sämtliche Werke I—VI. Insel-Verlag, Frankfurt am Main 1955—1966. Auf Stellenangaben haben wir meist verzichtet, weil die Texte in mehreren greifbaren Ausgaben vorliegen, die den Lesern dieses Buches, vor allem den Studenten, leichter zugänglich sind als die Sämtlichen Werke. Briefstellen werden nur mit den Daten und Empfängern angegeben und sind damit in den verschiedenen Ausgaben der Briefe und Briefwechsel leicht aufzufinden:

[1] R. Musil, Tagebücher, Aphorismen, Essays und Reden. Reinbek 1957, S. 892.

[2] *Exkurs*
An dieser Stelle sei ein kurzer Durchblick durch Rilkes Lebensumstände gegeben, die zum Teil in sehr ausgeprägter Weise mit seinem Werk in Zusammenhang stehen.
Er wurde am 4. Dezember 1875 in Prag geboren, das um die Jahrhundertwende nach Wien der zweite Mittelpunkt des deutschsprachigen Kulturkreises der K. und K. Monarchie war. Deutsch war seine Muttersprache und die Sprache seiner Dichtung. Und sehen wir ab von der Beschäftigung mit deutscher Dichtung (Klopstock, Hölderlin, Goethe, Kleist, Stifter u. a.), so ist die Deutschsprachigkeit das einzige, was diesen deutschen Dichter mit Deutschland und Österreich verbunden hat. Er suchte seine Wohnorte außerhalb derer Grenzen, sobald er die Möglichkeit dazu hatte. Seine Lebensform war die eines Nichtseßhaften, Heimatlosen. In einem Brief vom Jahr 1921, fünf Jahre vor seinem Tod, schrieb er, daß er sich stets habe »Wahlheimaten« suchen müssen, nur dort sich habe niederlassen können, »wo das Sichtbare den Ausdrucksbedürfnissen meines Instinkts«, also seinem Dichtertum, »entgegengekommen« sei. — Von 1896 an reiste er. Die Daten und die oft in rascher Folge wechselnden Absendeorte seiner zahlreichen Briefe aus Italien, Rußland, Schweden, Paris, Spanien, der Schweiz, Deutschland, aus Hotels oder häufig von Landgütern und Schlössern seiner zahlreichen adligen Freunde zeichnen die Linien seiner Lebensform nach.
Einige Orte, Länder und Landschaften, Wahlheimaten, im Sinne der besonderen Bedeutung, die er ihnen als notwendige Bedingung seines Schaffens zuschrieb, heben sich heraus: Rußland, Paris und Muzot sur Sierre im Schweizer Wallis, wo er, mit kleineren Reiseunterbrechungen, die letzten

fünf Jahre seines Lebens, 1921 bis 1926, lebte. Er starb am 29. Dezember 1926 an Leukämie.

Aus der Sicht seiner Lebensform ist auch ein Wort über seine Kindheit und Herkunft zu sagen. Es mag kein Zufall sein, daß das Stadium der Kindheit ein ständig aufklingendes Motiv in Rilkes Dichtung ist: Kindheit nicht als Zeit fröhlich unbeschwerten Daseins, sondern als ein Zustand der Angst, Ungeborgenheit und Einsamkeit. Nicht, daß er ein unbehütetes Kind gewesen wäre — er war im Gegenteil, als einziges Kind seiner Eltern, eher das Opfer einer übermäßig verzärtelnden Erziehung durch seine Mutter Pia, eine nicht uninteressante, aber exzentrische, in ihrer schon 1884 gelösten Ehe mit dem höheren Eisenbahnbeamten Josef Rilke enttäuschte Frau, die einem eher kleinbürgerlichen Lebensstandard den Talmischein von Reichtum und Vornehmheit zu geben suchte. (Die durch keinerlei Dokumente gestützte Familienlegende, daß die Rilkes einem alten kärntischen Adelsgeschlecht entstammten, ist von Rilke selbst bis zu seinem Tod aufrechterhalten und sozusagen der Mit- und Nachwelt durch »Die Weise von Liebe und Tod des Cornets Christoph Rilke« mitgeteilt worden.) Rilke hat seine Kindheit, die Atmosphäre des Elternhauses und die Jahre auf den Militärrealschulen in St. Pölten und Mährisch-Weißkirchen (wo er, den adligen Aspirationen der Familie gemäß, zum Offizier ausgebildet werden sollte) stets in den düstersten Farben geschildert, sie zweifellos ins Negative stilisiert. Und wenn Kindheit als Zustand der Ungeborgenheit ein Motiv seiner Dichtung ist, so ist nicht auszumachen, ob und wie weit dies aus eigenem Erlebnis gespeist war, oder ob das literarische Motiv die autobiographischen Schilderungen in seinen Briefen gefärbt hat. (Vgl. Anm. 28 und 30)

Es gab nach erfolglos abgebrochener Militärschulzeit und glänzend bestandener Matura (die er 1895 als Privatist ablegte), bereits mitten in reicher literarischer Produktivität, ein paar vage Studienjahre in Prag und München, wo die lebenslange, zunächst erotische Freundschaft mit der viele Jahre älteren Schriftstellerin Lou Andreas-Salomé begann (einer der bedeutenden Frauen der Epoche, um die schon Nietzsche geworben hatte und die später eine Schülerin Freuds geworden war). Ältere, in gewisser Weise beschützende Frauen — so die große schwedische Sozial- und Kulturpolitikerin Ellen Key, die Fürstin Marie von Thurn und Taxis — treten hervor in dem großen Netz von Freundschafts- und auch Liebesbeziehungen, die ein wesentliches Moment von Rilkes Existenz waren und ihren Niederschlag in einem gewaltigen Briefwerk gefunden haben, in das er, nach seinen eigenen Worten, »einen Teil der Ergiebigkeit seiner Natur zu leiten« pflegte. Wenn ein großer Teil der Briefe an seine Frau, die Bildhauerin Clara Westhoff, gerichtet ist, die er 1901 im Worpsweder Künstlerkreis (der Mackensen, Vogeler, Modersohn, Paula Modersohn-Becker) kennenlernte, so beruht das darauf, daß er schon nach einem Jahr sein Leben von ihr getrennt führte, das der Wahlheimaten, der persönlichen Einsamkeit, des Nichtseßhaften bedurfte.

³ Avant-Rilke ist der Titel des 1. Teils der Monographie von J.-P. Angelloz: Rilke, Paris 1952; doch diese Bezeichnung hat dort nur chronologische Bedeutung.

⁴ Um den Autor dieses Gedichts oben nicht sogleich kenntlich zu machen, wurden die bei George kleinen Anfangsbuchstaben der Substantive groß geschrieben.

⁵ *Exkurs*

In schlichtester Form tritt diese Haltung schon in der frühesten Gedichtsammlung »Larenopfer« (1895) hervor. Kleine, anspruchslose Gedichte sind da vereinigt, die kleine anspruchslose Dinge beschreiben: Straßen, alte Portale, Heiligenbilder, eine Maronenverkäuferin, einen Regentag, einen Dampfer mit Ausflüglern auf der Moldau, ein Kindergrab usw. Diese Verse sind den Laren gewidmet, den Hausgöttern der Heimatstadt Prag. Noch ist der Rilketon nicht vernehmbar — damals war der Einfluß Liliencrons stark —, aber eben schon diese Haltung, die nicht das eigene Empfinden, sondern das So- und Fürsichsein der Dinge ausdrücken will. Ein Beispiel aus dieser Sammlung mag es zeigen:

> *Auch auf der Theaterrampe*
> *wird es stille nach und nach.*
> *Eine eitle Bogenlampe*
> *schaut sich in ein Droschkendach.*
>
> *Auf dem leeren Gangsteig zucken*
> *Lichter. — Sehn nicht dort am Haus*
> *Helle Dachmansardenlucken*
> *wie verweinte Augen aus?*

In dem unbedeutenden Gedichtchen lassen einzelne Attribute wie »eitle Bogenlampe« (bezogen auf ihr Sichspiegeln im nassen Droschkendach) und verweinte Augen (für Mansardenlucken) doch schon etwas von einer besonderen Rilkeschen Art der Dingbeschreibung erahnen.

⁶ Briefe und Tagebücher aus der Frühzeit. Leipzig 1931, S. 266

⁷ ebd. S. 339

⁸ Tagebücher aus der Frühzeit. Leipzig 1942, S. 67

⁹ ebd. S. 127

¹⁰ P. Gsell, Auguste Rodin — Die Kunst — Gespräche des Meisters. Leipzig 1913, S. 26. Die zitierte Stelle aus Villons Ballade (die zum »Grand Testament« von 1489 gehört) ist nach der in Gsells Buch angeführten Übersetzung von K. L. Ammer zitiert.

¹¹ Zitiert bei Elisabeth von Schmidt-Pauli, R. M. Rilke — Ein Gedenkbuch. Basel 1940, S. 20

¹² Aus dem Jahr 1924 stammt der kleine Zyklus von drei Gedichten »Das

(nicht vorhandene) Kindergrab mit dem Ball«. Der Dichter stellt sich ein Kindergrab vor und wünscht, es möge ein Ball darauf liegen. Denn dieses Kinderspielzeug ist ein Ding, das durch sein Geworfenwerden den Bezug zu einem anderen »Gesetz« als dem unseres Lebens herstellt:

*Wir werfen dieses Ding, das uns gehört,*
*in das Gesetz aus unserm dichten Leben,*
*wo immer wieder Wurf und Sturz sich stört.*

*Da schwebt es hin und zieht in reinem Strich*
*die Sehnsucht aus, die wir ihm mitgegeben —*
*sieht uns zurückgeblieben, wendet sich*
*und meint, im Fall, der zunimmt, uns zu heben.*

(SW II, 173)

Der Rückbezug auf das Ballgedicht von 1907 ist deutlich.

[13] »Dieser große Gott, der Schlaf«, schrieb Rilke an Lou (13. 1. 23), »ich opfere ihm, ohne jeden Zeit-Geiz — was kümmert *ihn* Zeit! — zehn Stunden, elf, ja zwölf, wenn er sie annehmen mag in seiner erhabenen mild-schweigenden Art!«

[14] Das Erlebnis dieses Treppenphänomens mag von einer Schlittenfahrt in Schweden im Winter 1904 herrühren, die Rilke in einem Brief an Lou (4. 12. 04) beschreibt: »... der Schlitten bog aus, und da war der Schloß-platz, eingefaßt von den kleinen Seitenflügeln des Schlosses. Dort aber, wo vier Treppen mühsam und schwer aus dem Schnee des Platzes zur Terrasse hinaufstiegen und wo diese Terrasse ... auf das Schloß vorzu-bereiten glaubte, dort war nichts, nichts als ein paar schneeversunkene Bü-sche, und Himmel, grauer, zitternder Himmel ...« Das Schloß war vor Jahren abgebrannt. Was Rilke weiter beschreibt — »aber man fühlte, daß es dennoch da war« —, ist in den Malte-Roman eingegangen: die Schil-derung des abgebrannten Schlosses der Schulins, das das Kind Malte und seine Mutter, gleichfalls im Schlitten ankommend, hinter der Terrasse noch zu sehen meinen.

[15] H. Rosenfeld hat als Vorlage ein Gemälde von Th. Chassériau »Les deux soeurs« im Louvre festgestellt. (Das deutsche Bildgedicht, S. 253)

[16] Nicht nur die angeführte Stelle, sondern das ganze Gedicht setzt die Kenntnis der Alkestissage, des Euripideischen Stückes, durch das wir sie kennen, voraus. Admet, der König von Thessalien, soll nach dem Beschluß der Parzen früh sterben, wenn nicht ein anderer Mensch für ihn stirbt. Als die Todesstunde kommt und er vergeblich seine Freunde, seine alten Eltern bittet, dies für ihn zu tun, bietet sich allein seine geliebte Gemahlin Alkestis an. Aber die Treue, das Opfer der Gattin wird belohnt. Im Stück des Euri-pides, das mit dem Tag der Beerdigung einsetzt, holt Herakles, der gerade

192

an diesem Tag als Gastfreund zu Admet gekommen ist, sie aus dem Hades zurück. — Rilkes Gedicht verlegt das Geschehen schon auf das Hochzeitsmahl, bei dem Hermes, der Todesbote, erscheint, und sein Motiv ist allein die Bereitschaft der Alkestis zum Opfer, zum Tod. Die weitere Handlung der Sage entfällt, und die Wiederkehr ist höchstens als Möglichkeit noch angedeutet in dem Lächeln, mit dem sie sich noch einmal zurückwendet:

> *hell wie eine Hoffnung,*
> *die beinah ein Versprechen war: erwachsen*
> *zurückzukommen aus dem tiefen Tode*
> *zu ihm, dem Lebenden —*

[17] In seinem Buch »Die Religionskrisis des Abendlandes« (1948) widmete der Religionshistoriker K. Leese ein ganzes Kapitel der Religion bei Rilke. Eine theologische Habilitationsschrift aus der DDR, von N. Müller, hat »Die Religiosität des Dichters R. M. Rilke« zum Thema (zit. nach U. Fülleborn, Das Strukturproblem der späten Lyrik Rilkes, 2. Aufl. Heidelberg 1973, S. 349). Der Göttinger Theologe M. Doerne widmete dem »Stundenbuch« eine eingehende Analyse unter dem Titel »Der unscheinbare Gott« (in: Dank an P. Althaus, Gütersloh 1958).

[18] Zit. nach Sophie Brutzer, Rilkes russische Reisen (1934), S. 101

[19] Noch zwei Jahrzehnte später sprach Rilke von dem Gott der Juden als einem »der größten Götter des Weltalls«; und eben daraus ergab sich ihm, daß dieser Gott nicht Gegenstand des Glaubens sei, weil man sich nicht zu ihm »wie zu jenem Christengott irgendwann bekehren« kann, sondern allein zu der Herkunft des jüdischen Volkes selbst. (An Ilse Weiß-Blumenthal, 28. 12. 21)

[20] Der »Tod-Gebärer« als hermaphroditische, androgyne Gestalt (und als solche zu einem Rilke früh interessierenden Mythos gehörig) wird — in einem von unserer Interpretation freilich abweichenden Sinn — behandelt von A. Stephens: Zur Funktion sexueller Metaphorik in der Dichtung Rilkes (in: Jahrb. d. Deutschen Schillergesellschaft XVIII (1974), S. 521—548)

[21] Von der Passage mit dem grünen Buch geht Fritz Martini in seiner Analyse der Erzählstruktur des »Malte« aus. (In: F. Martini, Das Wagnis der Sprache. Stuttgart 1954, S. 133—175)

[22] Hier sei auf einen aus dem Erzählduktus des Malte-Romans, auch aus dem der Kindheitsszenen, herausfallenden Abschnitt aufmerksam gemacht, der jedoch gerade mit ihnen in Zusammenhang steht, weil in ihm das in jenen angewandte oder versuchte Erzählen zum Problem, zur Aufgabe gemacht wird. Es ist der Abschnitt, in dem Abelone, die jüngste Schwester der Mutter, von ihrem Vater erzählt, dem alten Grafen Brahe, der ihr seine Memoiren diktiert. Der Abschnitt beginnt mit den Worten: »Daß man erzählte, wirklich erzählte, das muß vor meiner Zeit gewesen sein.« Und das

leitet offenbar den Versuch Maltes ein, ein solches Erzählen seinerseits zu versuchen. »Der alte Graf Brahe soll es noch gekonnt haben«, fährt er zunächst fort; »Ich will aufschreiben, was sie davon wußte«. Was Abelone wußte, wird nun zu einer Szene ausgestaltet, die Abelone nicht in der Ich-Form schildert, sondern derart, daß Abelone selbst als dritte Person auftritt, schweigend und gehorchend, während der Graf agiert und redet und im Zuge des Memoirendiktats von dem Marquis von Belmare erzählt, von diesem so erzählen möchte, daß man ihn »sehen« könnte — »›Man müßte ihn *sehen*‹, fuhr Graf Brahe versessen fort«. Dies scheint das entscheidende Wort über das Erzählenkönnen zu sein, über die fiktionale Vergegenwärtigung, die aber Malte sich nicht mehr zutraut. — Als ein Indiz für die Krise des Romanerzählens ist denn auch diese Stelle aufgefaßt worden. (Vgl. Judith Ryan, Hypothetisches Erzählen — Zur Funktion von Phantasie und Einbildung in Rilkes »Malte Laurids Brigge«; jetzt in: Materialien zu R. M. Rilke, »Die Aufz. d. M. L. Brigge«, Hrsg. v. H. Engelhardt, st 174).

[23] Die Quellen Rilkes sind eingehend nachgewiesen worden; die französischen von Ch. Dédéyan: Rilke et la France, I—IV (1961—63); und über diese hinaus die russischen und dänischen von Brigitte von Witzleben: Quellenstudien zu Rilkes »Die Aufz. d. M. L. Brigge« (Diss. masch. Åbo 1972). Von dieser Arbeit ist ein Auszug abgedruckt in »Materialien« (vgl. Anmerkung 22).

[24] Aufschluß findet sich bei Dédéyan, Bd. II und III. Einige der Sonette der Lyonnaiserin Louize Labé (1555) hat Rilke übersetzt, ebenso die Briefe der Marianna Alcoforado (Portugiesische Briefe, 1913).

[25] *Exkurs*

Anders verhält es sich, wenn ein solches Urteil als private Auffassung, in Briefen etwa, geäußert wird (gleichgültig, ob diese später veröffentlicht werden oder nicht). Rilke hatte »Goethes Briefwechsel mit einem Kinde« im September 1908 gelesen und an Clara Rilke (4. 9. 08) und an Sidonie Nádherný von Borutin darüber geschrieben. In den erst jüngst bekannt gewordenen, von B. Blume herausgegebenen Briefen an die letztere (Frankfurt 1973) äußert sich Rilke besonders eindringlich und bekennt die Distanz, die er damals zu Goethe überhaupt fühlte: »Ach, Ihnen darf ichs im Vertrauen sagen, ich hielt nie an ihm und hab ihn nicht zum Wachsen gebraucht bisher. Ich bin zu slavisch, an seinem Selbstbewußtsein Freude zu haben, das, von einem gewissen Augenblick an, in Hoheit erstarrte; wär es flüssig geblieben . . . [mit Bezug auf Bettina] wie wär er dann Stille gewesen und Himmel und Nachtanbruch um dieser Nachtigall Herz und Laut herum, die ihn einschmolz und weitergab wie ein Tod, der, gespiegelt, seinem eigenen Tod voranging. Wie hätt er in dieser Liebenden getrost und groß sich auflösen dürfen, statt später, wie alle, zu sterben . . . Ja, nicht einmal als Beobachter sah er, daß er von einer Liebe nichts zu fürchten hatte, die so heroisch über ihn hinauswuchs, und mit einem nächtlichen Lächeln hätt er sie weisen kön-

nen, dorthin, wohin sie ohne es zu wissen verlangte: über sich hinaus.« (5.9.08)
— Rilkes Einstellung zu Goethe — und damit auch diese abstrus übersteigerte Auslegung von Bettinas aufdringlicher Goetheliebe — änderte sich später. In Zusammenhang mit der Lektüre der »Italienischen Reise« schrieb er an Lou (19. 2. 12): »Der Bann, ihm gegenüber, war schon im July gebrochen, als ich auf die jugendlichen, hinreißend bewegten Briefe an ›Gustgen‹ Stolberg verfiel«; und was Bettina, und damit den »klassischen« Goethe, betrifft, so nimmt er den Vorwurf, den er Goethe gemacht, zurück, »seit ihre Glut nicht mehr Feuerscheine des Vorwurfs über Goethes ruhige Thronung wirft« (3. 1. 14 an Anton Kippenberg, seinen Verleger, der, ein großer Goethekenner und -sammler, zu Rilkes ›Bekehrung‹ beigetragen hatte).

26 In Zusammenhang mit der geplanten »Rede über die Gegenliebe Gottes« schrieb Rilke an Lou (2. 12. 13): »Eine Notiz, die ich kürzlich irgendwo las, brachte mir das wunderbare Verhältnis in Erinnerung, das Spinoza muß aufgestellt haben durch seine Einsicht in die Unabhängigkeit des Gottliebenden von jeder Erwiderung Gottes.« Jene Notiz muß sich auf die 19. propositio des 5. Buches der »Ethik« bezogen haben: »Qui Deum amat, conari non potest, ut Deus ipsum contra amet« (Wer Gott liebt, kann nicht danach streben, daß Gott ihn wiederliebt).

27 Wir machen dabei jedoch nicht von der »synoptischen« Methode Gebrauch, wie sie von J. Steiner (Rilkes Duineser Elegien, Bern 1962) und von H. Mörchen (Rilkes Sonette an Orpheus, Stuttgart 1958) angewandt worden ist und die darin besteht, mit Hilfe von z. T. weitausholenden Bezugnahmen auf Worte und Stellen in anderen Dichtungen Rilkes die jeweils zu interpretierende Stelle der Elegien oder der Sonette zu erläutern.

28 Zum Zeugnis könnte die Darstellung seiner Kindheit in einem Brief an Ellen Key vom 3. 4. 03 dienen: »Mein Kindheitsheim war eine enge Mietswohnung in Prag; es war sehr traurig . . ., unser kleiner Hausstand, der in Wirklichkeit kleinbürgerlich war, sollte den Schein von Fülle haben, unsere Kleider sollten die Menschen täuschen, und gewisse Lügen galten als selbstverständlich.« Daß Rilke seine Mutter dafür mehr verantwortlich machte als seinen Vater, bezeugt die im selben Brief ausgedrückte größere Liebe, die er für diesen fühlte: »Und meinem Vater möchte ich viel, viel Liebes tun. Er ist von einer unsagbaren Güte, und mein Leben, das er nicht verstehen kann, ist ein Gegenstand rührender täglicher Sorge für ihn.« — »Du, der um mich so bitter / das Leben schmeckte, meines kostend, Vater«, heißt es in der Elegie.

29 Die Tatsache, daß der Puppe hier Marionetteneigenschaften beigegeben sind, worauf Puppenbühne, auch Draht und die Wendung, daß der Engel »die Bälge hochreißt«, hinweisen, ist vernachlässigt worden, und es kann als ein Interpretationsfehler vermerkt werden, daß statt dessen eine nähere Beziehung zur Puppe des Puppen-Essays herzustellen versucht wurde. Die

Rilkeforschung hat denn auch von der Vierten Elegie her das Motiv der Marionette bei Rilke verfolgt und vor allem eine Beziehung zum Marionettenaufsatz Kleists hergestellt, den Rilke kannte und als ein »Meisterwerk« bewunderte (16. 12. 13 an die Fürstin Taxis; vgl. J. Steiner, Das Motiv der Puppe bei Rilke, in: Kleists Aufsatz über das Marionettentheater, hrsg. von H. Sembdner, Berlin 1967). — Dennoch scheint es mir nicht wesentlich, die Marionetteneigenschaften der Puppe in der Vierten Elegie in den Vordergrund zu stellen. Denn außer der Eigenschaft, hochgerissen werden zu können, ist ihr nichts vom Wesen der Marionette zugeschrieben, das Rilke gerade im Puppen-Essay sehr genau von dem der Puppe unterscheidet: »Es könnte ein Dichter unter die Herrschaft einer Marionette geraten, denn die Marionette hat nichts als Phantasie. Die Puppe hat keine und ist genau um so viel weniger ein Ding, als die Marionette mehr ist. Aber dieses Wenigersein-als-ein-Ding, in seiner ganzen Unheilbarkeit, enthält das Geheimnis ihres Übergewichts ... wir begriffen bald, daß wir sie weder zu einem Ding noch zu einem Menschen machen konnten, und in solchen Momenten wurde sie uns zu einem Unbekannten« (SW VI, 1069/70). Das bloße Balgsein — »du Balg« wird sie im Essay feindlich angeredet —, das ist es, was die Puppe der Vierten Elegie vor allem charakterisiert, mehr noch als das Faktum, daß sie hochgerissen werden kann. Wenn unsere Interpretation eine Berechtigung hat — und das mehr oder weniger Hypothetische der Auslegung gerade solcher Stellen muß immer wieder betont werden —, so ist dieser Puppe die einzige, sie von der Spielzeugpuppe unterscheidende Eigenschaft deshalb zugegeben worden, damit die Fügung »Engel und Puppe« eine nicht bloß begriffliche bleibe, sondern bildlich, »Schaubares«, »Schauspiel« werde: bildliche Seinsgestalten, wie wir deuten zu können glauben.

[30] *Exkurs*

Ihren umfassendsten, dichterisch stärksten Ausdruck hat die schwierig ambivalente Kindheitssituation in dem als (unvollendete) Elegie bezeichneten Gedicht »Laß dir, daß Kindheit war ...« gefunden, von dem es drei Entwürfe, alle aus dem Dezember 1920, gibt (SW II, 130; 457; 460). Da die Vierte Elegie als Ganzes, also einschließlich der Kindheitsverse, bereits vier Jahre vorher, Ende November 1915, entstanden war, könnte man vermuten, daß ihr Kindheitsmotiv die spätere Ausgestaltung hervorgetrieben hat, zumal da sich auch die eigentümliche Vorstellung, daß das Kind ins Gestirn gestellt ist, hier wiederfindet, ja noch eigentümlicher in Verbindung mit der Puppe gebracht ist: »O Puppe, / fernste Figur — wie die Sterne am Abstand / sich zu Welten erziehn, machst du das Kind zum Gestirn.« (Daß die Puppe das Kind ins Gestirn stellen kann, wird, wenn auch auf merkwürdige Weise, ›begründet‹, und zwar damit, daß sich »Raum der Gefühle« zwischen Puppe und Kind spannt, also mit einer abstrahierten Raumvorstellung, die denn auch an dem »Welt-Raum«, für den das Kind »zu klein« ist, gemessen wird.) Sonst wird auch in diesem Gedicht, wie in der Vierten Elegie und im Puppen-Essay, die Puppe in der Zweideutigkeit ihres Wesens gesehen, als Objekt der Zuneigung und des Schreckens, das »umarmt noch, schon fremdlings schrecke«. — Aber die Puppe tritt hier nur als letzte Erscheinungsform der unsicheren Kindheitssituation auf, gekennzeichnet durch die Angst, die das »Laß dir, daß Kindheit war, diese namenlose Treue der Himmlischen, nicht widerrufen von Schicksal« — wie auch die schützende Muttergestalt, die heraufbeschworen wird — wieder aufhebt:

> *Aber die Angst! Sie erlernt sich auf einmal im Abschluß,*
> *den das Menschliche schafft, das undichte. Zugluft,*
> *zuckt sie herein durch die Fugen. Da ist sie. Vom Rücken*
> *huscht sie es an überm Spielen, das Kind, und zischelt*
> *Zwietracht ins Blut —*

[31] Briefwechsel mit Benvenuta. Eßlingen 1935, S. 22 f.

[32] *Exkurs*

Zwei naturwissenschaftliche Erfahrungen werden in »Ur-Geräusch« (SW VI, 1085/93) beschrieben: die eine entstammt der Schulzeit, den Jahren, da der Phonograph erfunden wurde und ein primitives Experiment in der Physikstunde — die Übertragung des Tons mittels eines Stiftes auf eine Walze — Rilke beeindruckte; die zweite gewann er in späteren Jahren, als er Anatomievorlesungen an der Ecole des Beaux-Arts in Paris hörte, wo ihn die Kronennaht des Schädels an jene feine Linie auf der Phonographenwalze erinnerte. Dabei entstand der Gedanke, was geschehen würde, wenn man einen Stift auf diese Schädelnaht setzte, »die nicht aus der graphischen Übersetzung eines Tones stammte, sondern ein an sich und natürlich Bestehendes ... wäre«. Ein Ton, meint Rilke, »müßte entstehen, eine Ton-Folge, eine Musik«, eine solche, die er »Ur-Geräusch« nennen zu können glaubt. Die Hypothese sei dahingestellt — der Gedanke, der Rilke packte, war, daß Sinnesbereiche nicht von einander isoliert sind, sondern in einander übergehen können: Sichtbares in Hörbares, eine Linie in Ton, und umgekehrt. Daraus aber wird ein Schluß auf die Unzulänglichkeit gerade des europäischen Dichters — im Unterschied zu arabischen, mit denen er sich damals beschäftigt hatte — gezogen, weil der Europäer sich fast nur des einen Sinnes, des Gesichts, bedient. »Wie gering ist dagegen schon der Beitrag, den das unaufmerksame Gehör ihm zuflößt, gar nicht zu reden von der Teilnahmslosigkeit der übrigen Sinne, die nur abseits und mit vielen Unterbrechungen ... sich betätigen. Und doch kann das vollendete Gedicht nur unter der Bedingung entstehen, daß die mit fünf Hebeln gleichzeitig angegriffene Welt unter einem bestimmten Aspekt auf jener übernatürlichen Ebene erscheine, die eben die des Gedichts ist.« Hier redet der phänomenologische Dichter, für den das Gedicht Resultat aus der sinnlichen Wahrnehmung der Welt ist.

[33] »Les Fenêtres« ist einer der französischen Gedichtzyklen von 1924 betitelt. In diesen zehn Gedichten ist das Fenster vorwiegend als der Rahmen gesehen, in dem ein Teil unseres Lebens erscheint, z. B. die Geliebte oder doch eine Frau (Gedicht I, III, VIII, X), aber darüber hinaus als die zu dem sozusagen domestikalen Leben des Menschen, der des Hauses und damit der Fenster bedarf, gehörige »geometrische« Form:

> *N'es tu pas notre géométrie,*
> *fenêtre, très simple forme*
> *qui sans effort circoncris*
> *notre vie énorme?*

So beginnt das dritte Gedicht (SW II, 587). — Wenn der Dichter ein Sternbild Fenster nennt, so kann darin der Gedanke der festen, durch die Konstellation der Sterne gebildeten Form enthalten sein. Und noch aus dem letzten Sommer von Rilkes Leben, aus dem Juni 1926, gibt es ein Fenstergedicht, das auf die Zehnte Elegie zurückweist, die Erhebung des Fensters zum Sternbild gewissermaßen bestätigt:

> *Längst, von uns Wohnenden fort, unter die Sterne versetztes*
> *Fenster, das feiert und gilt . . .* (SW II, 509)

Nun erst, und zwar im Sinne der französischen Gedichte, ist diese Erhebung gewissermaßen begründet und gerechtfertigt: »Schicksal warf dich dorthin, sein unendlich gebrauchtes / Maß für Verlust und Verlauf« — als Maß — so muß man wohl deuten — für die Wandlungen des Lebens, deren Zeuge das Fenster ist, an dem die Menschen immer erscheinen.

[34] An anderen, z. T. schon zitierten Stellen wird auch Orpheus, der im Mythos ein Halbgott (Sohn der Muse Kalliope, nach anderer Tradition Apolls) ist, als Gott angerufen: »Gott mit der Leier« (I, 28), »Singender Gott« (I, 2), »O du verlorener Gott« (I, 26).

[35] Daß auch ein so genauer Interpret wie H. Mörchen in seinem (vgl. Anm. 26) genannten Buch davor die Segel streicht, geht daraus hervor, daß er die Stelle selbst übergeht und statt dessen andere Gedicht- und Briefäußerungen Rilkes über Klage anführt, z. B. diese:

> *Denn nur zum Rühmen noch steht mir das Herz,*
> *weiß ich die Welt. Und selbst meine Klage*
> *wird mir zur Preisung dicht vor dem stöhnenden Herzen.*
>
> (SW II, 385)

Gewiß gehören diese Worte aus einer unvollendeten, schon 1912 in Duino entstandenen Elegie in den Zusammenhang von Rühmung und Klage, und